내가 묻고,
붓다가 답하다

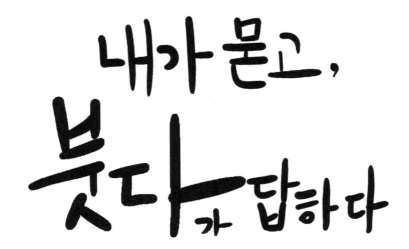

내가 묻고, 붓다가 답하다

최시선 지음

북허브

들어가는 글

이 책을 읽는 이들에게

　청소년은 미래의 주역이다. 지금의 청소년을 보면 미래 사회를 알 수 있다. 청소년이 올바르고 건강하게 자라야 나라의 희망이 있다. 그런데 우리나라 청소년들은 많이 힘들다. 공부, 성적, 이성교제, 친구관계 등으로 많은 스트레스를 받고 있다.

　그 결과 삶의 방향을 잃고 헤매고 있다. 최근 부산과 강릉에서 벌어진 여중생 집단폭행 사건은 청소년 일탈 행위를 그대로 보여주고 있다. 뿐만 아니라, 게임 중독이나 가출, 학업 중단, 음주와 흡연 등도 심각하다.

　나의 관심사는 문제를 드러내는 것이 아니라, 그 해결책을 내놓는 데에 있다. 이를 위해 수없이 고뇌하고 번민하였다. 어디서 그 해결책을 찾을까. 다행히 우리 인류 역사에는 훌륭한 스승이 있었다.

중국의 춘추시대에 어려운 시대를 구하겠다고 천하를 돌아다니면서 훌륭한 가르침을 편 공자가 있었고, 중동에서는 유대에서 예수가 탄생하여 그 시대 도탄에 빠져 있던 많은 사람들에게 희망의 메시지를 전했으며, 마호메트 또한 그랬다. 그리스에서는 소크라테스가 탄생하여 허름한 옷차림으로 아테네 시장을 누비며 청소년들에게 진리에 대한 무지를 깨우쳤다.

인류의 스승들은 암울한 시대에 오로지 인류를 구제해야겠다는 일념으로 온몸을 바쳤다. 그들을 따르는 제자들이 구름처럼 몰려들었고, 그 가르침은 제자들에 의해 전수되었다. 그들은 종교를 창시하거나 학문과 철학의 큰 흐름을 형성하기도 했다.

한편, 인도에서는 붓다가 탄생했다. 붓다는 '진리를 깨달은 분'이란 뜻으로, 다른 스승들과 좀 다른 면이 있다. 오로지 인류를 구제하고야 말겠다는 일념은 같지만, 그 접근방식이 매우 독특하다. 이것이 바로 학교 선생님인 나를 매료시킨 이유다.

첫째는 한 나라의 왕자로 태어나서 모든 부귀영화를 버리고 출가라는 형식을 취했다. 둘째는 사람들에게 끊임없이 '깨달음'을 강조했다. 붓다 스스로 그 수행 과정을 보여주었고 그 경지를 펼쳐보였다. 셋째는 대단히 인간적인 가르침을 폈다. 생로병사의 모습을 보고 고민하기 시작했으며, 그 원인과 해결책을 내 놓았다. 넷째는 길에서 태어나 길에서 온유하게 갔다. 천수를 다하고 아주 편안하게 죽음을 맞이했다. 마지막으로, 맨발로 탁발 걸식을 하며 제자들을 가르치고 사람들의 어리석음을 깨우쳐 주었다.

붓다는 45년간 긴 전도 여정을 마친 후, 쿠시나가라의 조용한 숲에서 마지막 숨을 거두기 전에 제자들과 세상에게 이런 작별 인사를 남겼다.

> 사랑하는 나의 제자들아.
> 너희들 스스로에게 의지하고 진리에 의지하라.
> 너희들 스스로를 등불로 삼고 진리를 등불로 삼아라.
> 이 밖에 다른 것에 의지하지 마라.
> 모든 것은 덧없나니, 게으름 피우지 말고 부지런히 공부하라.

나의 가장 큰 관심사는 그분의 교육적 가르침이다. 붓다의 가르침은 실로 놀랍다. 붓다의 눈으로 보면 모든 사람이 어리석은 중생이지만, 자라나는 청소년들에게는 자비의 미소가 넘쳐흐른다. 왜냐하면 청소년은 미완의 붓다이기 때문이다.

이 책은 2002년도에 출간한 『학교로 간 붓다』를 대폭 손질해 새로운 책으로 재탄생됐다. 본질적인 내용은 고치지 않으면서 주제를 질문 형식으로 바꾸고, 대답은 '붓다의 쪽지'로 갈음했다. 그리고 붓다의 가르침을 직접 실천한 사례를 서술했다.

아무쪼록, 이 책이 대한민국 청소년들이 올바르게 성장하는데 도움이 되기를 바라며, 특히 참을성 없는 학생에게는 인욕을, 집중하지 못하는 학생에게는 명상을, 자는 학생에게는 진정한 배움을,

흡연하는 학생에게는 자신의 어리석음을, 폭력을 행하는 학생에게
는 자비의 마음을, 자살을 꿈꾸는 학생에게는 자신의 보배로움을,
선생님에게 대드는 학생에게는 스승의 위엄을 배우고 깨닫는 계기
가 되기를 바란다.

　이 책은 꼭 청소년에게만 유익한 것이 아니라, 교사와 학부모에
게도 많은 도움이 되리라 믿는다. 붓다의 가르침에는 교육에 대한
놀라운 지혜가 번뜩이고 있기 때문이다.

　끝으로, 서평을 써 주신 김병우 교육감님, 현진 스님, 김창규 목
사님, 권희돈 교수님께 감사드리며, 교정을 도와 준 이민혁 선생님
에게도 고마움을 전한다. 또한, 이 책을 선뜻 출간하기로 허락한
북허브 출판사에 감사드리고, 꼼꼼하고 아름답게 책을 편집해 준
담당자에게도 고마운 마음을 전한다.

충북 진천 광혜원 덕성산 자락에서

2018년 3월

무 심 최 시 선

차 례

들어가는 글

01

내가 만드는 나

욕망은 실로 그 빛깔이 감미로우며
우리를 즐겁게 한다.
그러나 한편으로 여러 가지 모양으로
우리 마음을 산산이 흩어놓는다.
욕망의 대상에는
이러한 근심 걱정이 있다는 것을 알고
무소의 뿔처럼 혼자서 가라.

『숫타니파타』

사람으로 태어난다는 의미

-수많은 생명 중에 사람으로 태어났음은 대단한 일이다-

나는 고등학교에 다닐 때 심각한 고민에 빠진 적이 있다. 집이 시골이라서 방학 때만 되면 도시의 자취집에 있는 책 보따리를 싸서 시골로 옮겨야 했다. 시골 집 한 구석에 책을 챙겨놓고 가끔 부모님 일을 도왔다. 공부한답시고 방에 하루 종일 틀어박혀 있다가도 부모님과 형제들의 눈치가 보여 어쩔 수 없이 밭에 나가 일을 돕거나 풀을 베어 오기도 했다.

30도가 넘는 어느 여름 날, 부모님은 밭에 팥을 심으러 가자고 했다. 그것도 그냥 밭이 아니라 담배 밭을 헤집고 다니면서 그 고랑에 팥을 심는 일이었다. 일꾼들과 고모, 그리고 아버지와 어머니, 형과 동생들이 모두 합세하여 아침부터 팥을 심어나갔다. 한낮이 되자 이마에서는 구슬땀이 흐르고, 숨이 차오르며, 허벅지가 터지도록 아프고, 마침내는 발이 떨어지지 않을 정도가 되었다. 담배 잎사귀에서 풍겨 나오는 독한 냄새며, 이따금씩 살겠다고 꿈틀거리며 흙 속에서 기어 나오는 굼벵이도 나를 괴롭혔다.

'도대체, 이게 무어란 말인가. 이 시간에 공부를 하면 얼마나 좋을까. 도시에 사는 아이들은 학원이다 과외다 야단들인데 도대체 나는 이 시골에서 무엇을 하고 있는 것인가?'

팥을 심다 말고 호미를 놓은 채 밭고랑에 앉아 멍하니 하늘을 바라보았다. 담배 잎사귀 사이로 작열하는 햇빛이 내 머리를 쏘아댔다. 생각은 꼬리에 꼬리를 물었다.

'왜 하필이면 나는 이 시골에서 태어났을까? 저 힘겨워 하는 어머니, 아버지, 그리고 형제들을 보라. 어떤 사람은 부모 잘 만나 호의호식하는데 나는 어째서 이런 부모님을 만났을까? 저 고생하는 시골 아줌마들은 하루 종일 일해서 무엇을 얻는 것인가?'

이런 생각에 빠져서 팥 심는 일을 멈추고 그냥 밭을 나왔다. 도랑가로 가서 얼굴을 씻고 산 속으로 들어가 나무 밑에 누워버렸다. 얼마나 피곤했던지 눕자마자 그냥 잠에 빠져들었다. 한참을 자고 난 후 일어나 보니 하늘이 캄캄하고 비가 올 듯했다. 벌써 저녁이 된 것이었다. 순간 온몸이 오싹해지며 두려워지기 시작했다. 그때 어머니의 목소리가 들려왔다. 자식을 애타게 찾는 목소리였다. 어머니는 나를 보자마자 울음을 터뜨리며 얼싸안았다. 그러면서 한 마디 하셨다.

"다시는 일시키지 않으마. 너는 공부만 해라. 정말 다시는 일하라고 하지 않을게. 너는 공부 열심히 해서 출세해라, 응?"

"그래요, 어머니. 저는 공부를 해야 돼요. 공부하고 싶어요. 공부를 해야 이런 시골에서 벗어난단 말입니다."

나는 이렇게 외치면서 어머니의 눈가에 흐르는 눈물을 닦아드리고는 깡마른 당신을 부둥켜안았다.

그때의 일은 항상 기억에 새롭다. 한때의 신세타령이었는지는 몰라도 나에게는 너무도 충격적이었기 때문이다. 존재에 대한 물음, 아무런 철학적 배경도 없이 그냥 현실에서 던져진 물음이 '나는 도대체 무엇인가?' 였다. '나는 왜 태어났을까? 왜 하필이면 이런 시골에서 태어났을까? 그리고 왜 나의 부모님은 하필이면 농부란 말인가?' 하는 매우 본질적인 질문들이었다. 어느 누구도 이에 대한 답을 주지 못했다.

언젠가 아버지에게 반항을 한 적이 있다. 참고서를 사겠다고 돈을 달라고 하니까 돈을 조금만 주시는 것이었다. 이것으로는 한 권밖에 못사니 더 달라고 하니 아버지는 버럭 화를 내셨다. 그래서 나는 대들었다.

"아버지, 도대체 왜 저를 낳으셨어요? 예? 자식 참고서도 하나 못 사주면서 왜 낳은 겁니까?"

아버지가 화를 가라앉히며 말씀하셨다.

"이놈아, 내가 낳고 싶어 낳았냐. 네놈이 세상에 나온 것이지."

이 말씀은 정답이었다. 나는 아버지, 어머니의 의지나 나의 의지로 태어난 것이 아니라 그냥 태어난 것이다. 누구도 원망할 것이 아니었다. 아버지도 어머니도 그리고 나 자신도 원망할 것이 아니었다.

청소년기에 누구나 한 번쯤 자신의 존재에 대하여 물음을 던진다. '도대체 나는 어디서 왔는가? 어머님의 뱃속에서 나온 것은 사실인데 그 이전에는 어디에 있었는가?' 하고 말이다. 서양의 기독교적 사고로 본다면 '나' 의 생명은 신이 내려준 선물일 것이다. 하지만 그러기에는 신비적이고 초월적이다.

붓다는 이에 대하여 어떤 답을 내릴까. 붓다는 그런 고민을 하기 전에 일단 "지금의 자신으로 태어났음에 감사하라."라고 일침을 놓는다. 삼천대천세계(붓다는 우주의 한량없는 크기를 이렇게 표현하였음)의 온갖 생명 중에 사람으로 태어나는 것이 얼마나 어려운 일인가를 붓다는 『사십이장경』에서 다음과 같이 말한다.

> 사람이 죽어서 비록 악도에 떨어지지 않았다 하더라도 다시 태어날 때 사람의 몸을 받기가 어렵고, 사람의 몸을 받았다 하더라도 건강한 사람으로 태어나기 어렵고, 건강한 사람으로 태어났다 하더라도 좋은 집안에 태어나기 어렵고, 좋은 집안에 태어났다 하더라도 진리의 세계를 만나기는 더 어렵다.

붓다는 『금강경』에서 우주 삼라만상의 생명 있는 것들을 사생四生으로 분류하고 있는데, 태생胎生, 난생卵生, 습생濕生, 화생化生이 그것이다. 태생은 일반적인 포유류로, 사람이 가장 대표적이다. 하지만 태로 태어나는 것은 사람뿐이 아니다. 동물의 세계를 보라. 그

천문학적인 수를 어찌 몇 십억도 안 되는 사람의 수로 뭉뚱그릴 수 있겠는가? 사람은 포유류 중에서도 아주 조그마한 부류에 속한다.

난생은 알로 태어나는 조류, 물고기 등을 말한다. 이 같은 생명은 포유류보다 많아서 어떻게 헤아릴 길이 없다. 습생은 습한 데서 자라는 지렁이나 벌레 등을 말하고, 화생은 다른 것에 의지하지 않고 스스로 변하여 생기는 것을 말하는데, 그 숫자를 센다는 것은 해변의 모래알을 헤아리는 것과 같다.

그 수많은 생명 중에 사람으로 태어났다는 사실, 그것 하나만으로도 수백 번 자신을 찬탄해야 할 일이다. 부잣집에서 태어났거나 가난한 집에서 태어났거나, 도시에서 태어났거나 시골에서 태어났거나, 건강한 사람으로 태어났거나 몸이 불편한 사람으로 태어났거나, 사람으로 태어났음에 감사해야 한다는 것이다.

붓다의 가르침에 의하면 사람으로 태어났다는 것은 그만큼 전생에 좋은 업을 지었기 때문이다. 업業(karma)이란 생명이 살아가기 위해 하는 일체의 행위를 말한다. 생명 있는 모든 존재는 업을 짓는다. 업은 행위이기 때문에 모종의 에너지를 발생하게 된다. 예를 들어, 욕을 하면 욕한 파장이 남는다. 이 파장은 소멸되는 것이 아니라 마음의 저장 창고에 차곡차곡 쌓인다.

이와 같이 쌓인 것을 '업력'이라고 한다. 이 업력에 따라 다음 생명이 결정된다. 지렁이는 지렁이 업을 지었기 때문에 지렁이로 태어난 것이고, 소는 소의 업을 지었기 때문에 소로 태어난 것이다. 마찬가지로 사람은 사람의 업을 지었기 때문에 사람으로 태어난 것이다. 그런데 사람의 업 짓기가 쉬운 일은 아니다. 그러기에 사람으로 태어나기가 어려운 것이라고 붓다는 가르친다.

사람은 주로 세 가지 업을 짓는다. 몸으로 짓는 업, 입으로 짓는 업, 생각으로 짓는 업이 그것이다. 붓다는 이를 신身 구口 의意, '삼업三業'이라고 하였다. 그러면서 업은 그 질에 있어서 좋은 업(선업), 나쁜 업(악업), 좋지도 않고 나쁘지도 않은 업(무기업)이 있다고 하였다. 붓다는 사람으로 태어나기 위해서는 좋은 업을 지어야 한다고 가르친다.

즉 몸으로는 좋은 일을 행하고, 입으로는 좋은 말을 해야 하며, 생각으로는 좋은 마음을 가져야한다. 그런데 우리는 얼마나 몸으로 폭력과 살생 등 나쁜 행동을 하고, 입으로 거짓말, 폭언, 아첨 등 나쁜 말을 하고, 생각으로 증오, 시기, 질투 등 나쁜 마음을 품는가 말이다.

어쩌면 좋은 업을 짓는 사람보다는 나쁜 업을 짓는 사람들이 더 많기에 다른 생물에 비해 사람의 수가 훨씬 적은 건 아닐까?

나는 왜 태어났을까?

붓다의 쪽지

청소년들이여, 지금의 나로 태어났음에 감사하라. 그대가 사람으로 태어난 것은 우연히 아니다. 모두가 전생에 좋은 업을 지었기 때문이다. 그러니 이에 만족하고 사람으로 있을 때 '내가 무엇을 할 것인가?'를 생각하라. '어떻게 하면 지금의 나를 더 향상시키고, 많은 다른 사람들을 위할 수 있는가?'를 생각하라.

윤회의 가르침

-모든 생명은 여섯 가지 길로 태어난다-

붓다는 모든 생명 있는 것들은 윤회한다고 가르쳤다. 윤회輪廻란 태어나고 죽는 과정이 반복되는 것을 말한다. 윤회하는 이유는 업을 짓기 때문이다. 생사가 되풀이되는 근본적인 원인은 업인 것이다. 따라서 업을 짓지 않으면 태어날 이유도 없고 죽을 이유도 없다. 업이 완전히 소멸한 상태가 바로 해탈이다. 그래서 붓다는 모두에게 해탈하도록 노력하라고 외치는 것이다.

붓다의 가르침에 의하면, 윤회하는 삶은 생유·본유·사유·중유의 4개 사이클로 나뉜다.

먼저 생유는 어머니의 태에 잉태되는 순간을 말한다. 어머니의 태에 자리를 잡았을 때 이미 생명이 시작된 것으로 본다. 본유는 어머니의 태내에서 있다가 세상으로 나와서 일정한 세월을 사는 기간을 가리킨다. 사유는 일정 기간을 살다가 생을 마치는 순간, 즉 죽는 찰나를 말한다. 마지막으로 중유는 죽고 나서 다음 생을 받기 전까지의 기간을 말한다.

죽는다는 것은 영혼이 육체를 떠나는 것을 말하는데, 이 영혼은 미세한 마음의 덩어리로 되어 있기 때문에 육안으로는 볼 수 없다. 이 중유의 기간은 10일에서 49일이다. 그래서 죽은 자에게 49재를 지내는 것이다. 49재는 죽은 영혼에게 붓다의 말씀을 전해 줌으로써 다음 생을 잘 받기를 간구하는 것이다.

다음 생은 어떻게 받을까? 붓다는 이에 대하여 명쾌하게 설명하고 있다. 바로 여섯 갈래의 길인데, 이를 육도 윤회라고 부른다. 즉 사람은 자신의 지은 업에 따라 여섯 갈래의 길로 태어난다는 것이다.

첫째는 지옥도이다. 지옥도는 온갖 고통이 심한 세계이다. 기름이 펄펄 끓는 가마솥에 던져져 고통 받는 곳이 화탕지옥이고, 쇠꼬챙이나 면도칼과 같은 날카로운 것으로 몸을 갈기갈기 찢는 듯한 아픔이 끊이지 않는 곳이 아비지옥이다. 우리가 흔히 쓰는 말에 아비규환이란 말이 있는데, 이 말은 바로 여기서 나온 말이다. 지옥도는 온갖 나쁜 업을 지은 사람들이 가는 곳이다.

둘째는 아귀도이다. 아귀도는 배고픔의 세계이다. 아귀는 아무리 먹어도 배가 부르지 않는다. 왜냐하면 아귀의 배는 엄청나게 큰데 목구멍은 바늘구멍만하기 때문이다. 그래서 항상 배가 고프고 또 어쩌다 밥알 하나라도 그냥 넘기면 좁은 목구멍에 걸려서 엄청난 고통을 받는다. 이 아귀의 세계는 남에게 베풀 줄 모르고 인색하기가 그지없는 사람들이 가는 곳이다.

셋째는 축생도이다. 축생도는 어리석음의 세계이다. 축생은 개나 소, 돼지 등 짐승들을 말한다. 짐승이 사람과 다른 점은 사리 분별을 못한다는 것이다. 사리를 모르고 앞뒤가 꽉 막힌 사람을 개나 소 같은 사람이라고 말한다. 축생은 이렇게 사리분별을 못하고 어리석은 짓을 많이 한 사람들이 가는 곳이다.

넷째는 수라도이다. 수라를 아수라라고도 하는데 싸움이 끊이지 않는 세계이다. 우리가 쓰는 "아수라장 같다."는 표현은 바로 여기서 나온 말이다. 질서가 없고 싸움이 끊이지 않아 소란하기가 이를 데 없는 곳이 아수라장 세계이다. 교만하고 늘 자기를 내세우는 사람들이 가는 곳이다. 축생의 세계보다 지혜는 있으나 '나' 라는 고집이 강하기에 고통이 심한 곳이다.

다섯째는 인간도이다. 바로 우리가 사는 세계이다. 지혜를 가지고 있어 배우기를 좋아하고 마음만 먹으면 깨달을 수 있는 가능성을 갖고 있다. 그런데 앞에서도 말했듯이 여간 좋은 업을 짓지 않고는 사람으로 태어나기가 어렵다. 또한 사람으로 태어났다 하더라도 다음 생에 다시 사람으로 태어난다는 보장이 없다. 따라서 사람으로 태어났다는 것을 단순히 좋아할 것이 아니라, 사람의 몸을 받은 것에 감사하며 어떻게든 진리를 깨치도록 노력하라고 붓다는 가르친다.

마지막은 천도이다. 이곳은 하늘의 세계로 그야말로 좋은 업을 지은 사람들만이 가는 곳이다. 왜냐하면 인간의 세계보다는 괴로움이 적고 평화롭고 즐거움이 많은 세계이기 때문이다. 천도에도

28천, 혹은 33천이라 하여 여러 가지 하늘이 있다고 한다. 그중에 광음천이란 곳은 하고 싶은 일을 생각만 해도 모두 해결된다고 한다. 우리가 사는 인간 세계는 먹고살기 위해서는 반드시 무언가 행위를 해야 하는데, 그곳은 생각만 하여도 해결된다니 얼마나 좋은 곳인가? 그러나 이 세계도 영원한 것이 아니니, 여기서도 업을 소멸하지 못하고 그대로 가지고 있거나 오히려 짓게 되면 그 업대로 다른 세계에 태어난다는 것이다.

윤회, 이것은 붓다가 기존의 인도 사상을 받아들여 체계화한 가르침이다. 이 가르침 속에는 귀중한 교훈이 깃들어 있다.

우선 업을 짓되 좋은 업을 지으라는 것이다. 붓다는 근기가 약한 사람들에게는 "선인선과善因善果요 악인악과惡因惡果이다."라는 가르침을 폈다. 즉, 좋은 업을 지으면 좋은 결과를 얻을 것이요, 나쁜 업을 지으면 나쁜 결과를 얻을 것이라는 말이다. 우리가 흔히 쓰는 인과응보란 말은 바로 여기서 유래한다. 즉, 원인과 결과는 항상 연결되어 있다는 것이다.

또 근기가 강한 사람에게는 좋은 업이든 나쁜 업이든 짓지 말고, 지었으면 하루속히 소멸하여 다시 태어나는 원인을 만들지 말라고 가르쳤다. 그래서 자신과 같은 붓다가 되라고 했다.

청소년기에 얼마나 고민이 많은가. 그러기에 자칫 잘못하면 일을 그르치게 마련이다. 학교폭력, 따돌림, 흡연 같은 것들이 모두 나쁜 업을 짓는 일이다. 이것에는 반드시 결과가 따른다는 것을 명심할 일이다. 적어도 붓다의 가르침에 의하면 말이다.

윤회의 가르침에는 현재의 건강한 사람으로 태어났음에 감사할 줄 알라는 메시지가 녹아 있다. 나 자신도 고등학교 시절에 산속으로 들어가 자신을 폄하하고 신세를 한탄했지만, 지금 생각하면 정말 철없는 행동이었다. 전생에 지은 바 업대로 태어난 것을 그때는 몰랐기 때문이다.

붓다는 사람으로 태어난 것이 얼마나 큰 복인가를 경전에서 누누이 밝히고 있다. 사람으로 태어났을 때 열심히 공부하여 진리를 깨칠 것을 역설하고 있다. 태어난 것은 업에 의한 운명이지만, 그 운명은 자신이 개척하는 것이다. 즉 자신은 자신이 창조하는 것이다. 현재의 이 모습은 다른 사람의 작품이 아니라, 바로 나 자신의 작품이기 때문이다. 나는 왜 넉넉하지 못한 부모의 자식이냐고, 나는 왜 이렇게 못생겼냐고, 나는 왜 이리 공부를 못하냐고 자신의 처지를 한탄하지 마라.

어떻게 살아야 할까?

붓다의 쪽지

전생의 일을 알고 싶은가. 그러면 지금 너의 모습을 보라.
내생의 일을 알고 싶은가. 그러면 지금 네가 무엇을 하고 있는지를 보라. 『법화경』

청소년들이여, 전생에 좋은 업을 지어 다행히 사람으로 태어났으니, 이제는 새로운 자신을 창조하기 위해 공부하고 노력하라. 그러기 위해 현재 그대가 딛고 있는 이 땅, 지금 여기서 최선을 다하라. 지금 여기서, 어떻게 사느냐가 다음 생을 결정하기 때문이다.

내 존재의 의미

-명상과 선은 나를 알아가는 수련이다-

언젠가 전국교사불자연합회에서 개최한 겨울 수련회에 참여했던 적이 있다. 전남 장성군에 위치한 백양사 라는 전통 사찰에서 수련을 했는데, 절 입구에 의미심장한 글이 있었다. "부모미생전父母未生以前 본래면목本來面目 이뭣고?" 풀이하면, '부모에게서 태어나기 이전, 너의 본래 모습은 무엇인가?' 라는 뜻이었다. 이것은 선사들의 화두 중의 하나였다. 나는 그대로 멈추어 서서 한참을 생각했다.

'부모에게서 태어나기 이전의 나의 모습이라, 나의 본래 모습이라…….'

이 질문은 2박 3일 동안 나의 큰 의심 덩어리가 되었다. 앉으나 서나 줄곧 이 질문을 떠올리며 답을 찾으려 했다. 그러나 아무리 답을 찾으려 해도 머리만 아프고 더욱 헤매게 될 뿐이었다.

'도대체, 내가 어머니 몸속에 잉태되기 전에 어떤 상태로 존재했다는 말인가? 나는 무엇이었으며 어떤 모습이었다는 말인가?'

붓다가 가르친 업과 윤회의 가르침을 떠올리며 아무리 태어나기 전의 나의 모습을 떠올리려 해도 떠오르지 않았다. 이 문제는 그 후 계속 나를 괴롭혔다.

누구나 자신의 존재에 대하여 물음을 던진다. 나는 누구냐고, 지금 여기 서 있는 나는 도대체 누구냐고 말이다. 그러나 답은 나오지 않는다. 그냥 나는 나일뿐이다. 때로는 괴로워하기도 하고 때로는 즐거워하기도 하는, 그냥 나는 나일뿐이다. 나는 과거에 어디서 왔으며, 지금 어디로 가고 있으며, 미래에 어디로 갈 것인지 알려고 질문이라도 던지면 그저 앞이 캄캄할 뿐이다.

붓다는 사람들의 이러한 본질적 고민을 해결해 주기 위해 명상과 선을 가르쳤다. 붓다 자신도 이 명상과 선으로 깨달은 자가 되었다고 경전에서 밝히고 있다. 특히, 『대안반수의경』과 『염처경』이라는 경전은 붓다의 명상 체험을 그대로 집약한 것이다.

명상이란 무엇일까? 오늘날 많은 사람들이 명상에 대하여 관심을 갖고 이렇게도 설명하고 저렇게도 설명한다. 명상이란 한마디로 '자기를 알아 가는 과정'이다. 자신의 존재에 대하여 끊임없이 질문을 던지고 살펴서 알아 가는 정신적 체험 활동이다. 다시 말하면, 몸과 마음에 대한 체계적이고 반복적인 수련을 통하여 자기 존재에 대한 확신을 얻고, 궁극적으로 존재의 참모습을 깨달아 어디에도 마음의 걸림이 없는 대자유의 경지에 도달하는 것이다.

사람은 몸과 입과 뜻으로 모든 업을 짓는다. 그 업은 한 번 짓고 시간이 흐르면 그냥 없어지는 것이 아니라, 마음의 저장 창고에 그대로 쌓인다. 예를 들어, 남을 미워했으면 그 미워하는 마음이 설령 없어졌다 하더라도, 마치 음식물을 먹고 나면 찌꺼기가 생기듯이 마음 저장 창고에 그대로 쌓이게 되는 것이다.

명상이란 바로 이 마음 저장 창고에 쌓인 찌꺼기를 정화해서 맑고 깨끗한 마음 공간으로 바꾸어, 자기는 물론 모든 대상을 아름답고 평화롭게 보게 하는 정신 수련이다. 마음 저장 창고에 쌓인 찌꺼기를 번뇌 또는 망상이라고 한다. 번뇌와 망상은 삼독으로 인해서 생긴다. 즉 욕심과 화를 내고 어리석게 행동하면 생기는 독소나 암세포 같은 것들이다. 이런 것들이 마음 공간을 차지하고 있는 한 우리는 대상을 있는 그대로 볼 수가 없다.

예를 들어, 화가 나 있는 상태에서 꽃을 바라보면 꽃이 아름다워 보이지 않는 것과 같다. 명상이란 대상을 있는 그대로 보기 위한 마음 수련이다. 있는 그대로 봄으로써 결국은 주관(나)과 객관(대상)이 하나가 되게 하는 수련 방법이다. '나'라는 생각도 없고 '꽃'이라는 생각도 없을 때 나와 꽃은 드디어 하나가 된다.

그렇다면 요즘 유행하는 '선'이란 무엇일까. 선은 참선을 줄인 말인데, 붓다가 수행한 명상법이 중국으로 전해지면서 중국 사람들은 명상을 선이라 불렀다고 한다. 붓다가 직접 체험한 명상을 '비파사나'라고 한다. 이는 다른 말로 '알아차림 수행'이라고 하는데, 자신의 몸과 마음에서 일어나는 미세한 현상까지도 알아차리고 집중하여 그것을 통합적으로 관찰함으로써 자신의 실상을 깨닫는 방법이다. 비파사나는 오늘날 태국이나 미얀마, 스리랑카 등 남방 불교 국가에서 많이 수행하는 것이고, 선은 이러한 명상이 중국에 전해져서 중국 토양에 맞게 정착된 것이다.

중국 사람들은 선을 간화선 또는 화두선으로 자신들에게 맞게 발전시켜 갔는데, 이는 '화두를 보고 또는 화두를 도구로 삼아 하는 마음 수행'이란 뜻이다. 화두란 자기에게 던져진 큰 의심 덩어리를 말한다. 예를 들면, "이뭣고^(시심마是甚麼)" 즉, "이것이 무엇인가?"란 화두를 들고 끊임없이 자신의 존재에 대하여 참구해 들어가는 것이다.

이러한 과정은 마치 어두운 밤에 길을 찾기 위해 등불을 들고 나서는 것과 같다. 등불이 없으면 아무것도 보이지 않아 한 발짝도 움직일 수가 없다. 보고, 듣고, 냄새 맡고, 맛보고, 접촉하고, 생각하는 마음의 경계를 만날 때마다 "이것이 무엇인가?"라고 의심하다 보면 언젠가는 자신의 참모습을 깨닫는다는 것이다.

중국뿐 아니라 우리나라의 많은 선사^(선 수행으로 깨달음을 이룬 스승)들은 간화선 또는 화두선을 통하여 깨달음을 이루었다. 이는 스승이 제자에게 깨달음을 주기 위해 어떠한 의심 덩어리, 즉 화두를 던져 주고 그것을 자나 깨나 참구하도록 함으로써 궁극적으로 진리의 세계로 나아가게 하는 것이다.

예를 들어, 어떤 제자가 스승에게 "부처란 무엇입니까?"라고 물었는데 스승은 "마른 똥 막대기"라고 했다. 또는 "개에게도 불성이 있습니까?"라고 물었는데 스승은 "무^(無없다)"라고 대답했다. 이때 '마른 똥 막대기'나 '없다'는 대답이 바로 화두가 되는 것이다.

우리가 일반적으로 부처란 무엇이냐고 물었을 때 진리를 깨달은 자라고 말하지, 마른 똥 막대기라고 말하지는 않는다. 선을 하는 사람은 스승이 왜 마른 똥 막대기라고 대답했는지 큰 의심을 품고 그 본질을 깨우쳐야 한다. 또한 제자가, 붓다는 모든 생명에는 불성이 있다고 가르쳤는데 개에게도 불성이 있느냐고 물으니 스승은 없다고 했다. 바로 이것이 포인트이다. 선은 제자에게 모종의 탐구 과제를 부여하고 이를 해결하도록 하는 것이다.

정리하면 명상이 몸과 마음에서 일어나는 현상을 알아차리고, 마음을 집중하고, 전체적으로 관찰하여 자신의 존재를 알아 가도록 하는 것이라면, 선은 그 목적에서 명상과 같되 화두를 통하여 자신을 알아 가도록 한다는 것에 차이점이 있다. 그러나 오늘날 이 분야를 연구하고 수련하는 많은 사람들은 선도 명상의 한 유형으로 보기도 한다.

명상과 선은 우리들에게 어떤 가르침을 줄까? 명상과 선의 공통점은 자신의 존재를 알도록 하는 것이고, 그 핵심은 마음을 깨치는 것이다. 마음이란 무엇일까? 옛날 선사들은 무어라 부를 수가 없어서 그냥 '마음'이라고 이름 붙였다. 볼 수도 없고, 냄새 맡을 수도 없고, 만질 수도 없지만 이놈은 우리에게 분명히 존재하면서 온갖 요사를 부린다.

과거 일을 떠올리기도 하고, 미래에 일어날 일을 예측해 보기도 하며, 앉아서 미국도 갔다 오고 달나라에도 갔다 오며, 때로는 슬퍼하기도 하고 기뻐하기도 한다. 작다고 하면 바늘구멍만도 못하고, 크다고 하면 이 우주를 덮고도 남는다. 그래서 마음을 '진공묘유眞空妙有'라고 표현했다. 텅 비어 없는 것 같은데 신령스럽게도 있다는 뜻이다.

이 마음을 어떻게 하면 훤히 알아 깨칠 수 있을까? 정말로 어려운 일이다. 대부분 우리는 마음의 노예가 되어 마음이 시키는 대로 움직일 뿐이다. 단 몇 분도 마음을 제 맘대로 부리며 살지 못한다. 한마디로 마음에 항상 이끌려 다니는 것이다. 욕심나면 욕심나는 대로, 화나면 화나는 대로, 슬퍼지면 슬퍼지는 대로 그렇게 살아가고 있는 것이다. 욕심날 때 욕심을 버리고, 화날 때 화나는 마음을 거두고, 슬플 때 그 마음을 돌려서 웃을 수 있는 여유가 없다.

어떻게 해야 할까? 붓다는 평소 명상 수련을 해 둘 것을 권한다. 명상이란 곧 마음 수련이기 때문이다. 출가를 하거나 전문적으로 수행할 수는 없더라도 그냥 시간 되는 대로 아무 곳에서나 수련을 하라는 것이다. 평소에 연습을 많이 한 운동선수가 실전에 나가 떨지 않고 좋은 성적을 거두는 것처럼 말이다. 이러한 명상 수련에는 몇 가지 원칙이 있다.

첫째, 몸의 자세를 바로 하는 것으로 이를 조신調身이라고 한다. 자신의 마음을 살피기 위해서는 조용한 곳에 바른 자세로 앉는 것이 좋다. 보통 가부좌를 하는데, 한쪽 다리만을 반대쪽 허벅지 위에 올려놓고 앉는 반가부좌 자세와, 두 다리를 모두 양쪽 허벅지 위에 올려놓고 앉는 결가부좌 자세가 있다. 이 가운데 본인이 편한 대로 앉으면 된다.

둘째, 호흡을 바로 하는 것으로 이를 '조식調息'이라고 한다. 조용한 곳에 바로 앉아서 눈을 지그시 감고, 호흡이 들어가고 나오는 것을 살피는 것이다. 배꼽 밑에까지 들어가게 하는 호흡을 단전호흡이라고 한다. 단전호흡을 하게 되면 폐활량도 많아지고 몸이 이완되어 마음이 차분해진다.

셋째, 조용한 곳에 앉아서 지그시 눈을 감고 호흡을 살피고 있노라면, 이제 마음이 차분해져서 자신에게 일어나는 일들이 보이기 시작한다. 이 보이는 것들을 잘 알아차려서 없애고 비우는 일을 '조심調心'이라고 한다.

여기 앉아 있는 자신의 모습부터 시작하여 과거의 나의 모습, 그때 자신이 취했던 모습들, 예를 들면, 겸연쩍었던 모습, 화났던 모습, 슬퍼서 울던 모습, 기뻐했던 모습, 아팠던 모습 등 많은 모습들이 스치고 지나간다. 어디 그뿐인가. 지금 당장 고민부터 시작하여 미래에 닥칠지도 모르는 장면까지 떠올라 마음을 온통 쑥대밭으로 만들어 놓는다.

이때 '이뭣고' 하고 스스로에게 질문을 던진다. 떠오르는 모습이나 생각들을 억지로 없애려 하지 말고 그냥 그대로 바라보고 살피되, '이 모습이 어디서 왔는가? 이렇게 바라보고 생각하는 나는 무엇인가?' 하고 물어보라는 것이다. 그러면 그 모습이나 생각의 뿌리가 밝혀지고, 밝혀지는 순간 그것을 통째로 뽑아버린다. 뽑아서 활활 타는 불구덩이에 내던져 버린다. 무엇이든 원인이 밝혀지면 치유는 금방 되는 것이다.

오늘날 우리들은 어떠한가? 대부분의 사람들이 스트레스를 받음에도 불구하고 그냥 고민에 빠져 있을 뿐, 자신의 내면을 살필 줄을 모른다. 모든 것이 밖으로 향해 있기 때문이다. 특히 청소년들은 입시, 성적, 게임, 놀이, 이성, 연예인, 인터넷 등 겉으로 드러난 것들에 온통 혼이 빠져 있다.

예를 들어, 대학입시는 청소년들의 마음을 온통 지옥으로 만들고 있다. 우리나라 청소년들만큼 대학입시 때문에 고민하는 청소년들이 이 지구상에 또 어디 있을까. 수행평가 1점 때문에 매달리며 울기도 하고, 시험 때만 되면 배가 아프다고 아우성 치고 두통을 호소하기도 한다. 또 조금만 혼내주기라도 하면 금방 울어버리는 것이 요즘의 청소년이다. 감수성이 예민해서 그런 것인지 마음이 여려서 그런 것인지 분간이 되지 않을 때가 많다.

붓다는 마음이 온통 밖으로 향해 있는 우리들에게 명상과 선을 가르친다. 그러면서 내가 누구인지 자신의 존재를 알기 위해 노력하라고 한다. 그러기 위해서는 무엇보다 자신의 마음을 잘 다룰 줄 알라고 한다. 마음 다루는 힘은 명상과 선에서 나온다.

나는 누구인가?

붓다의 쪽지

마음이 모든 일의 근본이다.
마음이 주인이 되어 마음을 시키나니 마음속에 악한 일을 생각하면 말과 행동이 그러하리라.
마음이 모든 일의 근본이다.
마음이 주인이 되어 마음을 시키나니 마음속에 착한 일을 생각하면 말과 행동이 그러하리라. 『법구경』

창공을 나는 새처럼

-어디에 있거나 주인공으로 살아가라-

현대 과학 문명의 발달은 우리 인류에게 많을 것을 안겨 주었다. 풍부한 물질, 경제적인 부, 원자력 에너지, 첨단 기계화 장비, 고성능 컴퓨터, 전 세계를 하나로 묶는 인터넷 등은 과학 문명의 발달이 안겨다 준 훌륭한 선물이다.

그러나 이에 따른 환경오염, 생태계 파괴, 핵 방사선 물질, 해양오염, 에이즈 확산, 전자파의 위험성, 사이버상의 무질서 등은 과학 문명의 발달이 우리에게 준 폐해이다. 그 중 가장 심각한 것은 이로 인한 인간성 파괴이다. 과학 물질문명의 발달로 인하여 우리 사람들은 '물신주의^(物神主義, 물질의 힘에 맹목적으로 따르는 현상)'에 함몰되어 있으며, 본래 인간의 아름다운 성품은 어디로 갔는지 저마다 자기의 이익만 챙기는데 혈안이 되어 있다. 이로써 우리 사람들은 서로를 믿지 못하고 자신마저 믿지 못하는 정신적 공황 상태에 빠져 있다.

예를 들어, 몇 푼 안 되는 돈 때문에 사람을 죽이기도 하고, 자신의 목숨을 스스로 버리기도 한다. 빚 독촉에 못 이겨 방에 불을 질러 목숨을 끊는 사람이 있는가 하면, 심지어 과외비를 주지 않는다고 자신을 낳아준 어머니마저 목 졸라 죽이는 파렴치한 자식도 있다. 그야말로 물질이 사람의 마음을 온통 지배하고 있다는 증거이다.

하루 종일 스마트폰에 매달리며 홍수처럼 밀려오는 정보에 빠져 있는 사람이 많다. 이들은 각종 사이트가 지시하는 대로 바쁘게 움직인다. 사람이 만든 첨단 정보화 매체에 청소년이나 어른 할 것 없이 마음이 함몰되어 있다. 얼굴을 마주보며 대화하는 것이 아니라 사이버 공간 속에서 서로 만나고 일이 이루어진다. 특히 요즘의 SNS^(사회 관계망 서비스)는 이를 가속화시키고 있다. 익명성을 악용하여 상호 비방, 욕설 등이 난무하기도 한다. 자살 사이트가 있는가 하면, 자신이 싫어하는 특정 대상에 대하여 반대하고 저항하는 '안티^{anti}' 사이트가 성행한다.

왜 이렇게 되었을까. 자신의 마음이 항상 무언가에 이끌려 다니기 때문이다. 남들이 하면 나도 하는 것이다. 청소년이나 어른 할 것 없이 자기 정체성은 내던져버린 채 집단 무의식에 사로잡혀 있다. 자신의 마음을 움직이는 주인이 없다. 자신의 마음을 부리는 것이 '나'인지, 아니면 '타인'인지 구분이 되지 않는다. 자신의 마음을 자신이 부려서 주인이 되는 것이 아니라, 처한 상황이나 조건에 따라 이리저리 이끌려 다니는 노예가 되어 있다.

하루 24시간 중 자신의 마음이 주인이 되어 행동하는 시간이 과연 얼마나 될까. 자신의 의지와는 상관없이 대부분 짜여진 시간에 따라 기계처럼 움직이며, 그 시간에도 자신의 마음속 깊은 곳에서 빚어지는 현상들을 알아차리지 못하고 순간순간의 즉흥적인 판단에 따라 행동한다.

스위스의 정신의학자요 분석심리학자인 융Jung에 따르면, 우리 사람들은 5퍼센트의 의식과 95퍼센트의 무의식으로 세상을 살아간다고 한다. 여기서 의식은 겉으로 드러나는 표면의식을 말하고, 무의식은 심층에 가려서 드러나지 않는 잠재의식을 말한다. 표면의식이 마음의 전부라고 할 수 없다. 바다로 말하면 표면에 이는 파도와 같다. 파도는 바람에 따라 생기기도 하고 사라지기도 한다. 바다 표면 밑으로는 심연의 세계가 펼쳐져 있다. 이것이 무의식의 세계이다.

잠시 눈을 감고 자신의 현재 모습을 바라보라. 그 순간 자신의 마음속 깊은 곳에서 일어나는 온갖 생각이 바다 물결처럼 반짝이며 보였다가 사라진다. 붓다는 이를 번뇌와 망상이라고 했다. 이 번뇌와 망상을 바라볼 수 있을 때 일단 자신의 주인이 되었다고 볼 수 있다. 그러나 진정으로 주인이 되기 위해서는 그 번뇌와 망상이 어디서 나오는지 그 뿌리까지 볼 수 있어야 한다. 이렇게 되었을 때 진정 마음을 부릴 수 있고, 마음속 깊은 곳에서 희열이 터져 나온다. 마치 누가 시켜서 하는 일은 짜증이 나지만, 자기가 하고 싶은 일을 할 때는 어딘가 모르게 힘이 솟고 콧노래가 나오는 이치와 같다.

'수처작주'란 말이 있다. 이는 '가는 곳마다 주인이 되라.'는 가르침이다. 중국의 임제의현 선사의 언행을 적은 『임제록』에 나오는 말로, '수처작주 입처개진隨處作主 立處皆眞'을 줄여서 한 말이다. 그대로 풀이하면 '어느 곳에서나 주인이 된다면 있는 곳이 다 참되다.'라는 뜻이다. 일본 불교학자 나카무라가 펴낸 불교 대사전에는 수처작주를 '어떤 경우에 처하여도 항상 자기의 주체성을 확립하고, 어떤 것에도 붙잡히는 바가 되지 않아 항상 자유자재로 활동을 하는 것'이라고 정의하고 있다.

오늘날 사회적으로 인간 소외 문제가 부각되고 있는 가운데 청소년들은 학교에서 집단 따돌림(왕따)을 당하고 자살까지 시도한다. 어떻게 해야 할까. 붓다는 임제의현 선사를 통해 자신의 메시지를 전하고 있다. 어디에 있든 어떤 상황에 처하든 그 순간 그곳에서 주체성을 잃지 말고 자신의 마음을 부리는 주인이 되라는 것이다.

인터넷을 하더라도 홍수같이 밀려오는 정보나 사이트에 함몰되지 말고, 그것을 주체적으로 선택하고 유용하게 활용하라는 것이다. 자신의 주관이 뚜렷하여 집단 무의식에 이끌려 다니지 않는다면 결코 왕따를 당할 일이 없다. 자살까지 갈 필요가 없다. 소신이 부족하고 의지가 나약할 때, 다시 말하면 자신의 마음을 잘 부리지 못할 때 소외를 당하고 왕따를 당하고 자살까지 하는 것이다.

마음을 어떻게 다룰까?

물 대는 사람은 물을 잘 다루고, 활 만드는 사람은 활을 잘 다룬다. 그렇듯이 지혜로운 사람은 마음을 잘 다룬다. 어디에 가나 마음을 잘 부려라. 마음의 주인이 되어 그 마음을 부릴 때 마음에 걸림이 없어지고 자유로워진다. 마치 창공에 새가 날아가도 그 흔적이 없는 것처럼.

그리고 매사 일을 하거나 공부를 하면서 자신의 마음을 비추어 보라. 그 마음 깊은 곳에 무엇이 일고 있는지……. 그 이는 모양을 자세히 살피고 움직여 보라. 그러면 그 마음에서 바른 생각이 나오고, 바른 말이 나오고, 바른 행동이 나올 것이다. 이것이야말로 주체적이며 참된 것이다.

위대한 존재의 씨앗, 불성

-사람은 누구나 붓다가 될 수 있다-

인간의 본성은 무엇일까. 인간은 본래부터 어떤 성품을 가지고 태어나는 것일까. 애초부터 선한 상태로 태어나는 것일까? 아니면 동물과 똑같은 본능을 가지고 태어나서 인간으로 교육되고 훈련되는 것일까? 그것도 아니라면 태어날 때 아무것도 아닌 상태로 태어나 그냥 인간 사회에서 살다보니 인간으로 살아가는 것일까? 인간 본래의 성품을 규정한다는 것은 쉽지 않다. 그만큼 인간은 복잡한 존재이기 때문이다.

학교에서 수업을 하다가 고등학생들에게 '인간의 본성을 어떻게 보아야 하는가?' 라는 질문을 하고, 이제까지의 18년 동안 삶을 살아오면서 접해본 사람들을 통해 그 느낌을 말해보라고 한 적이 있다.

어떤 학생은 인간의 본성은 착한 것 같은데 커가면서 악하게 되는 것 같다고 말하고, 다른 학생은 본래 인간은 나쁜 심성을 가지고 있는데 다만 그 나쁜 심성이 가려져 있어서 착하게 보일 뿐이라고 말했다. 또 어떤 학생은 인간은 양면성이 있어서 자기에게 유리할 때는 남을 얕잡아보다가, 불리해지면 아부를 서슴지 않는 그런 파렴치한 존재라고 거침없이 말했다.

그래서 대답하는 학생 당사자에게 "그럼 너는 어떠하다고 생각하니?"라고 물었더니, 차례대로 "저는 착한 품성을 가지고 태어난 것 같아요."라고 대답하여 폭소를 자아냈고, "저는 누가 나를 괴롭히면 그 사람을 죽이고 싶은 심정이 들 때가 있어요. 그러니 저의 본성은 악한 거예요.", "저 역시 그래요. 양면성이 철철 넘치지요."라고 대답했다. 청소년기의 학생들이라 그런지 몰라도 꾸미거나 덧붙이는 것 없이 솔직 담백하게 대답했다.

인간 본성에 대한 의문을 어떻게 해결할 수 있을까. 수많은 사람들 중에서 특히 현명하다고 하는 성현이나 학자들의 견해를 살펴보면 이렇다.

그들 중에는 인간의 본성에 대하여 본디 선하다고 주장하는 '성선설'을 지지하는 사람이 있는가 하면, 본디 악하다고 주장하는 '성악설'을 지지하는 사람도 있다. 또 중립적 입장의 '성무선악설(중성설)'을 지지하는 사람도 있다. 성선설의 경우에는 동양의 맹자孟子와 서양의 루소Rousseau가 대표적이고, 성악설의 경우에는 동양의 순자荀子와 서양의 홉스Hobbes가 대표적이다. 또 성무선악설의 경우에는 동양의 고자告子와 서양의 로크Locke가 대표적이다.

우선 성선설을 주장한 맹자의 가르침을 살펴보자. 맹자는 인간이 선하다는 것을 '불인인지심不忍人之心(사람으로서 차마 어찌하지 못하는 마음)'에서 찾는다. 예를 들어, 우물가에 어린아이가 놀고 있는데 이 어린아이가 아무것도 모르고 엉금엉금 기어가 우물 속으로 빠지려고 할 때, 이를 보고 어린아이를 구하지 않을 자가 누가 있겠냐고 말한다. 어린아이를 구할 때 그 사람의 마음은 아이 부모에게서 칭찬을 받기 위해서도 아니요, 어떤 보상을 받기 위해서도 아니요, 그냥 그 순간 그런 마음이 나와서 한 것이라고 말한다. 그러기에 맹자는 인간 본래의 성품은 선한 것이라고 했다.

맹자는 여기에서 그치지 않고 사람의 본성이 선한 근거로서 네 가지 단서가 있다고 했다. 즉, 사람에게는 본래 남을 사랑하여 측은하게 여기는 마음인 '측은지심惻隱之心'이 있고, 불의를 부끄럽게 생각하고 악을 미워하는 마음인 '수오지심羞惡之心'이 있으며, 서로 양보하고 공경하는 마음인 '사양지심辭讓之心'이 있고, 옳고 그름을 가릴 줄 아는 마음인 '시비지심是非之心'이 있다고 했다. 이 사단은 인간이 가지고 있는 네 가지 덕, 즉 '인의예지仁義禮智'의 단서가 된다고 했다.

서양 철학자 가운데 성선설을 주장한 대표적인 학자는 루소이다. 그는 『에밀Emile』이라는 교육 소설 첫 구절에서 다음과 같이 말하고 있다. "조물주의 손을 떠날 때는 만물이 모두 선하였으나, 인간의 손에 들어오자 만물 모두가 타락한다." 루소는 무엇이나 태어날 때는 선한 품성을 가지고 태어나지만, 인간들이 만든 제도나 잘못된 가치관이 이를 타락시킨다고 보았다.

다음으로 성악설을 주장한 학자로서 순자의 가르침을 살펴보자. 순자는 중국이 전국시대일 때 맹자가 죽을 무렵에 태어난 사람으로 맹자와 반대되는 입장을 폈다. 순자는 인간 본성이란 동물과 똑같아서 본래 악하다고 했다. 즉, 배고프면 먹고 싶고, 추우면 따뜻하게 하고 싶고, 피곤하면 쉬고 싶으며, 눈으로는 좋은 것을 보고 싶고, 귀로는 좋은 소리를 듣고 싶은 것이 우리 인간의 타고난 성품이라고 했다. 이러한 생리적 욕구에는 이미 자기만의 이익을 쫓으려고 하는 이기심이 깃들어 있어 다툼과 싸움이 일어나지 않을 수 없다고 했다.

순자는 타고난 악한 품성을 착한 품성으로 만들기 위해서는 성현의 가르침, 즉 예법을 따르게 하여야 한다고 주장했다. 이른바, 순자의 핵심적인 가르침인 '화성기위^{化性起僞,인위의 노력으로 악한 본성을 착한 품성으로 변화시킴}' 가 그것이다.

서양 철학자 가운데 성악설을 주장한 사람은 홉스이다. 그는 자연 상태란 '만인의 만인에 대한 투쟁 상태' 라고 했다. 여기서 자연 상태란 타고난 본래의 성품을 말한다. 인간은 태어나면 자연 상태에 놓이게 되는데, 이대로 내버려두면 그 성품이 악하기 때문에 매일 투쟁만 일삼게 된다. 투쟁을 종식시키기 위해서는 일정한 약속을 해야 하는데 이것이 바로 '사회계약' 이다. 홉스에 의하면 국가는 사회계약에 의해 탄생한 거대한 사회 조직 중의 하나이다.

마지막으로 성무선악설을 주장한 고자의 가르침을 보자. 고자는 한때 맹자의 가르침을 받은 것으로 문헌에 나와 있다. 『맹자』'권11' 고자장구 상편에 보면 다음과 같은 고자의 말이 나온다.

"사람의 본성은 소용돌이치면서 흐르는 물과 같습니다. 그 물은 동쪽을 터놓으면 동쪽으로 흐르고, 서쪽을 터놓으면 서쪽으로 흐릅니다. 사람의 본성에 선함과 선하지 않은 구분이 없는 것은, 물에 동쪽과 서쪽의 구별이 없는 것과 같습니다."

이 말은 인간은 태어날 때 아무것도 아닌 상태로 태어나서 어떤 조건과 환경을 만나느냐에 따라 이런 사람도 되고 저런 사람도 되는 것이지, 선하고 악한 것이 미리 정해져 있는 것이 아니라는 주장이다.

서양의 철학자 로크도 이와 비슷한 주장을 하였다. 그에 의하면, 인간은 태어날 때 백지 상태로 태어난다. 이 백지에 무엇을 그리느냐에 따라 그림이 달라지듯이 사람의 마음도 마찬가지라는 것이다. 외부에서 어떤 것을 받아들이느냐, 즉 어떤 경험을 하느냐에 따라 사람의 성품은 달라진다는 것이다. 마치 인간으로 태어난 어린이가 늑대 굴에서 자라는 바람에 늑대와 아주 흡사한 행동을 하는 것과 같은 이치이다.

그러면 붓다는 인간의 본성에 대하여 어떤 가르침을 폈을까.

『열반경』에서 붓다는 "일체중생 실유불성一切衆生 悉有佛性"이라고 했다. 이는 일체 생명이 있는 존재는 모두 깨달을 수 있는 가능성을 지니고 있다는 뜻이다. 다시 말하면 누구나 붓다가 될 수 있는 잠재 가능성을 가지고 태어난다는 말이다. 따라서 붓다의 인간 본성에 대한 가르침은 '불성설佛性說'이다. 붓다는 불성에 대하여 다음과 같이 설하고 있다.

"나는 이제 모든 중생들이 다 가지고 있는 불성이 여러 번뇌들
에 의해 덮여 버린 바 되어, 보지 못하고 있음을 알려주노라. 이것
은 마치 가난한 사람이 진짜 보배를 안에 가지고 있으면서도 능히
얻지 못하는 것과 같음이다."

붓다는 누구나 불성을 가지고 있다고 선언했다. 이것은 앞에서
도 언급했지만, 붓다 자신이 오랜 수행 끝에 직접 체험하여 선언한
것이라서, 이론적으로 무언가를 연구한 끝에 결론을 내린 것과는
차원이 다르다.

불성이라는 개념은 불교 사상이 발전하면서 여러 명칭으로 불리
기도 하였다. 부처님의 품성이 감추어져 있는 것이라 하여 '여래장'
이라고도 하고, 한결같은 마음이라 하여 '일심'이라고도 하고, 스
스로 갖고 있는 맑고 깨끗한 마음이라 하여 '자성청정심'이라고도
하였다.

"누구나 노력만 하면 최고의 경지인 '깨달은 자'가 될 수 있다!"

이 이상으로 매력적인 말이 있을까? 이 가르침 이상으로 훌륭한
가르침이 있을까? 이 이상으로 우리 인간에게 희망을 주는 메시지
가 이 세계에 있을까?

언뜻 보기에는 맹자의 성선설에 가까운 듯 보이지만 본질적으
로 다르다. 맹자는 전국시대에 다투는 양상을 보고 그 싸움을 그만
두게 하기 위해 인간은 본래 선한 마음씨를 갖고 있다는 논지를 폄
으로써, 그 선한 마음을 회복하는데 주력한 것처럼 보인다. 그러나
붓다는 직접 깨달음을 이룬 분으로서 인간의 무한한 가능성을 '불

성'이라고 보고, 불성이 완전히 발현된 상태를 '부처'라고 보았다.

이것은 마치 한 알의 씨앗이 땅에 떨어져서 땅의 기운과 잘 결합하여 싹이 트고 완전한 열매를 맺는 것과 다름이 없다. 그래서 붓다는 "중생이 곧 부처"라고 말했다. 왜냐하면 생명 있는 모든 것에는 이미 불성이 내재되어 있어 언젠가는 '깨달은 존재'가 될 수 있다고 보았기 때문이다. 불성은 깨달음의 씨앗이다. 깨달음이란 인간으로서의 최고의 경지를 말한다. 아무것에도 걸리지 않는 자유로운 경지, 태어남과 죽음이 둘이 아닌 경지, 즉 해탈의 경지를 말한다. 욕심도 성냄도 사라지고 더 이상의 어리석음도 범하지 않는 가장 안락한 경지가 바로 깨달음의 경지이다.

이렇게 보면 붓다는 인간의 가능성에 대하여 최고로 평가한 분이다. 맹자와 순자, 그리고 고자도 자기 나름의 주장을 폈지만 현실적인 이유가 더 컸다. 전국시대에 태어난 이분들은 도처에서 일어나는 전쟁을 목도하고, 도대체 인간이란 어떤 존재인가, 어떻게 하면 싸움을 종식시킬 것인가를 사색했을 것이다. 그 결과 인간의 본성을 선하게 또는 악하게 또는 중립적으로 봄으로써 전국시대의 질서를 확립하려 했던 것으로 생각된다.

그러나 붓다는 모든 안락을 버리고 고행을 서슴지 않았으며 그 결과 인간으로서 도달할 수 있는 최고의 경지를 성취했다. 붓다는 깨달음의 눈으로 누구도 의심할 수 없는 마음의 근본 자리, 즉 인간의 본성을 꿰뚫은 것이다. 그것은 바로 누구나 자신과 똑같이 될 수 있는 불성을 지니고 있다는 것이었다. 이 불성이야말로 붓다의 위대한 발견이요 우리에게 안겨준 큰 선물이 아닐까?

마음을 어떻게 가꿀까?

여러분은 미래의 붓다이다. 여러분에게는 모든 것이 갖추어져 있다. 자신을 똑바로 보라. 깨달음의 씨앗이 무럭무럭 자라고 있다. 깨달음이란 자신의 불성을 완전히 꽃피운 상태요, 그로 인하여 자신을 온전히 알게 된 경지이다. 그래서 깨달은 자는 어디에도 얽매이지 않고 늘 자유롭다. 마치 허공을 나는 새처럼. 누구나 불성이 있음을 알아라. 그리고 그 불성을 키워라. 이 불성이야말로 자신을 가장 위대한 존재로 만드는 씨앗이다.

공부를 잘 하려면 집중하라

-마음의 때인 번뇌가 그대를 흐리고 있다-

조용히 한 번 눈을 감아 보라. 어디서 나오는지 수많은 생각들이 잡풀처럼 솟아날 것이다. 그 모습을 가만히 지켜보라. 어떠한가. 물결인 양 무엇인가 반짝거리며 지나갈 것이다. 마치 밤하늘의 별처럼 수많은 잔상들이 나타났다 사라져 갈 것이다.

이 생각들은 실체가 있는 것일까? 실체가 있다면 어디에 있다가 나오는 것일까? 의식에서 사라지면 어디로 가는 것일까? 영원히 없어지는 것일까? 눈을 지그시 감고 단 1분이라도 명상을 해본 사람이라면 당연히 가져볼 만한 의문들이다.

우리의 마음은 참으로 신기하여 현재는 물론 과거의 일도 기억하여 끄집어내고 미래의 일도 미리 만들어낸다. 그것들은 찰나에 일어나며 사라졌다가도 언젠가는 다시 나타난다. 참으로 놀랍고 감탄할 만한 일이다.

붓다는 마음에 일어나는 이러한 생각 덩어리를 '번뇌'라고 불렀다. 생명이 붙어 있는 한 이 번뇌는 그칠 줄을 모른다. 인간이 가진 모든 근심 덩어리인 108번뇌는 전생과 현생과 내생에 걸쳐 일어나는데, 참으로 우리 사람을 괴롭히는 고^苦의 집합체이다.

번뇌는 왜 일어나는 것일까? 바로 우리 마음의 구조와 관련이 있다. 현재의 마음은 '과거 경험의 축적'이다. 여기서 경험이란 감각적·정신적으로 인식된 모든 것을 말한다. 우리에게는 '아뢰야식'이라는 것이 있는데, 이것은 평상시에는 지각할 수 없는 '무의식' 상태로 있다가 적당한 조건을 만나면 바로 튀어나와 의식 작용을 한다. 마치 컴퓨터의 중앙 기억 장치가 입력한 수많은 정보를 기억하고 있다가 불러오기를 하면 바로 화면에 나타나는 것처럼 말이다.

돌아가신 나의 어머니 이야기를 해 보겠다. 어머니는 배우지 못한 분이셨다. 그래서 글도 잘 모르시고 기억력도 흐려 무엇을 말씀드리면 잘 잊으셨다. 그러나 어쩌다 '시집살이' 이야기를 하면 도대체 어떻게 그렇게 잘 기억하고 계셨는지 마치 영화를 보는 것처럼 생생하게 말씀하셨다. 실로 감탄을 자아낼 정도였다. 공부도 못하시고 기억력도 좋지 않은데 어떻게 그리 기억을 잘 하고 계셨을까. 이것은 과거에 경험한 의식이 없어지지 않고 있었으며, 과거에 강하게 경험한 것일수록 오래 남아 있었기 때문이다. 그것은 아뢰야식에 너무도 뚜렷하게 저장되어 있었던 것이다.

그렇다면 아뢰야식에 저장되어 있는 번뇌 덩어리는 없어지는 것일까. 앞에서도 언급했지만 이것은 윤회의 씨앗이며 마음을 지배하는 근원이다. 이 아뢰야식은 하나의 거대한 에너지로서 '업력業力'을 형성한다. 이 업력은 죽어서도 없어지지 않으며 모든 생명체는 이 업력에 따라 다음 생명을 받는다. 예를 들어, 남의 것을 탐내고 아무리 가져도 만족할 줄 모르는 사람은 그 업력이 쌓이고 쌓여 나중에 '아귀'로 태어난다. 육도 윤회에 대해 설명할 때도 등장했지만 아귀는 몸은 큰데 입은 바늘구멍만 하여 아무리 먹어도 배가 부르지 않는 중생이다.

그러면 우리는 이 업력이 생기지 않게 하기 위해 어떻게 해야 할까. 바로 수행을 하라고 붓다는 말한다. 수행이란 이 업력으로 인하여 생기는 '업장'(업력으로 인한 장애)을 최소한으로 줄여 마침내 그것을 소멸시키는 일이다. 업장은 아뢰야식에서 생기므로 수행이란 결국 아뢰야식을 맑게 하는 것이다.

흔히 '업장이 두텁다.'라고 말한다. 이는 주관적인 자아의식이 강하게 형성되어 있고, 이것이 아뢰야식에 그대로 녹아 있어 도대체 어떻게 해 볼 도리가 없는 경우를 말한다. 마치 맑은 물에 살얼음이 얼면 그 얼음 속의 물이 보이는데 두꺼운 얼음이 얼면 아무것도 보이지 않는 경우와 같다.

수행한다는 것은 자신의 아뢰야식에 쌓여 있는 업장을 보아서 그것을 없애는 것이다. 그런데 아무리 발버둥을 쳐도 그것이 보이지 않을 때는 문제다. 더군다나 그런 업장이 자신의 마음속에 가려져 있는지조차도 모르는 사람들은 더 큰 문제다. 이는 참 답답한

노릇이다.

예를 들어, 도박을 하여 가산을 탕진하는 이유는, 자신의 마음 속에 한탕 해보려는 탐욕이 가득 들어 있어 이것이 마음을 온통 가리고 있음을 모르기 때문이다. 그러한 탐욕은 언젠가 불쑥 생긴 것이 아니라, 오랜 세월 동안 그런 마음을 먹고 그런 행위를 하여 쌓인 업력이다. 그래서 업장으로 변한 것이다.

붓다는 "누구나 처음부터 깨끗한 마음을 가지고 있다."고 가르쳤다. 이를 유심론자들은 '불성'이라고 했다. 사람의 본래 마음은 허공처럼 맑고 텅 비어서 그 어느 것에도 물들지 않았다고 했다. 수행이란 바로 이 불성, 즉 청정심을 회복하는 것이다. 그러기 위해서는 부단히 아뢰야식에 쌓인 업장을 소멸해야 한다. 업장은 거울의 먼지와 같다. 거울에 먼지가 쌓이면 만물을 비추어 볼 수 없듯이 업장이 마음을 가리면 본래의 자기도 찾아볼 수 없다. 흔히 "마음을 닦으라."라고 말하는데, 이는 거울의 먼지를 닦아내듯이 자신의 마음을 가리고 있는 업장을 소멸시키라는 이야기다.

공부를 하려고 해도 잡념이 들끓어서 잘되지 않는 경우가 있다. 여기에서 잡념이 바로 업장이다. 공부를 못하는 학생의 경우 그 원인은 많이 있으나 대부분 잡념이 많기 때문이다. 다시 말해 집중을 못하기 때문에 공부를 못한다. 유난히 집중을 못하는 학생은 오랜 시간 동안 업장을 길러왔기 때문이다. 이런 학생일수록 마음을 닦아야 한다.

공부를 잘 하고 싶은가?

　공부를 잘 하고 싶은가. 그러면 너의 마음을 잘 닦아라. 마음에는 생사를 거듭하는 동안 온갖 먼지와 때가 덮여 있는데 그것이 너희의 집중을 흐리고 있다. 그러니 마음에 쌓인 먼지와 때를 닦고 닦아라. 이것이 공부를 잘하게 하는 수행이다.

　틈나는 대로 명상을 하라. 명상은 마음을 맑게 하는 것이니 먼지와 때가 저절로 없어진다. 그리고 잘못을 했으면 즉시 참회하라. 참회는 업장을 소멸시키는 지름길이기 때문이다.

02

세상을 비추는 등불

공부하는데 마음에
장애 없기를 바라지 마라
마음에 장애가 없으면
배우는 것이 넘치게 되나니,
그래서 붓다는
"장애 속에서 해탈을 얻으라."
말씀하셨다.

『보왕삼매론』

세 가지 변하지 않는 진리

-모든 것은 변하며, 실체가 없으며, 고요한 존재이다-

고대 그리스 시대의 유명한 철학자 소크라테스는 이 우주 공간에는 변하지 않는 보편적인 진리가 있으며, 다만 우리가 그것을 모를 뿐이라고 설파했다. 그 유명한 "너 자신을 알라."라는 말은 바로 스스로의 진리에 대한 무지를 깨우치라는 역설이었다.

또 프랑스의 수학자이며 근대 철학의 아버지라 일컬어지는 데카르트는 이 세상의 모든 존재에 대하여 의심해 들어가다가, 문득 지금 의심하고 있는 자신의 존재만은 의심할 수 없다고 확신했다. 그런 후 "나는 생각한다. 고로 존재한다."라는 유명한 말을 남겼다. 데카르트의 이 말에 따르면, 더 이상 의심할 수 없는 상태에 이르렀을 때가 진리라고 할 수 있다.

진리란 과연 무엇일까. 진리는 과연 존재하는가? 붓다에 의하면 진리란 변하지 않는 것이요, 누구에게나 어디에서나 시공을 초월하여 두루두루 통하는 보편적 원리이다.

붓다는 이를 '삼법인三法印'이라고 했다. 세 가지 변하지 않는 진리라는 가르침이다. 법인이라고 한 것은 '진리라는 것을 확실히 보장하는 도장'이라는 뜻이다. 이에는 세 가지가 있다. 제행무상諸行無常, 제법무아諸法無我, 열반적정涅槃寂靜이 그것이다.

첫째, 제행무상은 모든 것은 변한다는 가르침이다. 이 세상에 변하지 않는 것은 단 하나도 없다. 물질계와 정신계 그 어느 것에도 예외는 없다. 여기에는 두 가지 법칙이 있다. 하나는 '생주이멸生住異滅'이고, 다른 하나는 '성주괴공成住壞空'이다. 생주이멸은 시간적 개념이고, 성주괴공은 공간적 개념이다.

이 세상 모든 존재는 생주이멸한다. 즉 어떤 것이 생겨나서(생) 이 세상에 잠시 머무르다가(주) 언젠가는 변하여(이) 없어지고(멸) 만다. 인간의 생로병사가 가장 전형적인 예이다. 지금 자신의 얼굴이 그대로 있을 것 같지만 언젠가는 쭈글쭈글해져서 늙고 병들어 없어지고 만다. 인간의 마음도 마찬가지이다. 어떤 생각이 일어나서(생) 마음속에 머무르다가(주) 언젠가는 변하여(이) 없어지고(멸) 만다. 상황에 따라 그 흐름이 빠를 수도 있고 느릴 수도 있다.

예를 들어, 어떤 사람이 마음속에 미운 감정이 일어났다고 하자. 그 강도에 따라 미운 감정이 하루쯤 가다가 서서히 식어 없어지는가 하면, 또 어떤 경우에는 일주일 동안이나 마음 한구석에 머물다가 어떤 계기를 만나고서야 그 미움이 풀리는 수가 있다.

또 이 세상 모든 것은 '성주괴공'한다. 즉 어떤 것이 이루어져서 ^(성) 잠시 존재하다가^(주) 어젠가는 파괴되어^(괴) 아무것도 없는 빈 상태 ^(공)가 된다. 보이는 저 산이 영원할 것처럼 보이지만 그 산 역시 과거 언젠가 생긴 것이고, 지금 잠시 존재하는 것이며, 미래 언젠가는 무너져 내려 없어질 것이다. 우리가 살고 있는 건물 또한 그러하며, 저기 서 있는 나무 또한 그러하며, 아무리 견고한 바위 또한 그러하며, 이 몸 또한 마찬가지이다. 이 몸을 하나의 공간적 대상으로 보면 무상하기가 이를 데 없는 존재이다.

둘째, 제법무아는 모든 것은 변하기 때문에 '나'라고 할 만한 실체가 없다는 가르침이다. 지금 보고 있다고 해서, 지금 듣고 있다고 해서, 지금 냄새 맡고 있다고 해서, 지금 맛보고 있다고 해서, 지금 느끼고 있다고 해서, 지금 생각하고 있다고 해서 그 실체가 존재하는 것처럼 인식할 수 있으나 그것은 찰나에 불과하다. 고정 불변하는 것이 아니라면 실체는 없는 것이다.

따라서 '나'는 존재하지 않는다. 무엇을 '나'라고 할 것인가. 이름 석자를 '나'라고 할 것인가. 생긴 모양을 '나'라고 할 것인가. 아니면, 이런 저런 성격의 소유자를 '나'라고 할 것인가. 무엇도 '나'라고 확실히 말할 수 없다. 왜냐하면 오늘의 내가 어제의 내가 아니기 때문이다. 우리 몸의 세포는 하루에도 수십만 개씩 사라지고 다시 생기며, 마음속에 일어나는 생각 또한 시시각각으로 바뀐다. 아무리 똑같은 '나'라고 주장해도 몸은 벌써 어제의 내가 아니며 마음 또한 그러하다. 그러기에 실체가 없다고 하는 것이다.

셋째, 열반적정은 모든 괴로움이 없어져 버린 평화의 세계가 있다는 가르침이다. 우리 사람을 포함하여 생명이 있는 존재는 '삼독'에 불타고 있다. 즉 탐욕(貪), 성냄(瞋), 어리석음(痴)이 바로 그것이다. 탐욕이란 잘 채워지지 않는 무한한 욕망을 가리키고, 성냄이란 그 욕망이 채워지지 않아 화내는 것을 말하며, 어리석음이란 그 화로 인하여 판단력이 흐려져 옳고 그름을 분별하지 못하는 것을 말한다.

예를 들어, 어떤 학생이 자신이 가지고 싶은 물건을 사려고 부모님에게 돈을 달라고 했는데 부모님은 오히려 자신을 책망하며 돈을 주지 않았다. 그러자 그 학생은 부모님을 원망하게 되고 걸핏하면 화를 내게 되었다. 마침내 이 학생은 부모님에 대한 앙갚음으로 남의 돈을 훔치게 되었다.

삼독은 번뇌의 근원이다. 마음에 번뇌가 일어나는 것은 무언가 탐욕이 있기 때문이고, 그 탐욕이 채워지지 않아서 화를 내게 되고, 화를 참지 못하여 어리석은 행동을 저지르는 것이다. 모든 일이 다 이렇게 하여 일어난다 해도 틀린 말이 아니다.

삼독을 제거하면 평화로운 세계가 펼쳐진다. 열반적정이란 바로 이것을 말한다. 열반이란 인도 범어로 '니르바나Nirvana'라고 하는데 '불을 확 불어서 꺼지게 한 상태'란 뜻이고, 적정이란 안온하고 고요한 상태를 말한다. 붓다는 삼독을 마음에 불이 타오르는 것으로 비유했다. 탐욕의 불, 성냄의 불, 어리석음의 불이 온 세상에 불타오르고 있다고 했다. 붓다는 이를 '삼계화택三界火宅'이라고 했다. 즉 온 세상이 불타는 집과 같다는 뜻이다. 이 불이 꺼지면 열반이고 적정이다.

삼독이 생기는 이유는 제행무상과 제법무아의 진리를 모르기 때문이라고 붓다는 가르친다. 모든 것은 변하고 그렇기 때문에 '나'라고 주장할 만한 실체가 없는데, '나'만은 변하지 않고 '나'는 영원히 존재할 것이라는 착각 속에 살기 때문이라는 것이다. 그래서 한없이 욕심을 내게 되고, 욕심이 채워지지 않으면 화를 내고, 어리석음에 빠진다는 것이다.

붓다는 『금강경』에서 이렇게 말했다.

"일체 우리가 하는 일이란 꿈과 같고, 환상과 같고, 물거품과 같으며, 그림자와 같으며, 아침 이슬과 같고, 또한 번개와 같으니 응당 이와 같이 볼 것이니라."

진리란 무엇인가?

  청소년들이여, 무슨 고민에 빠져 있는가. 지금의 컴퓨터 게임에, 성적에, 지금의 외모에, 지금의 이성 친구에, 지금의 부모님 때문에 고민하는가. 그것은 한순간이다. 그 순간순간을 그냥 바라만 보아라. 거기에 얽매이지 마라. 그리고 변화해 가는 자신의 모습을 직시하라. 그러면 그것이 실체가 아님을 알게 될 것이다. 실체가 아니고 영원한 것이 아님을 알게 될 때 고민에서 자유로워진다.

  모든 것은 한순간도 가만히 있지 않고 변한다. 세상이 그렇고 이 몸과 마음 또한 그러하다. 그러기에 영원한 실체는 없는 것이다. 그러니 지나친 욕심을 내지 말 것이며, 욕심이 채워지지 않는다 하여 성을 내지 말 것이며, 어리석음에도 빠지지 마라.

사람이 겪는
여덟 가지 괴로움

-삶이 괴로운 것은 탐욕과 집착 때문이다-

고등학교에 다닐 때 나는 사는 것에 회의를 느낀 적이 있다. 아침 일찍 일어나 책가방을 챙기고 부랴부랴 아침밥을 먹는 둥 마는 둥 하고 시내버스에 오르면 어김없이 차는 만원이었다. 콩나물 시루 그 자체라고나 할까? 도대체 사람이 짐짝도 아닌데 시내버스 안내양은 마구 밀어 넣는다. 간신히 올라타고 나면, 이리 쏠리고 저리 쏠리고 마치 풍랑이 일어 파도가 치는 것처럼 버스 안은 아수라장이 되었다.

이때였다. 그 많은 학생과 사람들 때문에 버스 안으로 올라오지 못하고 출입문 난간에 매달려 있던 안내양이 버스가 커브를 돌 때 그만 도로에 떨어지고 말았다. 나는 두 눈으로 똑똑히 보았다. 머리가 터졌는지 아니면 어깨의 살갗이 찢겨졌는지 선혈이 낭자하게 흐르고, 의식을 차리지 못한 채 흐느적거리던 그 가냘픈 버스 안내양의 육신…….

그때 나는 고등학생이었으니 그 안내양은 누나뻘쯤 되었을 것이다. 버스 기사는 한참이나 가서야 이 엄청난 사실을 알았는지 버스를 세우고 의식이 식어가는 안내양을 긴급 후송 조치했다. 보기 좋게 나는 그때 지각을 했고, 학생부로 끌려가 궁둥이를 맞고 벌을 받았다. 그런데 어찌 된 것이 맞는 것이 조금도 아프지 않았다.

처음으로 목격한 이 광경은 나에게 엄청난 괴로움을 안겨 주었다. 나는 항상 시내버스가 만원인 것이 괴로움이었는데 안내양의 추락으로 흐느적거리는 육신을 보고는 나의 괴로움은 괴로움이 아니라는 것을 깨달은 것이다. 매일 아침마다 승객들과 전쟁을 치르는 그 나이 어린 안내양들, 대학도 못 가고 돈 몇 푼 벌어보겠다고 무거운 동전 주머니를 옷에 달고 있는 그들이 여간 불쌍해 보이지 않았다.

나는 그때 처음 '산다는 것은 참으로 괴로운 일이구나. 아, 나도 따지고 보면 나중에 남보다 괴로움을 덜 받으려고 이렇게 공부하는 것이 아닌가?' 하고 푸념하였다. 세상을 이렇게 보니 괴로워 보이는 사람이 참으로 많았다.

우선 부모님은 자식 가르치기 위해 온종일 일하며 돈을 벌어야 하니 괴로워 보이고, 선생님은 학교에서 학생들 가르치는 것이 직업이긴 하지만 그 많은 학생들 비위 맞추며 가르치는 것이 괴로워 보이고, 장사하는 사람들은 팔아서 이윤을 남겨야 하기에 괴로워 보이고, 학생들은 공부를 잘해서 대학이나 취직이라도 해야 하기에 괴로워 보이고, 환자들은 아파서 괴로워 보이고, 노인은 죽을 날이 얼마 남지 않아 괴로워 보이고……. 주위를 둘러보니 모두가 괴로워 보이는 사람들이었다.

정말이지, 산다는 것이 고해苦海와 같아 보였다. 고등학교 교과서 어디선가는 희로애락이 씨줄과 날줄로 겹쳐 있다고 했지만, 아무리 생각해도 생의 본질은 괴로움인 것 같았다. 괴로움이 잠깐 기쁨으로 변하기도 하고, 너무 심해져서 화로 변하기도 하고, 도저히 견딜 수 없어 슬픔으로 변하기도 하고, 괴로움이 잠깐 역전되어 즐거움으로 변하기도 할 따름이 아니냐고 나는 고등학교 시절 자문하곤 했다.

붓다는 삶을 무엇이라고 했을까. '산다는 것은 괴로움 그 자체'라고 했다. 붓다 자신이 수행을 한 이유도 괴로움에서 출발했다. 네 개의 문을 통해 본 궁궐 바깥세상은 온통 괴로움뿐이었고, 이를 견딜 수 없어 왕자의 자리를 박차고 나갔던 것이다.

붓다는 6년 고행 끝에 바른 진리를 깨달았는데 그것은 바로 '네 가지의 성스러운 진리'라고 일컬어지는 사성제四聖諦이다. 사성제란 고·집·멸·도를 가리키는 것으로 고苦란 괴로움을 말하고, 집集이란 괴로움의 원인인 탐욕과 집착을 말하며, 멸滅은 괴로움을 해결한 상태(열반)를 말하고, 도道는 괴로움을 해결하는 방법을 말한다.

붓다는 여기서 "삶은 괴로움이다."라고 천명한 것이다. 그러면서 괴로움의 원인을 밝혀내고, 그 괴로움을 없애버린 이상적인 상태가 있으며, 그 괴로움을 없애는 방법은 무엇인지에 대하여 일목요연하게 설명해 놓았다. 마치 의사가 환자를 진단하고 그 병의 원인을 알아내고 병을 치료할 수 있다는 믿음을 심어주는 한편, 병을 치료할 수 있는 처방을 내려주는 것과 같다. 그래서 붓다를 '대의왕', 즉 위대한 의사라고도 불렀다.

그러면 여기서 고란 구체적으로 무엇일까. 붓다는 여덟 가지 괴로움을 말하고 있다. 생·노·병·사의 네 가지 괴로움에 원증회고^{怨憎會苦}, 애별리고^{愛別離苦}, 구부득고^{求不得苦}, 오음성고^{五陰盛苦} 등을 더한 것이다.

첫째, 부모를 통하여 세상에 나오는 것^(생)이 괴로움이다. 세상에 나올 때 왜 '으앙' 하고 울겠는가? 어떤 사람은 세상에 나온 것이 좋아서 그렇게 하는 것이라고 하지만 이것은 좋게 말한 것에 불과하다. 만일 세상에 나온 것이 좋다면 '하하하' 웃으며 나와야 하지 않겠는가? 분명, '으앙' 하고 울음을 터뜨리는 것은 어머니 뱃속보다는 세상에 나온 것이 괴로우니까 그런 것이 아니겠는가?

둘째, 세월이 흘러 이 몸이 늙어지는 것^(노)이 괴로움이다. 어느 누가 세월 가는 것을 막을 수 있겠는가? 어느 누가 늙어지는 이 몸을 멈추게 할 수 있겠는가 말이다. 지금은 젊다고 으쓱대는 사람도 머지않아 늙어지면 항상 젊은 시절이 그리워지고 괴로움은 늘어나게 마련이다.

셋째, 힘이 없어 병드는 것^(병)이 괴로움이다. 요즘은 힘이 없어 병드는 일보다 과도한 음주나 흡연, 교통사고 등 물리적인 원인과, 스트레스와 우울증, 강박관념 등 정신적인 원인에 의하여 병드는 경우가 더 많다. 병원에 가보라. 목발을 집거나 깁스를 하고 환자복을 입은 사람들의 초췌한 모습을 볼 수 있을 것이다. 그분들은 하루라도 빨리 병원 문을 나가는 것이 소원일 것이다. 왜냐하면, 병이 있다는 것은 괴로움이니까 말이다.

넷째, 병이 다하여 죽는 것^(사)이 괴로움이다. 나의 부친은 암으로 7개월을 투병하고 운명하셨는데 돌아가시는 순간까지도 "나 좀 살릴 수 없겠느냐?"고 그 나오지 않는 말로 부르짖으셨던 모습이 지금도 눈에 선하다. 삶에 대한 집착이 강할수록 죽는 것은 억울하고 용납할 수 없는 일인가보다. 죽음은 피할 수 없는 운명이며 그러기에 가장 큰 괴로움이다.

다섯째, 만나고 싶지 않은 사람을 어쩔 수 없이 만나게 되는 것이 괴로움이다. 이것을 '원증회고'라고 한다. 사람은 살면서 원한을 살 수도 있고 다른 사람에게 원한을 품게 될 수도 있다. 가장 큰 괴로움은 원한이 풀리지 않은 상태에서 만나야 하는 것이다. 예를 하나 들어보자. A라는 학생은 고등학교 때 B라는 학생과 대판 싸웠다. 그 싸움은 얼마나 지독했던지 졸업할 때까지도 화해되지 않았다. 서로 말도 안 하고 쳐다보지도 않고 지냈던 것이다. 다행히 대학은 서로 다른 대학에 들어갔다. 그래서 둘은 영영 만나지 않을 것으로 생각했다. 그런데 이게 무슨 일인가? 둘은 같은 회사에 입사시험을 치렀고, 똑같이 합격하여 운명의 장난과도 같이 같은 부서에서 일하게 되었다. 다시 만난 둘은 마음이 편할 리가 없었다. 옛날 생각이 나는 것이 서로가 괴로웠다. 이런 일은 얼마든지 일어날 수 있는 일이다. '원수는 외나무다리에서 만난다.' 는 속담이 괜히 나온 말은 아니다.

여섯째, 사랑하는 사람과 언젠가는 헤어져야 하는 괴로움이다. 이것을 '애별리고'라고 한다. 아무리 사랑하는 부부 사이라도, 아무리 끈끈한 부모와 자식 사이라도 언젠가는 헤어져야 하는 것이다. '회자정리會者定離'란 말이 있다. '만나는 자는 이미 헤어짐이 정해져 있다.'는 뜻이다. 문제는 싫은 사람과 헤어지는 것은 별 상관이 없는데, 사랑하는 사람과 헤어지는 것은 더할 수 없는 괴로움이라는 것이다.

일곱째, 얻고자 하는 것을 다 얻을 수 없으니 이것이 괴로움이다. 이를 '구부득고'라고 한다. 사람은 누구나 얻고자 노력한다. 배고픈 사람은 밥을 얻고자 할 것이고, 무식한 자는 지식을 얻고자 할 것이고, 가난한 자는 돈을 얻고자 할 것이고, 외로운 사람은 사랑하는 사람을 얻고자 할 것이고, 대학에 들어가길 원하는 학생은 높은 학업성취를 얻고자 할 것이다. 그런데 이 모든 것이 마음대로 되지 않는다. 잘 얻어지지 않으니 괴로움만 쌓이는 것이다.

여덟째, '오온'이라 일컬어지는 색수상행식色受想行識으로 인하여 생기는 걱정, 근심, 고민, 슬픔 등 일체의 덩어리가 여덟 가지 괴로움의 마지막 괴로움이다. 이를 '오음성고'라고 한다. 무엇이든 괴로움은 어떤 대상色에 대한 작용, 즉 그 대상을 받아들이고受, 생각하고想, 행동하고行, 인식識하는 것으로부터 출발한다. 보거나눈, 듣거나귀, 냄새 맡거나코, 맛보거나혀, 접촉하거나몸, 판단뜻하거나 하는 모든 작용이 어김없이 이러한 과정을 거친다.

예를 들어, 어떤 사람이 길을 가다 죽어가는 사람을 보았다고 하

자. 이 사람은 분명 괴로울 것이다. 죽어가는 사람(색)을 봄으로써 그 사람의 아파하는 모습을 받아들이고(수), 받아들인 것을 생각하고(상), 생각함으로써 자신도 언젠가는 저 사람처럼 죽는다는 것을 마음으로 행하고(행), 행하는 것을 인식(식)하는 과정에서 괴로움이 생긴다. 차라리 죽어가는 사람을 보지 않았더라면 받아들일 리가 없고, 받아들이지 않았으니 생각할 거리가 없고, 생각할 거리가 없으니 행할 것이 없고, 행할 것이 없으니 인식할 필요가 없었을 것이다. 그래서 옛말에 "모르는 것이 약이다."라고 했던 게 아닐까?

그러면 이러한 괴로움들은 어디서 생겨날까? 붓다는 괴로움의 원인을 '집集'이라고 했다. 집이란 바로 탐욕과 집착을 말한다. 이를 줄여서 '갈애渴愛'라고도 표현한다. 여기서 '갈'이란 마치 목마른 사람이 물을 애타게 찾듯이 몸과 마음에 불타오르는 강한 욕심을 가리킨다. 사람이 어떻게 완전히 욕심 없이 살 수 있겠는가? 여기서 욕심이란 필요 이상으로 갖는 지나친 욕구, 즉 탐욕을 말한다. 누구나 욕구는 가질 수 있다. 생존에 대한 욕구, 안전하게 살고 싶은 욕구, 인정받고 싶은 욕구, 명예를 갖고 싶은 욕구, 자아실현을 해보고 싶은 욕구 등 한없이 많을 수 있다.

문제는 이러한 욕구가 지나쳐서 마음이 한시도 그곳에서 떠나지 못하면 괴로워지는 것이다. 예를 들어, 식욕에 지나치게 집착하다 보면 몸이 비대해지거나 성인병에 걸려 몸을 망칠 수 있다. 또 사회적 명예에 너무 집착하다 보면 오히려 사람이 추해질 수 있다. 몸을 망치거나 사람이 추해지면 그렇게 괴로울 수가 없다.

붓다는 이러한 괴로움이 해결되면 어떻게 되는지 그 상태를 제시했다. 괴로움이 없는 이상적인 상태를 붓다는 '멸滅', 다른 말로 표현하면 '열반'이라고 했다. 열반이란 괴로움이 완전히 극복된 세계이다. 생로병사가 없는 영원한 생명의 세계이며, 나고 죽는 윤회의 사슬이 끊어진 세계이다. 생명 있는 모든 중생이 궁극적으로 지향해야 할 피안의 세계요 이상향인 것이다. 붓다는 괴로움에 떠는 사람들에게 그런 이상향의 세계가 있음을 확신하도록 가르쳤다.

삶이란 괴로운 것인가?

청소년들이여, 괴로움이 그대에게 닥쳐오면 똑바로 보라. 그리고는 괴로움의 원인이 무엇이고, 어떻게 하면 해결할 수 있는지 사유하라. 괴로움의 실체는 본래 없는 법이다. 물거품처럼 번개처럼 잠시 왔다 가는 것이다. 그러나 그대들은 괴로워한다. 사성제의 진리를 생각하여 괴로움과 맞서 싸우려 하지 말고, 그대로 받아들여라. 그러면 괴로움은 스스로 소멸될 것이다.

괴로움을 해결하는 명약

-사성제와 팔정도는 의사의 진단과 처방이다-

청소년들이 겪는 괴로움은 성인들이 겪는 괴로움과는 그 양상이 매우 다르다. 우선 사춘기를 겪는데서 오는 괴로움, 갑작스런 신체적 성장에서 오는 괴로움, 이성에 대한 호기심에서 오는 괴로움, 부모와 선생님과의 관계에서 오는 괴로움, 친구와의 관계에서 오는 괴로움, 학업 성적에서 오는 괴로움, 외모의 불만족에서 오는 괴로움, 장래가 불투명한 데서 오는 괴로움, 대학의 전공을 정하지 못해 오는 괴로움 등 이루 헤아릴 수가 없다.

청소년들에게 절실하기만 한 이러한 고민을 어떻게 하면 해결할 수 있을까? 나는 붓다가 가르친 사성제와 팔정도에서 그 답을 찾을 수 있다고 생각한다. 괴로움은 누구에게나 있다. 물론 청소년들은 성장해 가는 과도기에서 겪는 괴로움이기 때문에 다른 점이 있지만 결국 괴로움의 본질은 같다고 볼 수 있다.

붓다를 '대의왕'이라고 했다. 마치 사람을 환자로 비유하여 아픔의 원인을 알아내기 위해 진단을 하고 그 결과, "당신의 병명은 이것이고, 그 병은 여기서 연유한 것이며, 반드시 나을 수 있으니 이렇게 고치도록 노력하시오."라고 처방을 내렸기 때문이다.

여기서 '이렇게 고치시오'라는 부분이 바로 사성제 중 '도(道)'이다. 괴로움을 해결하는 방법을 말한다. 괴로움은 반드시 해결할 수 있는 것이라고 확신을 주고 나서는, 이렇게 하면 괴로움은 반드시 없어진다고 그 방법을 제시한 것이다. 이것이 바로 여덟 가지 바른 길, 팔정도이다. 팔정도는 정견(正見), 정사(正思), 정어(正語), 정업(正業), 정명(正命), 정정진(正精進), 정념(正念), 정정(正定) 등을 말한다.

첫째, 정견은 바른 견해이다. 사물을 있는 그대로 바로 보는 것이다. 어떠한 편견이나 선입관을 갖지 않고 대상을 여실히 보는 것이다. 괴로움이 생겨나면 그 괴로움의 대상을 있는 그대로 보면 그 괴로움의 실체를 알 수 있다고 붓다는 말한다.

둘째, 정사는 바른 생각이다. 화내는 마음이 아닌 온화한 생각, 혹독하고 모진 생각이 아닌 자비로운 생각, 더러운 생각이 아닌 맑고 밝은 생각을 하라는 것이다.

셋째, 정어는 바른 말이다. 거짓말이 아닌 진실한 말, 아부하는 말이 아닌 곧은 말, 이간하는 말이 아닌 화합하는 말, 험악한 말이 아닌 부드러운 말을 하라는 것이다.

넷째, 정업은 바른 행동이다. 산 생명을 죽이지 말고, 도둑질을 하지 말고, 불순한 남녀관계를 갖지 말고, 술을 지나치게 마시지 말라는 것이다. 붓다는 이것을 가장 기본적인 계율로 정했다.

다섯째, 정명은 바른 생활이다. 사람은 의식주를 해결하기 위해 직업을 가져야 한다. 살아 있는 한 뭔가 일을 해야 하는데 개인에게 피해를 주거나 사회에 해악을 끼쳐서는 안 된다는 것이다. 기왕이면 많은 사람들에 복을 주고 이익을 주는 일을 해야지, 사기나 도박에 손을 대거나, 임금을 착취하거나, 환경오염을 생각하지 않고 눈앞의 이익만 챙긴다면 그것은 바른 생활이 아니라는 것이다.

여섯째, 정정진은 바른 노력이다. 아무리 바른 생활을 하려고 마음먹어도 그에 상응하는 노력 없이는 이루어질 수 없다고 붓다는 말한다. 따라서 여기에는 용기와 실천력이 절대적으로 필요하다.

일곱째, 정념은 바른 관찰이다. 몸과 마음에서 일어나는 현상을 잘 관찰하라는 것이다. 그리고 알아차리라는 것이다. '이것이 무엇인가?' 하고 말이다.

여덟째, 정정은 바른 마음의 집중이다. 마음을 고요히 안정시키는 것이다. 순간순간 일어나는 온갖 번뇌 망상을 가라앉혀, 마치 고요한 바다의 심연처럼 마음을 평안하게 하고 한곳에 집중하는 것이다. 붓다는 이것을 '명상'이라고 했다.

이상 살펴보았듯이 팔정도는 괴로움을 해결하는 여덟 가지 바른 길이다. 어느 하나라도 바르게 실천한다면 현재 자신이 겪고 있는 괴로움을 없앨 수 있다고 붓다는 말한다.

팔정도는 일련의 연관성을 갖고 있다. 즉 있는 그대로 바로 보아야^(정견) 바른 생각^(정사)이 나오고, 바른 생각을 해야 바른 말^(정어)이 나오고, 바른 언행을 해야 바른 행동^(정업)을 하게 되고, 바른 행동을 해야 바른 생활^(정명)이 되고, 바른 생활이 되어야 바른 노력^(정정진)를 하게 되고, 바른 노력을 해야 바른 마음의 관찰^(정념)이 이루어지고, 바른 마음의 관찰이 이루어져야 바른 마음의 집중^(정정)을 할 수 있다.

이렇게 한 바퀴 돌고 나면 다시 정정은 정견으로 연결된다. 하나의 논리 정연한 사이클을 이루고 있으니 참으로 놀라운 가르침이다.

예를 들어, 성적이 안 나와서 괴롭다고 치자. 우선 자신의 성적을 있는 그대로 인정해야 할 것이다. 그런 다음 성적이 왜 안 나왔는지 원인 분석을 하고 문제에 접근해야 한다. 공부에 투자한 시간이 부족했다면 공부 시간을 늘리고, 공부 방법이 잘못 되었다면 공부 방법을 바꾸어야 하며, 시험 볼 때 마음이 불안했다면 마음을 안정시키는 수련을 해야 할 것이다.

무엇보다 중요한 것은 '스스로에 대한 확신'이다. 붓다의 사성제의 가르침에 의하면 '멸'에 대한 자기 확신이다. 성적으로부터 오는 괴로움을 나는 반드시 없앨 수 있다는 강한 믿음이 전제되어야 한다. 그럴 때 괴로움이 괴로움으로 보이지 않고, 자신을 성장시키는 힘이자 자신을 가르쳐 주는 스승으로 보일 것이다.

붓다는 사성제를 가르치면서 사는 것이 괴로움이 아닐 수 있다는 것을 역설적으로 보여주고 있다. 지금 당장 닥쳐오든 천천히 닥쳐오든, 오는 괴로움을 있는 그대로 보고, 그 원인을 알고 여덟 가지 바른 길을 실천하면 모든 문제는 해결된다는 것이다. 그러니 자신의 문제를 바로 볼 수만 있다면, 그 어떠한 것도 괴로움이 될 수 없다는 것을 보여준 것이다.

괴로움을 어떻게 해결할까

붓다의 쪽지

청소년들이여, 자신의 문제는 반드시 해결할 수 있다는 신념을 가져라. 문제를 바르게 보고, 바르게 생각하고, 바르게 말하고, 바르게 행동하고, 바르게 생활하라. 또한 바르게 노력하고, 바르게 관찰하고, 바르게 집중하라. 그러면 모든 괴로움이 사라질 것이다.

사람을 망치게 하는
세 가지 독

-탐욕, 성냄, 어리석음에 빠지면 위험하다-

사람이 살아가는 모습은 참 다양하다. 즐거움과 기쁨에 차서 살아가는 사람이 있는가 하면, 괴로움과 고통에 휩싸여 살아가는 사람이 있다. 그런데 전자의 사람보다는 후자의 사람이 더 많은 것 같다.

어떤 사람은 돈이 없어 울고, 어떤 사람은 명예를 잃어 울고, 어떤 사람은 자식 때문에 운다. 또 어떤 사람은 친구가 그리워 울고, 어떤 사람은 일이 뜻대로 풀리지 않아 울고, 어떤 사람은 몸이 아파 운다. 모두가 자신이 목표하고 기대하는 바가 성취되지 않기 때문에 괴로워하는 삶의 모습들이다.

붓다는 사람을 망치는 세 가지 독이 있다고 하였다. 바로 '삼독'이라고 일컬어지는 탐貪·진瞋·치痴이다. 탐은 자신이 좋아하는 대상을 향하여 끊임없이 탐내어 구하는 욕심으로서 '탐욕'을 말하고, 진은 분노의 상태로서 '성냄'을 가리키며, 치는 올바른 판단이 마비된 상태로서 '어리석음'을 뜻한다. 이 삼독은 우리 몸과 마음을 멍들게 한다. 붓다는 인간의 모든 번뇌는 다 여기서 나온다고 가르쳤다. 필요한 만큼만 가지면 되는데 필요 이상으로 더 가지려 하다가 일을 망치고, 화를 내지 않고도 문제를 해결할 수 있는데 쓸데없이 화를 내다가 후회를 하며, 조금만 더 신중히 생각하고 판단하면 잘못을 범하지 않을 텐데 그냥 생각 없이 행동에 옮기다가 땅을 치고 통곡한다.

삼독은 하나하나 독립적으로 기능하여 우리를 망치게도 하지만 서로 연쇄적으로 기능하는 경우도 있다. 즉 욕심이 채워지지 않아 화가 나고 화가 나서 어리석은 행동을 하는 경우가 그것이다. 요즘 심각한 학교 폭력은 그 좋은 예이다. 다음 이야기는 내가 직접 겪은 삼독의 대표적인 모습이다.

내가 모 고등학교에 근무할 때 담임 반에서 일어난 일이다. 여러 명의 여학생이 한 명의 여학생을 집단 구타한 사건이 발생했다. 그 전에도 몇 번 그런 일이 있었다는데 구타당한 학생이 사실을 숨겨서 담임인 나로서도 전혀 모를 수밖에 없었다. 그런데 어느 날 종례를 한 후 그날따라 교실 문이 닫혔는가 확인하려고 교실에 갔는데 교실 뒤에서 여러 명이 한 학생을 둘러싸고 구타를 하고 있는 것이었다. 구타당하고 있는 아이는 얼마나 맞았는지 일어나지도 못하고 있었다.

　나는 소리를 질러서 일단 제지를 한 다음 모두를 교무실로 불렀다. 집단 구타의 경위는 이러했다. 구타당한 학생이 너무 분수를 모르고 잘난 체를 한다는 것이었다. 공부는 좀 하지만 자기도 담배 피울 거 다 피우면서 모범생인 척하고, 담임한테 저만 잘 보이려고 하는 것 같아 그 애가 너무도 미웠단다. 그래서 몇 차례 경고를 주었는데 고치질 않아 혼을 내주려고 그렇게 집단 구타를 했다는 것이다. 구타당한 학생은 아무 말도 하지 않고 엉엉 울기만 했다.

이 일을 가만히 들여다보면, 우선 가해 학생들이나 피해 학생이나 마음속에 잘못된 욕심이 깃들어 있었음을 알 수 있다. 가해 학생들은 자기들도 담임선생님에게 잘 보이고 싶고 공부도 잘하고 싶은데 그것이 잘 되지 않는 터에 급우 중에 미운 오리새끼처럼 행동하는 피해 학생이 참으로 미웠을 것이다. 또한 피해 학생도 자신을 증오하는 급우들의 충고를 무시한 채 자신만 담임선생님의 눈에 들려고 했던 것이 화를 부른 것이다.

　이렇게 자기만의 욕심만을 부리다가 일이 뜻대로 되지 않자 화가 난 것이고, 화가 나는 것을 참지 못하여 같은 급우에게 '폭력'이라는 어리석은 행동을 저지른 것이다. 서로가 지나친 욕심임을 알고 조금만 양보했더라면 이러한 불상사는 일어나지 않았을 것이다. 또 다음과 같은 이야기가 있다.

　숲 속에 원숭이 한 마리가 살고 있었다. 원숭이는 숲 속에서 놀다가 배가 고프면 마을에 있는 콩밭으로 가서 콩을 따먹었다. 어느 날 원숭이는 마을로 내려가 콩을 실컷 먹고는 나중에 먹을 콩도 한 움큼 가지고 숲으로 돌아왔다.

그런데 그만 손에 쥔 콩이 너무 많았던지 콩 한 알을 떨어뜨리고 말았다. 원숭이는 떨어진 콩 한 알을 주우려다가 손에 쥐고 있던 한 움큼의 콩을 다 쏟아 버리고 말았다. 그러자 산새들이 날아와 그 콩을 모두 먹어 치웠다. 그것을 지켜보던 원숭이가 화가 나서 말했다.

"야, 이놈들아! 남의 콩을 다 먹어 버리면 난 어떻게 하란 말이냐?"

산새들이 합창하듯 대답했다.

"멍청한 원숭이야, 콩 한 알 주우려고 한 움큼의 콩을 다 버리는 바보가 어디 있냐?"

참으로 재미있는 이야기다. 우리 사람을 원숭이와 비교한다고 해서 크게 어긋나지 않을 것이다. 뭔가를 가지려다가 하나쯤 손해 볼 수도 있는데 그것마저도 챙기려다가 모두를 망치는 경우이다.

'과유불급過猶不及'이란 말이 있다. 너무 지나치면 미치지 못한 것과 같다는 가르침이다. 지나친 욕심은 예외 없이 성냄을 부르고, 성냄도 거기서 끝나는 경우가 드물어서 어김없이 어리석음을 부른다.

이는 우리 몸의 신체 구조하고도 맞아떨어진다. 탐욕은 배에서 생기고, 성냄은 가슴에서 생기고, 어리석음은 머리에서 생긴다. 욕심은 배에 그득한데 잘 채워지지 않으면 심장이 벌렁거리고 진정되지 않아 가슴에서 분노가 치밀고, 분노가 치밀어 오르면 머리에

열이 나서 머리가 올바른 판단을 하지 못하여 어리석은 행동을 하게 된다. 그래서 붓다는 제일 먼저 탐욕을 버리라고 외친다. 지나친 욕심에서 벗어나라고 한다. 지나친 욕심은 자신을 망치고 결국 남에게도 피해를 주기 때문이다.

붓다는 최초의 경전 『숫타니파타』에서 제자 아지타의 질문에 응답하면서 지나친 욕심을 다음과 같이 경계하고 있다.

> 아지타가 물었다.
> "세상은 무엇으로 덮여 있습니까? 세상은 무엇 때문에 빛나지 않습니까? 세상을 더럽히는 것은 무엇입니까? 세상의 커다란 공포는 무엇입니까? 그것을 말씀해 주십시오."
> 붓다가 말씀하셨다.
> "아지타여, 세상은 어둠에 덮여 있다. 세상은 탐욕과 게으름 때문에 빛나지 않는다. 욕심은 세상의 때이며, 고뇌는 세상의 커다란 공포이다."

오늘날 청소년들은 안팎으로 많은 도전을 받고 있다. 그 도전은 대부분이 삼독에 의한 위협이다. 밝고 활기찬 꿈과 희망보다는 마음속에 이기적인 욕망이 솟구쳐 오르고 있다. 이것이 충족되지 않을 때 돌출적인 행동이 서슴없이 나오고, 결국은 그것이 청소년 비행으로 이어지고 있기 때문이다.

또한, 자신의 미래를 꿈꾸며 스스로 열심히 노력하지만 뜻대로 되는 일이란 그렇게 많지 않다. 아무리 성적을 올리려 해도 잘

오르지 않고, 사고 싶은 물건을 사려고 해도 당장 수중에 돈이 없다. 어디론가 훌쩍 여행이라도 가고 싶지만 걸리는 일이 너무도 많다. 어디 그 뿐인가. 부모님이나 학교 선생님이 요구하는 기대 수준은 자신이 감당하기 힘들 때가 많은 것이 현실이다.

우리나라 청소년들치고 자신이 하고 싶은 일, 하고 싶은 공부를 하는 경우는 드물다. 그렇게 하면 부적응 학생으로 낙인찍히기 일쑤이다. 좋은 대학에 들어가기 위해 노력해야 하고, 미래가 보장되는 직업을 가지기 위해 노력해야 정상적인 학생으로 간주된다.

자신이 하고 싶은 것을 하게 되면 신명이 나는 법이다. 왜냐하면 이것은 욕심에 기인한 것이 아니라, 스스로의 마음속에서 우러나온 내적 욕구에 의한 것이기 때문이다. 따라서 좀 잘못되더라고 화가 치밀 것이 없고, 그러기에 어리석은 행동은 하지 않는다.

무엇이 사람을 망치게 하는가?

붓다의 쪽지

청소년들이여, 지나친 욕심을 내지 마라. 지나친 욕심은 몸과 마음을 망친다. 자신이 하고 싶은 일을 하라. 거기에는 탐욕이 일지 않는다. 거기에는 부모님이나 선생님의 탐욕이 끼어들지 않는다. 수심이 깊은 물은 흔들림 없이 고요히 흐르지만, 그 속에는 힘찬 물줄기가 숨어 있다. 이렇듯 하고 싶은 일을 하면 힘이 생긴다. 그리고 자신의 성취에 만족할 줄 알라. 만족할 줄 아는 사람은 화내지 않으며, 화를 내지 않는 사람은 어리석음에 빠지지 않는다.

올바른 삶은
삼독을 버리는 것

-계율, 명상, 지혜는 독을 씻는 약이다-

어떤 것이 올바른 삶일까. 이 물음에 대하여 인류의 많은 철학자들은 고뇌하였다. 공자는 인에 바탕을 둔 군자의 삶을 가르쳤고, 노자는 인위적 가식을 버린 무위의 삶을 노래하였으며, 예수는 신의 사랑에 바탕을 둔 헌신의 삶을 강조하였고, 아리스토텔레스는 이성에 바탕을 둔 행복의 삶을 역설하였다.

붓다는 어떻게 가르쳤을까. 올바른 삶이란 삼독을 버리는 것이라 했다. 어떻게 하면 삼독을 버릴 수 있을까. 붓다는 이에 대한 방법을 제시했다. 바로 '삼학'을 닦고 배우라는 것이다. 삼학이야말로 삼독을 없애는 지름길이라는 것이다. 삼학이란 계戒, 정定, 혜慧의 세 가지 '마음을 다스리는 법'을 말한다.

계란 세상 모든 이치에 두루 통하는 규칙을 지키겠다고 스스로 맹세하는 결의를 말한다. 붓다는 기본적으로 오계를 정하고 제자들로 하여금 이를 지키도록 하였다. 오계란 첫째, 살아 있는 생명을 죽이지 말 것(불살생), 둘째, 남의 것을 훔치지 말 것(불투도), 셋째, 거짓말하지 말 것(불망어), 넷째, 삿된 음행을 하지 말 것(불사음), 다섯째, 술을 마시지 말 것(불음주) 등이 그것이다.

계는 나중에 율과 합쳐져서 '계율'이라고 불리었다. 계가 내적인 규칙으로서 지켜야 할 것들을 정하고 스스로 그에 충실히 따르겠다고 결의하고 실천하는 것이라면, 율은 외부의 권위에 의해서 주어진 집단 규칙 등을 강제로 따르는 것을 말한다. 처음에 붓다는 제자들에게 교훈을 주고 훈계할 목적으로 계를 주었지만, 불교 교단이 커지면서 대중 생활에서 지켜야할 것들이 생겨나자 율을 설했다. 율은 그래서 강제적 규칙이 되었다.

공부하는 사람이 스스로 정한 생활 규칙이나 시간표에 충실히 따르겠다고 결의하고 이를 실천에 옮긴다면 그것은 계를 잘 지키는 것이다. 반면, 세상을 살아가는 사람들이 국가가 정한 법이나 오래 전부터 내려오는 관습을 잘 따른다면 그것은 율을 잘 지키는 것이다. 그래서 계는 자율적인 도덕에, 율은 강제적인 법에 비유된다.

계율은 배가 항해를 하는데 나침반과 같은 역할을 한다. 어떤 목적지에 도달해야 하는데 그 방향을 알려주는 나침반이 없다면 배는 표류하고 말 것이다. 그렇듯이 사람이 자신의 꿈과 목표를 향해 달리고 있는데, 시행착오를 겪지 않고 가장 빨리 갈 수 있는 길로 인도하는 것이 계율이다.

또한 계율은 브레이크 역할을 한다. 차를 지나치게 몰다가 위험에 처하게 되면 빨리 제어해야 한다. 그렇듯이 사람이 지나치게 욕심을 부리다가 화를 입을 것 같으면 빨리 그것을 제어해주는 심리적 장치가 필요한 것이다. 이 장치가 바로 계율인 것이다.

이 계율은 앞의 삼독에서 탐욕, 즉 지나친 욕심과 대응된다. 왜냐하면 탐욕은 계율에 의해서 적절히 제어될 수 있기 때문이다. 어쩌면 학교 폭력, 자살, 집단 따돌림 등의 청소년 문제는 따지고 보면 마음에서 들끓고 있던 욕망이 겉으로 솟아 나온 행동이라고 볼 수 있다. 당사자인 개인이 스스로 지키고 있던 규칙(계)이 있었다든지, 아니면 외부에서 주어진 규칙(율)이라도 지켰더라면 그러한 불상사는 일어나지 않았을 것이다.

다음으로, '정'이란 선정(禪定)을 뜻하는 것으로 산란한 마음을 그치게 하여 고요한 상태에 머무르게 하는 것을 말한다.

사람에게 탐욕이 일면 그것을 얻기 위해 집착이 생기고, 그 순간 가슴이 뛰기 시작하고 마음이 혼란스러워진다. 솟아오르는 욕망이 충족되지 않을 경우 거침없이 화를 내기도 한다. 마치 고요한 바다에 바람이 불어 파도가 이는 것과 같고, 맑은 하늘에 구름이 덮여 캄캄해지는 것과 같다. 여기서 고요한 바다와 맑은 하늘은 우리의 내면세계이고, 바람과 구름은 탐욕이며, 파도와 캄캄함은 화인 것이다.

화가 났을 때 어떻게 하면 가라앉힐 수 있을까? 시간이 흐르면 그냥 가라앉는 경우도 있다. 마치 맑고 깨끗하게 정화된 물에 한 줌 흙을 집어넣으면 금방 흙탕물로 변하지만, 시간이 흐르면 흙은 밑으로 가라앉고 다시 맑은 물이 위로 올라오는 것과 같다. 바다에 바람이 불면 파도가 일지만, 바람이 사라지면 언제 그랬느냐는 듯이 다시 고요해지는 것과도 같은 이치이다.

붓다는 자신의 내면에서 화가 일어났을 때 그 화가 어디서 연유하여 일어났는지를 알아보기 위해, 잠시 마음을 쉬고 거기에 머물러 있으라고 한다. 그리고는 일어나는 현상들을 그대로 바라보며 잘 살피라고 한다. 그러면 마치 흙탕물의 흙이 물 밑으로 가라앉는 것처럼, 바다에 바람이 멈추면 사라지는 것처럼, 격분된 마음이 자기도 모르게 가라앉는다는 것이다. 이렇게 마음 다스리는 것을 붓다는 삼학의 두 번째로서 '정'이라고 하였다. 이 정은 삼독 중에 성냄에 대응된다. 성냄은 정에 의해 해결될 수 있다고 붓다는 가르쳤다.

마지막으로 '혜'란 지혜를 말한다. 스스로 계를 잘 지켜 욕심을 억제하고 정을 잘 닦아 화나는 것을 가라앉히면 마음이 고요하고 편안해져 모든 것이 있는 그대로 보이게 마련이다. 세상 모든 일을 있는 그대로 보는 것을 붓다는 '지혜'라고 했다. 지혜는 계와 정을 잘 닦은 다음에야 오는 마음의 경지이다.

지혜는 삼독 중에 어리석음에 대응된다. 지혜를 얻으면 다시는 어리석음에 빠지지 않는다. 마치 흙탕물에 가라앉은 흙을 완전히 제거하면 물을 휘저어도 다시는 흙탕물이 생기지 않는 이치와 같다. 또한 바다에 바람이 아예 사라져 버려서 다시는 파도가 일지 않고 항상 고요한 것과 같다.

그래서 옛 선사들은 평상심이 곧 '도道'라도 했다. 평상심이란

'마음이 한결같음'을 말하고, 도란 바로 '지혜로움'을 말한다. 지혜로움은 욕심이 일어나도, 화가 나도 어리석음에 빠지지 않고 본래의 마음을 잃지 않는 것을 말한다.

나는 학교에서 아이들과 함께 하면서 그야말로 삼독을 수없이 경험했다. 나도 평범한 사람인데 마음속에 어찌 탐욕과 성냄과 어리석음이 없겠는가? 아이들의 행동이 마음에 들지 않을 때는 화를 내기도 하고, 때로는 체벌도 가한 것이 사실이다. 명분은 교육적인 성냄이요, 사랑의 매라고 하지만 그 속에는 아이들이 내가 원하는 대로 하지 않는 것에 대한 노여움과 원망하는 마음이 깃들어 있었음을 부인할 수 없다.

붓다의 가르침을 배우고 몸소 실천하고자 노력하는 나는 특히 이 삼학의 가르침을 소중히 해왔다. 아이들에게 화가 났을 때 우선 '정'의 상태에 들어가 그 화나는 마음에 머물러서 살피고 또 살피었다. '나는 왜 화가 났는가, 어디서 화가 났는가, 진정 아이들의 잘못인가, 나의 잘못은 없는가?' 등 수없이 많은 물음을 스스로에게 던졌다.

그러면 대개의 경우 화가 가라앉으면서 마음이 고요해지고 편안해졌다. 그런 후 나를 화나게 한 그 아이를 바라보면 그냥 그대로 사랑스럽게 보였다. 모든 경우 다 그러했다는 것은 아니다. 아무리 '정'의 상태에 들어가도 마음이 고요해지지 않고, 오히려 원망하는 마음이 치솟아 며칠을 고뇌하며 보낸 날도 있었다. 하지만 분명 그런 과정을 통해, 후회할 꾸짖음을 하는 일은 확연히 줄어들게 되었다. 그리고 이런 마음가짐을 가진다면 누구나 쉽게 화를 가라앉히고, 어리석은 행동을 하지 않게 될 것이다.

삼라만상을 낳는 연기의 법칙

-모든 것은 관계 속의 임시적인 존재다-

세상은 어떻게 돌아가는 것일까. 봄이 가면 여름이 오고, 여름이 가면 가을이 오고, 가을이 가면 겨울이 온다. 겨울이 끝나면 어김없이 봄이 또 온다. 한 알의 씨앗이 땅에 떨어지면 싹이 트고 잎이 나고 꽃이 피고 열매를 맺는다. 그 열매는 다시 한 알의 씨앗이 되어 땅에 떨어진다.

어디 그뿐인가? 가뭄이 계속되다가도 언젠가는 구름이 몰려와 비를 뿌리고, 그 비가 넘쳐 홍수를 이루기도 한다. 그 홍수는 어디로 흘러갔는지 다시 땅은 타들어 가고 가뭄에 목말라 한다. 사람도 마찬가지라서 태어나면 늙고, 늙으면 병들고, 병들면 죽는다. 생명 있는 모든 것들은 이렇게 일정한 법칙에 따라 움직인다.

그렇다면 세상은 그냥 돌아가는 것이 아니라 무언가 모종의 질서가 있음을 말해주는 것이 아닌가? 자연과학 분야의 연구 결과 중에 카오스chaos 이론이 있다. 이는 말 그대로 '혼돈'이라는 의미인데, 단순히 혼돈이란 뜻을 넘어서 '무질서 중의 질서'란 의미이다.

카오스 이론은 '나비 효과butterfly effect'라고 부르는 현상을 발견한 데서 비롯되었다. 예를 들어, 나비 한 마리가 북경에서 날개를 파닥이면 다음 달 뉴욕 앞바다에서 폭풍이 일어날 수 있다든지, 어떤 사람이 서울에서 재채기를 하면 그 에너지가 허공으로 방사되어서 대기의 흐름에 영향력을 행사해 이것이 뉴욕의 어떤 건물을 때려 부수는 폭풍으로 변할 수 있다는 것이다. 사람 한 명 한 명이 전 세계에 영향력을 행사할 수 있다는 것이다.

이 이론은 어떻게 보면 황당하게 들릴 수 있지만, 자연 현상은 대단히 정확하며 무질서 속에 질서가 엄연히 존재하고 있음을 나타낸다. 카오스를 연구하는 학자들에 의하면, 우주 공간은 우리가 생각하기에는 텅 비어 있는 것 같지만 공기의 대류 현상에 따른 미묘한 움직임들, 알 수 없는 에너지의 흐름이 끊임없이 교차되면서 질서 정연한 모습을 빚어내고 있다는 것이다.

가령, 우리가 말을 하면 말의 에너지가 허공을 울려서 진동을 하고, 그 진동의 파장이 허공을 가득 채운다는 것이다. 이 진동의 파장은 여기에 머무르지 않고 허공에 있는 각양각색의 공기나 대류 현상에 결정적인 영향력을 행사해서, 이것이 전 지구적 차원으로 퍼져나간다는 것이다.

붓다는 이렇게 세상이 돌아가는 법칙을 '연기법緣起法'이라고 했다. 붓다는 『우다니경』에서 연기법을 "이것이 있으므로 저것이 있고, 이것이 없으면 저것도 없다."라고 설하고 있다. 풀이하면, '세상의 모든 현상은 그냥 일어나는 것이 아니라 무엇으로 말미암아 일어난다. 즉 어떤 원인이 있으면 반드시 결과가 있고, 결과가 있으면 반드시 그럴만한 원인이 있다. 따라서 원인이 없으면 결과도 없고, 결과가 없으면 원인도 없다.'는 뜻이다. 한마디로 세상 모든 현상에는 인과법칙이 작용한다는 것이다.

어른들이 종종 '업보'라고 말하는 것을 들은 적이 있을 것이다. 이것 역시 붓다의 가르침인데, 어떤 '업'을 짓느냐에 따라 '보'가 다르게 나타난다는 것이다. 업이란 '인간의 의지적 작용이나 행동'을 말한다. 좋은 '업(원인)'을 지으면 좋은 '보(결과)'를 받고, 나쁜 '업'을 지으면 나쁜 '보'를 받는다. 여기에도 엄연히 인과법칙이 작용하고 있다.

연기란 '인연생기(因緣生起)'의 줄임 말이다. 즉 인과 연이 만나 삼라만상을 낳게 하고 일으킨다는 뜻이다. 여기서 '인연'은 원인이고 '생기'는 결과이다. 인연이란 둘 모두가 원인이지만 앞의 '인'은 직접적인 원인이고, 뒤의 '연'은 인을 도와 결과를 낳게 하는 조건으로서 간접적인 원인이다.

가령, 한 알의 씨를 뿌리고 가을에 수확한다고 하자. 이때 씨를 뿌리는 행위는 수확을 위한 직접적인 원인이다. 그러나 수확을 위해서는 다른 수많은 조건들이 필요하다. 충분한 햇빛, 물, 거름, 공기 등 요인이 많은데 이들 간접적인 원인을 하나라도 무시해서는 풍성한 수확을 기대할 수 없다. 한마디로 하나의 직접적인 원인이 결과를 가져오기 위해서는 수많은 간접적인 원인, 즉 연이 필요하다는 것이다.

이는 그대로 위의 카오스 이론의 핵심적인 내용인 나비 효과 이론과 상통한다. 미국에 폭풍이 일어나는 것은 하나의 인(직접적 원인)과 수많은 연(간접적 원인)이 작용했기에 가능하다고 보기 때문이다. 북경에서 한 마리 나비가 파닥이는 것(인)이 수많은 다른 조건들(연)과 만나, 결국에는 미국 뉴욕 앞바다에 폭풍(결과)을 일으킨 것이다. 결론적으로 한 마리의 나비가 파닥이는 것과 폭풍이 전혀 연관성이 없는 것처럼 보이지만, 그렇지 않다는 것을 입증하는 셈이다.

수학자 김용운 박사는 연기의 법칙을 다음과 같이 흥미롭게 설명했다.

> 인간을 두고 생각하면 연기에 관한 사고는 더욱 복잡해진다. 하나의 인간이 현재의 상태로 존재하기 위해서는 무한의 직접·간접의 원인이 과거에 있어야만 한다. 나라는 존재는 부모의 결합이라는 직접의 인(因)이 있었기 때문에 이 세상에 태어난 것이다. 또한 부모의 결합을 위해서는 그것을 가능하게 하는 무한의 연이 있어야만 한다.
>
> 부모의 부모, 또는 그들의 부모의 결합을 생각해 보라. 나를 두고 10대만 거슬러 올라가도 1,024명이 되고, 30대가 되면 무려 10억 명의 결합이 있어야 한다. 1세대가 만들어지는 기간을 어림잡아 30년이라 한다면, 900년 동안 10억 명의 기적과 같은 결합이 있었다. 한 쌍의 결합을 위해서는 엄청난 곡절이 있었다는 것이

다. 저마다의 결합은 나비 효과와도 같은 우연한 법칙이 있었음을 입증하는 셈이다.

붓다는 연기의 법칙을 통하여 무엇을 가르치고자 하였을까? 위의 인용문을 봐도 알 수 있듯이, 붓다는 이 세상에 홀로 그냥 존재하는 것이 하나도 없음을 가르쳐 주고자 한 것이다. 모든 것은 인과법칙으로 이루어져 있고, 그것은 인연으로 화합하고 있으며, 서로서로 의지하고 있음을 가르쳐 주고자 했다.

마치 논에 수확이 끝난 후 볏짚을 서로 의지하도록 세워 놓은 것처럼 모든 것은 '상의상관적 관계'임을 가르쳐 주고자 했다. 한마디로 이 세상은 홀로 살 수 있는 세상이 아니라, 더불어 살아야 한다는 것을 일깨워주고자 하였다.

부자는 가난한 자가 있기에 존재하는 것이니 가난한 자에게 베풀 의무가 있고, 일등은 꼴찌가 있기에 존재하는 것이니 거만한 마음을 버리고 꼴찌를 도와야 한다. 또한 건강한 사람은 언제 어떤 사고를 당할지 모르니 장애인에게 항상 배려하는 마음을 가져야 한다.

붓다는 모든 것을 관계 속의 '임시적인 존재'로 보았다. 그러니 늘 겸손해야 하고, 인연이 다하면 미련을 두지 말아야 한다. 인간과 인간, 인간과 자연, 자연과 자연 등 모든 관계는 마치 그물코처럼 서로 얽히어 있어 하나를 잘못 건드리면 모든 것이 잘못될 수 있는 가능성을 안고 있다고 했다. 이것이 연기법의 가르침이다.

세상은 어떻게 돌아갈까?

　모든 것은 말미암아 일어난다. 이 세상에 홀로 그냥 생기고 일어나는 것은 없나니, 반드시 그럴만한 원인과 조건이 있다는 것을 알아라. 이렇게 끊임없이 생기고 일어나므로 세상에 고정된 실체란 없는 것이다. 다만 관계 속의 임시적인 존재로 잠시 왔다가 갈 뿐이다.

　만일, 나만을 고집하여 자신의 생각만을 주장하고 행동한다면 필시 그것은 '나'만의 문제가 아니라, 이미 '우리'의 문제가 될 수 있음을 알아라. 항상 나보다는 우리를 생각해야 하며 더불어 사는 삶을 추구해야 한다. 왜냐하면 나 하나의 몸짓, 말, 생각, 행동이 그냥 나의 것으로 끝나는 것이 아니라, 나비 효과를 일으켜 다른 이에게 폭풍을 일으킬 수 있기 때문이다.

03

아름다운
삶을 위한 지침

친구를 사귀되 내가 이롭기를 바라지 말라.
내가 이롭고자 한다면 의리를 상하게 되나니
그래서 붓다가 말씀하시되
순결로써 사귐을 길게 하라 하셨느니라.

『보왕삼매론』

실종된 착한 마음

-십선법, 열 가지 착하게 사는 방법이 있다-

사람이 짐승과 다른 점은 무엇일까. 바로 이성을 가지고 있다는 점이다. 이성이란 올바른 판단 능력이다. 즉 악한 행동을 억제하고 선한 행동을 하게 하는 마음의 힘이다.

그런데 요즘은 사람이 과연 이성을 가진 존재인지 의심스러울 때가 있다. 지구촌 곳곳에서 벌어지는 끊일 줄 모르는 테러 분쟁은 사람이 과연 선하게 살려는 의지가 있는지 의심스럽게 한다.

아주 오랜 전 이야기다. 부산 모 고등학교에서 「친구」라는 영화를 보고 그동안 자신을 괴롭혀 온 급우에게 앙갚음을 하기 위해 살인 연습을 해 오다가, 어느 날 수업 중인 교실에 들어가 그 급우를 칼로 찔렀다. 신문 기사에 의하면 사건은 순식간에 일어났고 어느 누구도 제지할 틈이 없었다고 한다. 병원에 옮길 여유도 없이 칼에 찔린 학생은 바로 목숨을 잃었다고 한다. 죽은 학생은 평소 이 학생을 괴롭혔다고 하는데, 그 괴롭힌 대가가 죽음이 되어 돌아온 것이다. 참으로 끔찍한 일이 아닐 수 없다.

이를 보면 사람이 과연 이성을 가진 존재인지 의심스럽게 한다. 마치 짐승이 하는 짓이나 별다를 바가 없는 행동을 하기 때문이다. 마음에 안 들고 자기 성에 차지 않으면 목숨까지 해치고 있으니 말이다. 이 사건의 경우, 죽인 학생도 문제이지만 죽은 학생도 문제이다. 같은 반 친구를 얼마나 괴롭혔기에 그로 하여금 살의를 품게 만들었는가 말이다.

최근에는 중학생 집단 폭행 사건으로 세상이 떠들썩하다. 부산과 강릉에서 연이어 일어난 여중생 집단 폭행 사건은 경악을 금치 못한다. 어떻게 여러 명의 학생이 한 명을 그렇게 무자비하게 때리고 짓밟을 수 있는가? 보도된 기사를 보면, 핏자국으로 낭자한 피해 학생의 얼굴을 차마 볼 수가 없다. 교육을 하는 한 사람으로서 부끄럽고 무거운 책임감을 느낀다. 어쩌다가 청소년 문제가 이 지경까지 왔는지 모르겠다.

사람들은 사는 동안 착한 일보다는 나쁜 일을 더 저지르는 것 같다. 왜냐하면 윤회하는 삶 속에서 사람으로 태어나는 일보다는 축생이나 아귀, 지옥에 떨어지는 중생들이 훨씬 더 많기 때문이다. 어떻게 하면 착한 일을 더 많이 할 수 있을까. 어떻게 하면 청소년들이 나쁜 마음보다는 착한 마음을 더 가질 수 있을까.

앞에서 설명했듯이, 붓다는 사람이 살면서 삼업을 짓는다고 했다. 즉 몸으로 짓는 업(신업), 입으로 짓는 업(구업), 생각으로 짓는 업(의업)이 그것이다. 붓다는 또 각각의 업을 선업(착한 업), 악업(나쁜 업), 무기업(착하지도 악하지도 않은 업)의 세 가지로 나누어 설명했다. 즉 몸으로 업을 짓더라도 착한 업, 나쁜 업, 착하지도 악하지도 않은 업 중에 하나를 짓는다는 것이다.

예를 들어, 친구를 때리는 것은 신업이면서 악업이요, 친구를 칭찬하는 것은 구업이면서 선업이며, 친구를 시기하고 질투하는 것은 의업이면서 악업이다. 또 운동장을 뛰면서 운동을 하는 것은 신업이면서 무기업이다.

붓다는 좋은 업을 짓는 방편으로 '십선법十善法'을 가르쳤다. 열 가지 착하게 사는 방법을 말한다. 위에서 말한 '삼업'을 좋은 업으로 나누면 십선법이요, 나쁜 업으로 나누면 십악법이 된다. 이것은 손바닥의 앞뒤와 같은 이치이다. 그러면 무엇이 십선법의 가르침일까. 몸으로 짓는 업에 세 가지, 입으로 짓는 업에 네 가지, 생각으로 짓는 업에 세 가지가 있다.

첫째는 불살생不殺生이다. "살아 있는 생명을 죽이지 마라."라는 가르침이다. 이는 이웃을 내 몸처럼 생각하고, 억압받고 죽어가는 모든 생명에 대하여 자비를 실천하라는 것이다.

둘째는 불투도不偸盜이다. "남의 것을 훔치지 마라."라는 가르침이다. 이는 남이 땀 흘려 이룩한 것을 탐내지 말고, 정정당당하게 스스로 노력하여 얻을 것이며, 또한 그 얻은 것에 만족하라는 것이다.

셋째는 불사음不邪婬이다. "삿된 음행을 하지 마라."라는 가르침이다. 이는 인간의 성을 도구화하지 말고, 올바른 이성관에 입각하여 이성을 사귈 것이며, 자신의 성을 소중히 여기라는 것이다.

넷째는 불망어不妄語이다. "거짓말을 하지 마라."는 가르침이다. 이는 거짓에 대한 유혹을 뿌리치고, 항상 진실을 용기 있게 말함으로써 정직한 생활을 하라는 뜻이다.

다섯째는 불양설不兩舌이다. "이간질하지 마라."라는 가르침이다. 이는 말 그대로 한 입으로 두 혀를 놀리지 말라는 뜻이며, 남을 불신하고 모함하지 말고 이해와 신뢰로써 화해하는 생활을 하라는 것이다.

여섯째는 불악구不惡口이다. "상스럽고 악한 말을 하지 마라."라는 가르침이다. 이는 남의 귀에 거슬리는 말보다는 부드러운 말로 설득과 대화의 생활을 하라는 뜻이다.

일곱째는 불기어不綺語이다. "아첨하는 말을 하지 마라."라는 가르침이다. 이는 마음에도 없는 말을 꾸며서 상대방을 현혹하여 자신의 이득만을 취하려하지 말고, 전체의 이익을 먼저 생각하는 '원력願力의 생활'을 하라는 뜻이다.

여기서 원력이란 욕심과는 다르다. 욕심은 개인적이고 이기적인 것이지만, 원력은 이타적인 것이다. 예를 들어, 공부를 하더라도 개인의 출세를 위해서 하는 것이라면 그것은 욕심에 지나지 않지만, 인류와 사회의 복지에 공헌하기 위해 공부를 한다면 그것은 원력이다.

여덟째는 불탐욕不貪慾이다. "헛된 욕망을 갖지 마라."라는 가르침이다. 이는 허황한 꿈이나 관념적인 환상에서 벗어나 매사에 성실한 생활을 하라는 뜻이다. 예를 들어, 공부는 해 놓지 않고 남의 시험지를 커닝하여 점수를 올리려고 한다면 그것은 헛된 욕망이다.

아홉째는 불진에不瞋恚이다. "성내지 마라."라는 가르침이다. 한 번 화를 내면 몸의 세포가 파괴되고 피가 거꾸로 솟아올라 건강에도 좋지 않다. 그러니 항상 마음의 평정을 유지하고, 상대방의 입장에서 생각하며, 자신이 잘못을 했으면 기꺼이 시인할 줄 알고 참회하는 생활을 하라는 뜻이다.

마지막으로 불사견不邪見이다. "삿된 소견을 갖지 마라."라는 가르침이다. 사사로운 생각이나 한편으로 기울어진 생각, 미리 색안경을 끼고 보는 선입견에서 벗어나 마음을 크게 열고 지혜로운 눈으로 세상을 보라는 뜻이다.

이상 열 가지 선하게 사는 방법을 신·구·의 삼업의 범주로 나누면 불살생·불투도·불사음은 신업에 해당하고, 불망어·불양설·불악구·불기어는 구업에 해당하며, 불탐욕·불진에·불사견은 의업에 해당한다.

이제 십선법을 우리 삶에서 어떻게 실천할지 생각해 보자. 학교에서 오랜 시간을 보내다보면 몸은 물먹은 솜처럼 축 늘어지고, 마음도 지칠 대로 지쳐 짜증이 날 때가 한두 번이 아닐 것이다. 언젠가 수업을 하면서 학생들에게 "스트레스를 받을 때 어떻게 해결하는가?"라고 물어본 적이 있다.

가장 많이 나온 스트레스 해소 방법은 여자 학교라서 그런지는 몰라도 "잔다, 운다, 먹는다, 노래를 듣는다, 소리를 지른다." 등이었다. 이렇게 해서라도 스트레스를 잘 해결하면 되는데 문제는 스트레스가 심해지면 부적응 현상이 오고, 더 심해지면 비행을 저지른다는 것이다. 청소년 폭력이니 왕따니 자살이니 가출이니 약물 흡입이니 하는 모든 것이 청소년 비행이다. 이들 비행의 근원은 청소년들이 받는 스트레스라고 해도 틀린 말이 아니다.

스트레스를 안 받을 수는 없을 것이다. 그렇다면 스트레스를 어떻게 해결하는 것이 좋을까. 스트레스를 받을 때마다 붓다의 십선법을 실천해 보라. 가령, 친구가 듣기 싫은 욕을 할 때 붓다의 "성내지 마라."라는 가르침을 떠올려 보는 것이다. 그러면서 혹시 '나 자신은 그 친구에게 잘못한 점은 없는가?' 하고 먼저 자신을 돌아보는 것이다. 그러면 성내고 싶은 마음이 한풀 꺾일 것이다.

또 선생님에게 잘못하여 혼이 날 때 일부 학생들은 바로 그 위기 상황을 모면하고자 말을 둘러댄다. 몇 분 후에 거짓임이 드러날 것임에도 이리저리 둘러대는 경우를 자주 목격하는데, 이럴 때 붓다의 "거짓말하지 마라."라는 가르침을 떠올려 보는 것이다. 거짓말은 정말 나쁜 업 중의 하나이다. 선생님에게 거짓말임이 밝혀지면 더 큰 스트레스를 받게 된다.

이 얼마나 어리석은 일인가. 세상만사가 다 그렇다. 어떻게 수를 써서 닥친 위기를 모면할 경우, 지금 당장은 편할지 몰라도 마음은 끝내 개운치가 못하다. 괴로움은 더 커지게 마련이다.

무엇이 착한 마음일까?

청소년이여, 살면서 십선법을 실천해 보라. 십선법이야말로 스트레스와 고민을 미연에 방지하는 명약이다. 생명 있는 것을 자비로 감싸고, 무엇이든 스스로 노력하여 얻고, 자신의 성을 깨끗이 지킴과 동시에 남의 성을 보호하고, 진실하고 정직하게 말하고, 항상 남과 화합하는 말을 하고, 기왕이면 남을 칭찬하는 말을 하고, 전체에게 이익이 되는 말을 하고, 지나친 욕심을 버리고 만족할 줄 알고, 화를 냈으면 즉시 내려놓고 참회하고, 하루빨리 참 진리에 눈을 떠서 지혜로운 삶을 살아라.

무너진 성 모럴

-다섯 가지 불사음계가 있다-

우리의 성性은 몇 가지 의미를 가지고 있다. 첫째는 그 자체로 남성과 여성을 구별해주는 기준이 되고, 둘째는 성적 호기심을 유발하여 서로를 좋아하게 하며, 셋째는 그 결과 양성 결합을 통해 종족을 보존하게 된다는 것이다.

이러한 현상은 모든 생명에 예외가 없다. 따라서 성은 성스러운 것이고, 성 관계를 갖는 것은 자연스러운 일이며, 종족을 보존하기 위해 필수 불가결한 일이다.

그런데 무엇이 문제인가? 바로 성도덕이 문제이다. 성도덕이란 이성간에 교제나 성행위를 함에 있어 마땅히 지켜야 할 도리를 말한다. 성도덕이 땅에 떨어질 대로 떨어진 듯한 느낌이다. 성 개방이 급속히 진행되면서 그 도가 지나쳐 어린 청소년들이 자신의 성을 팔고, 어른들은 이를 이용해 쾌락을 탐닉한다. 이혼률이 기하급수적으로 증가하고 있으며 거리에는 러브호텔이 즐비하다.

어디 그 뿐인가? 최근 통계 자료에 의하면 미혼모가 한 해에 이만 명 이상 발생하며, 미혼모가 출산한 아기들이 상당수 해외로 입양되고 있다. 어느 TV 청소년 문제 고발 프로그램은 임신한 청소년들이 낙태를 하기 위해 산부인과에 줄을 서서 기다리고 있는 모습을 보여주었는데, 낙태를 요청하는 여학생들의 얼굴에 부끄러워하는 기색이 없는 것을 보고는 놀라지 않을 수 없었다. 오히려 당당하게 비용을 흥정하고 있었다. 어느 새 우리나라는 잘못된 성 개방으로 몸살을 앓고 있는 것이다. 문제는 그 피해자가 바로 청소년이라는 데에 심각성이 있다.

수업 시간에 한 학생의 발표 내용은 더욱 놀라웠다. 바로 인터넷 상의 음란 사이트에 대한 내용이었는데, 청소년들이 마음만 먹으면 얼마든지 수많은 음란 사이트에 접근할 수 있게 되어 있다는 것이다. 부모님의 주민등록번호만 알면 바로 접속할 수 있으니, 청소년들치고 한두 번 들어가 보지 않은 사람이 없을 것이라고 했다. 물론 자신도 들어가 보고 이렇게 발표하는 것이라고 솔직히 털어놓았다.

청소년기는 이성에 대한 관심이 고조되는 시기이다. 신체에 제2차 성장이 일어나면서 성적 성숙이 이루어지고, 이성에 대한 관심이 고조된다. 사춘기 초기에는 수치심과 혐오감 때문에 일시적으로 이성에 대하여 부정적인 감정을 갖게 되지만, 얼마 안 가서 이성에 대한 호기심이 생겨 이성과 사귀고 싶은 충동이 강렬해진다.

일반적으로 남자의 경우 만 14세 정도에 사춘기가 오고, 여자의 경우 만 12세 정도에 사춘기가 오는 것으로 알려져 있다. 여기서 사춘기는 생리학적으로 남자의 경우 정자를 생산할 수 있는 능력이 생기고, 여자의 경우 난자를 생산할 수 있는 능력이 생기는 때를 말한다. 따라서 이 나이에 성관계를 가질 경우 생명 잉태가 가능하다는 이야기다.

그런데 보통 우리는 합법적으로 성관계를 가지는 시기를 유예한다. 요즘은 취업 때문에 남자의 경우 30세 정도, 여자의 경우 28세 정도에 결혼을 하는데, 그때까지는 합법적인 성관계를 가질 수 없는 것이다. 문제는 바로 여기에 있다. 남자와 여자로서 충분히 성적 기능을 갖추었음에도 마음대로 성관계를 가질 수 없는 것이 문제인 것이다. 이 시기가 바로 청소년기에서부터 청년기이다. 특히 청소년기의 성적 욕구는 가히 폭발적이다. 이것이 이성에 대한 호기심으로 나타나고, 호기심이 충족되지 않을 때는 자위행위를 하거나 음란물에 접근하게 된다. 그것으로서 대리 만족을 하는 것이다.

성욕은 인간의 본능 중의 하나로서 기본적인 욕구이다. 따라서 이것이 충족되지 않는다면 당연히 욕구 불만이 따를 수 있다. 그렇다고 사회적인 아무런 규제를 가하지 않는다면, 성도덕은 문란해지고 사회 질서는 파괴되어 버릴 것이다. 이것이 바로 성 개방이 갖고 있는 이율배반적인 문제이다. 적극적으로 개방하자니 성 문제가 심각해지고, 규제를 하자니 개인의 기본적 욕구를 억압하는 결과를 가져올 수 있다.

여기서 문제는 청소년이다. 청소년기에 성적 욕구를 어떻게 하면 자연스럽게 발산하게 할 수 있을까 하는 것이 중요하다.

붓다는 무엇이라 말할까. 요즘 타락해 가고 있는 청소년 성문화를 보고 어떤 충고를 할까. 붓다는 계율로서 '불사음不邪淫'의 계를 설했다. 즉 삿된 음행을 하지 말라는 가르침이다. 수행자나 성인은 물론이요, 젊은 청소년들도 이를 지켜야 한다고 강조했다. 삿된 음행은 청정한 수행을 방해할 뿐 아니라, 몸과 마음을 망치게 하는 큰 독이라는 것이다. 붓다는 『능엄경』에서 다음과 같이 설했다.

이 세상 모든 사람들이 음란한 마음만 없다면 나고 죽는 괴로움에서 바로 벗어날 수 있을 것이다. 너희가 수행하는 것은 번뇌를 없애려 하는 것인데, 만약 음란한 마음을 끊지 않는다면 절대로 번뇌에서 벗어날 수 없다. 설사 근기가 뛰어나 항상 마음이 고요하고 지혜가 생겼다 할지라도, 음란한 행동을 끊지 않으면 반드시 천길 나락에 떨어지고 말 것이다. 내가 죽음에 든 후 말세에는 그러한 나쁜 무리들이 나타나 음행을 탐하면서도 선지식(훌륭한 스승) 노릇을 하며, 어리석은 사람들을 애욕과 잘못된 길로 빠뜨릴 것이다.

붓다는 이렇게 단호하게 음란한 생각과 행동을 경계했다. 그래서 다섯 가지 계율 중에 네 번째로 '불사음계'를 설했다.

한창 공부를 하고 바르게 자라나야 할 청소년기에 건전한 이성

교제가 아닌, 성관계만을 목적으로 하는 교제를 한다든지, 자신의 성을 상품처럼 여겨서 어른들에게 판다든지, 음란물에 접근하여 거기에 탐닉한다든지 하는 것들은 불사음계를 파괴하는 전형적인 예이다.

건전한 성도덕은 사회의 안정과 질서를 지켜 주는 동시에 개인적으로는 행복한 가정생활과 건전한 인격체를 이루게 한다. 성을 쾌락의 수단으로 여기고, 다른 사람을 착취하거나 이용하는 것은 커다란 잘못이다. 성에 대한 잘못된 개념을 가지고 사회 규제나 이성적인 판단을 망각하게 되면 결국 성도덕은 타락하고, 사회 질서는 문란해져 인권을 유린당하는 사람들이 늘어날 것이다. 그리고 그런 사회에서 청소년의 안전은 결코 보장될 수 없을 것이다.

이성을 어떻게 사귈까?

붓다의 쪽지

다섯 가지 불사음계를 설하니 잘 듣고 실천하라.

첫째, 사후에 책임질 수 없는 성행위는 하지 마라. 책임질 수 없는 성행위는 불행을 스스로 부르는 일이니 서로를 책임질 수 있을 때 성행위를 하라.

둘째, 쾌락만을 목적으로, 또는 돈을 벌 목적으로 성행위를 하지 마라. 쾌락이나 돈을 벌 목적으로 하는 성행위는 천박한 일이니, 육체와 영혼의 거룩한 결합으로서 서로의 사랑이 전제되었을 때 성행위를 하라.

셋째, 순간적이고 감성에 사로잡힌 성행위를 하지 마라. 순간적이고 감성에 사로잡힌 성행위는 자칫 몸과 마음을 멍들게 하는 일이니, 오랜 동안 사귀고 서로 믿음이 갈 때 성행위를 하라.

넷째, 성적 오락으로 타락한 성행위를 하지 마라. 오락으로 타락한 성행위는 인간의 숭고한 성을 모독하는 일이니, 생명 잉태의 성스러운 일로서 성행위를 하라.

다섯째, 음란물을 보거나 즐기지 마라. 음란물은 순간의 유혹이니, 타락의 길로 빠지는 지름길임을 알고 음란물을 항상 멀리하라.

이상 다섯 가지 불사음계를 잘 지키되, 이성 교제 그 자체를 죄악시하거나 부정한 것으로 생각하지 마라. 이성간의 교제를 통해 자신을 찾고 성적 자아 정체감을 확립하도록 노력할 것이며, 성적 욕망이 일 때에는 이를 잘 다스려 성행위의 책임을 질 수 있는 태도를 기를 일이니, 특히 이것은 청소년들이 생활 속에서 지켜야 할 올바른 불사음계이다.

보살의 조건 '사무량심'

-훌륭한 사람의 조건으로 네 가지 마음이 있다-

우리에게는 불성이 있다. 누구나 노력하면 붓다가 될 수 있는 것이다. 그러나 만일 노력하지 않고 그냥 살아간다면 그것은 중생의 삶이다. 항상 욕심에 차 있고, 욕심이 채워지지 않으면 성내고, 성을 참지 못하면 어리석은 행동을 하는 사람을 붓다는 '중생'이라고 불렀다.

이러한 중생의 삶은 인간다운 삶이 아니다. 인간은 적어도 보살의 삶을 지향해야 한다. 붓다는 깨달음을 이루기 위해 위로는 진리를 구하고, 아래로는 중생을 구제하기 위해 노력하는 사람을 '보살'이라고 불렀다. 보살은 모름지기 네 가지 끝없는 훌륭한 마음을 내야 한다. 이것이 바로 '사무량심四無量心'이다. 네 가지 무량심이란

자慈, 비悲, 희喜, 사捨를 말한다.

첫째, 자무량심은 자신의 욕심을 버리고 모든 생명을 위해 베푸는 것을 말한다. 말 그대로 희생과 사랑이요 아낌없이 주는 마음이다. 부모가 자식에게, 선생님이 제자에게, 건강한 사람이 불편한 사람에게, 돈이 있는 사람이 돈이 없는 이웃에게 한없는 사랑을 베푸는 것을 말한다. 또한 길가에 피어 있는 이름 모를 꽃이나 풀, 나무, 하늘, 공기 등 모든 우주적 생명체에게 한없는 마음을 내는 것도 자무량심이다.

둘째, 비무량심은 모든 생명체의 고통이나 슬픔을 자기의 아픔으로 생각하여 그것에서 벗어날 수 있도록 도와주는 것이다. 즉 슬픔을 같이 하는 마음이다. 미움과 분노의 불길에 휩싸여 있는 사람이 있다면 빨리 그 사람의 마음속에 들어가 그 미움과 분노를 함께 하고, 질병에 시름하고 있는 사람이 있다면 그 고통을 함께 나누는 것을 말한다. 또한 한낱 미물이라도 아파하거나 죽어가는 동물이나 식물을 보면 그 고통을 함께하는 것이다. 자무량심이 '아낌없이 주는 것'이라면, 비무량심은 '함께 나누는 것'이다.

셋째, 희무량심은 일체 생명의 기쁨을 함께 하는 마음이다. 우리 속담에 '기쁨은 나누면 배가 되고, 슬픔은 나누면 반으로 줄어든다.'는 말이 있다. 또 '사촌이 땅을 사면 배가 아프다.'는 말도 있다. 기쁨은 함께 나눌 수 있어야 한다. 친구가 잘 되면 시기하고 질투할 것이 아니라 진심으로 박수를 쳐주고, 자신을 이긴 사람이라 하여 적대감을 가질 것이 아니라 패배를 솔직히 인정하고 축하를 해주는 것이 희무량심이다.

넷째, 사무량심은 자신의 아집과 독선을 버리는 마음이다. 즉 자기중심적 사고에서 벗어나 누구나 평등하게 대하는 마음이다. 이 마음에는 사랑도 없고 미움도 없다. 누구를 보더라도 똑같이, 그리고 있는 그대로 대하는 마음뿐이다. 탐욕과 성냄과 어리석은 마음이 사라져서 일체의 분별을 하지 않는다.

부자를 대한다고 해서 허리를 굽히지 않고, 가난한 사람을 대한다고 해서 허리를 세우지 않는다. 상사를 대한다고 해서 아첨하듯 말하지 않고, 부하를 대한다고 해서 말을 함부로 하지 않는다. 누구라도 사심 없이 대하고 똑같이 마음을 내는 것이 사무량심이다.

붓다는 보살의 길을 가르치면서 이 사무량심을 설했다. 이 사무량심이야말로 보살이 가져야 할 필수 조건이라는 것이다. 만일 어떤 사람이 이 네 가지 마음을 항상 지닌다면 그 사람은 보살이다. 그런데 보살은 아무나 되지 못한다. 사무량심은 지니기가 어렵고, 또한 실천하기도 어렵기 때문이다.

오늘날 청소년 모두가 그런 것은 아니지만 자기밖에 모르고, 예의범절이 없으며, 선생님에게 대들고, 폭력을 휘두르는 학생들이 종종 보인다. 또한 흡연과 음주, 학교폭력, 게임중독, 학업중단이 빈번하게 일어나고, 심지어는 잘못된 이성교제로 인한 낙태, 스스로 목숨을 버리는 자살 등도 자행한다. 어찌 보면 청소년의 위기요 교육의 실패일 수 있다.

어떻게 해야 할까? 사무량심, 즉 한없이 훌륭한 네 가지 마음을 지니고 생활 속에서 실천하는 것뿐이다.

무엇이 훌륭한 마음인가?

네 가지 훌륭한 마음을 내어라. 첫째는 베푸는 마음이다. 이것은 내가 가진 것을 남에게 아낌없이 주는 것이다. 조건 없이 주어라. 알 수 없는 희열이 안으로부터 터져 나올 것이다.

둘째는 나누는 마음이다. 다른 사람이 괴로워하고 슬퍼할 때 그 고통을 함께 나누어 보라. 친구가 아프다고 하면 같이 아파해 보라.

안으로부터 흘러나오는 눈물을 보고, 자신이 얼마나 아름다운 존재인지를 깨달을 것이다.

셋째는 같이 기뻐하는 마음이다. 남이 잘 된 것에 대하여 함께 축하하고 박수를 쳐 주어라. 함께 즐기는 것은 기쁨을 배로 하는 것이니 이는 큰 공덕을 쌓는 것이다.

넷째는 버리는 마음이다. 자기만 잘 났다는 마음을 버려라. 자기만 잘 났다는 마음은 자신에게 해로울 뿐 아니라, 주위사람들의 눈살을 찌푸리게 한다. 그리고 이는 스스로 왕따로 가는 지름길이다.

부디 이 사무량심을 항상 지니고 실천하라. 그러면 그대들 모두 미래에 훌륭한 보살이 될 것이다.

공부의 허와 실

-나에게도 좋고 남에게도 좋은 공부를 하라-

우리나라 학생들의 학습량은 대단하다. 한국을 방문하는 외국인이 밤 11시까지 고등학교에 불이 켜져 있는 것을 보고, 무척 놀랐다는 이야기는 어제오늘의 이야기가 아니다. 학교 교육만으로 만족스럽지 못하여 학원이다 과외다 야단을 떨며, 멀리 외국으로 유학까지 보낸다. 이를 보면 한국은 교육열 1위 국가임에 틀림없다.

문제는 교육열이 높은 만큼 국민의 의식 수준이 높아야 하는데, 그렇지가 못하다는 데 있다. 특히 도덕 수준은 말이 아니다. 오히려 공부를 많이 했다는 사람들이 부모에게 불효하고, 온갖 사회의 부정부패를 저지르는가 하면, 성범죄를 일으키고 공공연히 폭력을 휘두른다.

또한 학생들이 공부를 열심히 하는 만큼 청소년 문제가 줄어야 하는데 그렇지가 못하다. 각종 청소년 비행은 이제 그 도를 넘은 듯하다. 웃어른에 대한 예의가 무너지고, 선생님에 대한 존경이 사라졌으며, 이웃과 친구에 대한 따뜻한 도움마저도 외면하려 한다. 오직 자신이 최고라고 생각하며, 자신의 마음에 들지 않는 것에는 쉽게 짜증을 낸다.

이런 아이러니를 어떻게 설명할 수 있을까. 상식적으로 생각하면 공부를 많이 하면 할수록 지식 수준이 높아지고, 훌륭한 태도가 형성되고, 인간다운 인간으로 성장해야 한다. 적어도 공부를 한 사람이라면 자신을 낳아준 부모에게 감사할 줄 알고, 자신을 가르쳐준 선생님을 존경할 줄 알고, 이웃에게 사랑을 베풀 줄 아는 그런 인간이 되어야만 할 것이다.

그런데 그렇지가 않다. 이는 공부를 왜 하는지에 대한 목적 의식에 문제가 있기 때문이다. 우리나라 대부분의 학생들은 공부의 목적이 출세 지향적이다. 좋은 대학에 가기 위해서, 좋은 직장에 취직하기 위해서, 좋은 여자나 좋은 남자 만나기 위해서 등, 한마디로 남보다 유리한 사회적 위치에 서기 위해서 공부한다고 해도 틀린 말이 아니다. 적어도 좋은 대학에 가기 위해 입시 공부를 하는 학생들의 마음에는 이러한 생각이 깔려 있다. 공부 자체가 좋아서 하는 학생이나, 국가 사회에 공헌하기 위해 공부하는 학생이 있다면 오히려 비웃음을 받을지도 모른다.

오늘날 청소년 문제가 심각해지고, 학교 교육이 무너지는 가장 근본적인 이유는 공부다운 공부를 하지 않는 데 있다. 사람들에게 공부는 출세의 수단이요 도구에 불과한 것으로 인식되어 있다. 많은 학생들이 공부에 싫증내는 이유가 바로 여기에 있다. 억지로 공부해야 하기 때문에 싫은 것이다. 그 중요하고도 신성한 공부를 어쩔 수 없이 해야 하는 애물단지로 여기고 있는 학생이 많다.

'공부工夫'란 어떤 뜻일까? 원래는 '공사장에서 땀 흘려 일하는 작업 인부'를 뜻하는 말이었다. 그런데 중국에서 선종 불교가 발달하면서 '묵묵히 수행을 위해 쉬지 않고 열심히 노력하는 것'을 나타내는 말이 되었다. 그 이유는 수행자가 열심히 수행하는 모습이 마치 공사장의 인부와 같았기 때문이다. 공사장의 인부는 자신과 자신의 가족이 먹고 살기 위하여 일을 하는 것이지만, 공사가 원만히 이루어져 다른 사람이 행복해질 수 있도록 일 그 자체에 온갖 정성을 쏟는다. 이것은 마치 수행자가 진리를 깨치기 위해 수행을 하지만, 그 깨침이 수많은 사람들에게 희망의 빛이 되도록 하려는 것과 같다. 그래서 '공부'하면 불교 수행 그 자체를 말하는 것이 되어버렸다.

그러면 붓다는 어떤 공부를 하라고 할까? 붓다는 공부를 하되 '자리이타自利利他', 즉 자신에게도 이롭고 남에게도 이로운 그런 공부를 하라고 가르쳤다. 자신에게만 이로운 공부는 이미 공부가 아니다. 왜냐하면 그것은 자기 욕심만 채우려고 하는 이기심에서 나온 것이기 때문이다. 그런 공부는 어디까지나 자기만의 행복을 위한 공부라서 권장할 것이 못된다.

붓다는 자기에게도 이로울 뿐더러 남에게도 이로운 공부를 하는 것을 '원력顧力'이라고 가르쳤다. 자리이타의 공부가 곧 원력인 것이다. 원력이란 무엇을 하든지 먼저 남을 먼저 생각하는 태도가 배어 있어 그 자체가 힘으로 작용하는 것을 말한다. 공부를 하되, 공부하는 뚜렷한 이유가 있어야 한다. 이 공부를 하여 지구온난화 문제를 해결한다든지, 이 공부를 하여 민족 통일에 공헌한다든지, 이 공부를 하여 물리학의 새 지평을 개척한다든지 하는 것 등이다. 붓다의 경우, 이 공부를 하여 고통 받고 있는 모든 생명들을 구제하고야 말겠다는 뚜렷한 이유가 있었다.

이렇게 원력이 있는 공부는 신바람이 나고, 어딘지 모르게 힘이 솟는다. 예를 들어, 성직자의 경우 몸은 야위었어도 어딘지 모르게 힘이 배어 있고, 얼굴에는 항상 미소가 흐르는 것을 볼 수 있다. 붓다가 그랬고, 예수가 그랬고, 간디가 그랬다. 왜 그랬을까. 원력이 있었기 때문이다. 고통 받는 모든 사람들을 구제하고야 말겠다는 맹세가 그들 가슴에 새겨져 있었기 때문이다. 사람이 원력을 가지면 어딘지 모르게 마법의 힘이 솟아 나오는 법이다. 이는 달리 표현하면 '불심(부처님 마음)'이 솟아남이요, '신성(신적인 성품)'이 드러남이다.

붓다는 원력을 가지고 공부하라고 한다. 단지 '공부를 위한 공부'를 하지 말고, '공부다운 공부'를 하라고 한다. 공부다운 공부란 원력 있는 공부를 말한다. 원력이 있는 공부야말로 오늘날 청소년 문제를 해결하는 열쇠가 될 것이다.

공부란 무엇인가?

공부를 하되 원력을 가지고 하라. 단지 대학 가서 출세하고, 출세하여 잘 살기 위해서 하는 공부라면 얼마나 재미없는 공부인가? 수행자가 자신의 존재를 깨우치고 그 깨우침으로 세상을 밝히기 위해 불철주야 눈을 부릅뜨고 수행하는 것처럼 학교 공부도 그렇게 하라.

공부는 우선 자신을 닦는 것임을 알라. 자신을 닦는 공부가 공부다운 공부이다. 공부를 통해 자아를 실현할 뿐만 아니라 사회 정의를 실현하고, 인류를 구제할 수 있어야 한다. 그런 공부는 참으로 큰 공부이다. 그런 공부를 하면 왠지 힘이 솟는다. 아무리 공부해도 지치지 않는다. 이를 나는 참다운 공부라 부른다. 청소년들이여, 부디 참다운 공부를 하라.

돈 한 푼 없어도
베풀 수 있는 방법

-아낌없는 보시로 자비의 마음을 실천한다-

언젠가 신문 사회면에 가슴을 뭉클하게 하는 기사가 실린 적이 있다. 부산에서 암 투병을 하던 팔순의 사업가가 자신의 죽음을 예견하고는 자신이 평생 벌어 놓은 시가 50억 상당의 땅을 경성대학교 장학기금으로 선뜻 내놓았다는 기사였다. 기사에 따르면 이분이 주택건설업과 섬유 업체를 경영해 돈을 모았고, 평소 헌옷을 기워 입고 살면서 불우한 청소년들에게 많은 장학금을 전달해 왔다고 한다.

삶이 점점 메말라 가고 있는 요즘 이와 같은 이야기는 심금을 울린다. 그것도 불우한 청소년들에게 장학금으로 주라고 한 것이 더욱 뭉클하게 다가온다.

어떤 삶을 살아야 할까? 어떤 삶이 멋진 삶일까? 공부 잘 하는 것도 중요하고, 나중에 잘 사는 것도 중요하다. 그러나 자비의 마음으로 내가 가진 것을 조금이라도 남에게 베푼다면 얼마나 멋진 삶이 될 것인가?

붓다는 베푸는 삶, 즉 '보시布施'를 실천하라고 말한다. 사람은 모름지기 베풀 줄 알아야 하고, 베푸는 것이 곧 부처가 되는 길이라고 한다. 대승 경전에서는 육바라밀을 강조하고 있는데, 그 중에서 베푸는 행위인 보시를 제일의 수행 원칙으로 삼는다. 보시는 아낌없이 남에게 자신의 것을 베푸는 것이다. 이를 위해서는 자비의 마음이 우러나와야 한다. 그렇다면 자비의 마음은 어디서 나오는 것인가?

붓다는 삼라만상의 법칙을 연기법으로 설명했다. 즉 모든 것은 서로서로 의지하고 있어서, 이것이 있으므로 저것이 있고, 저것이 있으므로 이것이 있다. 따라서 이것이 없으면 저것도 없고, 저것이 없으면 이것도 없다. 모든 것은 이렇게 상의상관적 관계에 놓여 있다. 마치 논에 볏단이 서로를 의지하고 서 있어서, 한쪽이 쓰러지면 나머지도 쓰러지는 이치와 같다.

또 커다란 그물에 코마다 서로를 비출 수 있는 구슬이 달려 있는데, 여기서 한 코의 구슬을 건드리면 다른 구슬까지도 흔들리는 것처럼 우리 사는 세상은 서로 얽혀 있다. 그러니 어찌 홀로 잘났다고 할 것이며, 어찌 혼자의 힘으로 다 되었다고 할 수 있겠는가?

자비의 마음은 바로 여기서 나온다. 이 세상 모든 것이 나 혼자의 힘으로 된 것이 아니기에 베풀어야 한다는 것이다. 학생이 있기에 교사가 있고, 사원이 있기에 사장이 있고, 꼴찌가 있기에 일등이 있는 것이며, 못생긴 사람이 있기에 잘생긴 사람이 있는 것이다.

자비에서 '자(慈)'는 가지고 있는 것을 남에게 주는 것이다. 보시 가운데 자신이 가지고 있는 물질을 베풀어 주는 것을 '재보시'라고 하고, 자신이 알고 있는 진리를 남에게 전해주는 것을 '법보시'라고 한다. 이는 '자'의 훌륭한 실천이다. '비(悲)'는 슬픔을 같이 하고, 고통을 조금씩 나누어 갖는 것이다. 고통에 처하면 두렵고 힘들어진다. 이 두렵고 힘든 상황을 덜어주는 것을 '무외보시'라고 한다. 무외보시는 비의 훌륭한 실천이다.

붓다는 베푸는 대상을 고정해 놓지 않았다. 예를 들어, 예수의 사랑에 대한 가르침은 그 대상이 신과, 그의 피조물인 사람에게 한정되고 있는데, 붓다의 자비의 가르침은 모든 대상에 걸쳐 있다. 붓다가 강조하는 오계 중의 첫째는 "살인하지 마라."가 아니라, "살생하지 마라."이다. 붓다의 가르침에 의하면 하다못해 기어가는 개미도 죽여서는 안 된다. 왜냐하면 모든 것이 연기법으로 얽혀 있어 개미와 인간이 둘이 아니기 때문이다.

붓다는 또 베푸는 것에 대하여 '무재칠시(無財七施)'를 가르쳤다. 이것은 가진 것이나 아는 것이 아무것도 없어도 할 수 있는 일곱 가지 보시를 말한다. 오로지 베풀고 싶은 마음만 있으면 할 수 있는 보시다. 돈이 없어서, 여유가 없어서, 아직 어려서 보시를 못했다면 그것은 핑계일 수 있다. 무재칠시는 생활 속에서 누구나 실천할 수 있기 때문이다. 『잡보장경』에서 붓다는 무재칠시를 다음과 같이 말한다.

첫째는 안시眼施로, 부드럽고 편안한 눈빛으로 사람을 대하는 것을 말한다. 둘째는 화안열색시和顏悅色施로, 자비롭고 미소 띤 얼굴로 사람들을 대하는 것을 말한다. 셋째는 언사시言辭施로, 공손하고 아름다운 말로 사람들을 대하는 것을 말한다. 사랑의 말, 칭찬의 말, 위로의 말, 격려의 말, 양보의 말, 부드러운 말 등을 건네는 것이다. 넷째는 신시身施로, 몸으로 직접 남을 돕는 것을 말한다. 지나가는 사람의 물건을 들어준다든지, 쓰러진 사람을 일으켜 세워준다든지 하는 것이 좋은 예이다. 몸가짐과 차림을 바르게 하고 사람을 대하는 것도 신시이다. 다섯째는 심시心施로, 착하고 어진 마음을 가지고 사람을 대하는 것을 말한다. 여섯째는 상좌시床座施로, 장소와 자리를 권하고 양보하여 주위 사람들의 불안정한 마음을 편안하게 해주는 것을 말하다. 전철이나 버스를 탔을 때 노약자에게 자리를 양보하는 것은 좋은 예이다. 일곱째는 방사시房舍施로, 걸인이든 누구든 찾아오는 사람이 있으면 하룻밤 재워 주고 밥을 주는 것을 말한다.

어떤 삶을 살아야 할까?

붓다의 쪽지

　베풀 줄 알아라. 베푸는 것은 큰 공덕이다. 친구에게 먼저 베풀어 보아라. 반드시 그것은 다시 돌아온다. 가진 것이 없어도 상관없다. 마음으로 베풀어라. 부드러운 눈길과 따뜻한 말 한마디, 그리고 미소로 사람을 대하고 몸으로 봉사하라. 그리고 조그만 일에도 감사하다는 말을 잊지 마라. 힘든 자가 있거든 자리를 양보하고, 친구가 멀리서 찾아오거든 재워 주고 음식을 대접하라. 복은 자신이 짓는 것이다. 절대로 남이 지어주는 것이 아니다.

진자리 마른자리

-어머니의 뼈는 죽어서 가볍다-

우리 옛말에 "효는 백 가지 행의 근본이다."라는 말이 있다. 그만큼 효는 모든 것의 근본이 된다. 효심이 없는 사람은 무엇을 해도 인정받을 수가 없다. '효(孝)'라는 한자를 보면 자식(子)이 어른(老)을 업고 있는 형태이다. 효는 부모를 모시고 공경하는 것으로부터 시작된다는 의미이다.

역사적으로 붓다만큼 효를 강조한 성인도 없다. 붓다는 여러 경전에서 부모에 대한 효를 강조하고 있는데, 가장 대표적인 것은 『부모은중경』에 나오는 다음의 가르침이다.

붓다가 제자와 대중들을 데리고 남쪽으로 가고 있었다. 한참을 가노라니 어느 무덤가에 이르렀다. 무덤가에는 파헤쳐서 드러난 마른 뼈들이 여기저기 널려져 있었다. 붓다는 그 뼈 무더기를 향해 절을 했다.

이를 지켜 본 제자 아난이 여쭈었다.

"세존(붓다의 다른 이름)이시여, 세존께서는 이 세상에서 가장 높은 스승이신데 어찌하여 볼품없는 뼈 무더기에 절을 하시나이까?"

그러자 붓다는 제자의 어리석음을 꾸짖으면서 말했다.

"이 뼈들은 지금 보기에는 볼품없지만 전생에 나의 조상이었을 지도 모르고, 또 나의 부모이었을지도 모르므로 절을 한 것이다."

이 말을 들은 아난은 부끄러워하며 고개를 떨구었다. 그러자 이번에는 붓다가 아난에게 물었다.

"아난아, 이 뼈들을 남자의 뼈와 여자의 뼈로 나누어 보아라"

붓다의 엉뚱한 질문에 아난은 몹시 당황하였다. 아난이 붓다에게 다시 여쭈었다.

"세존이시여, 남자와 여자가 살아 있을 때에는 그 옷과 생김새를 보고 구별할 수 있겠지만, 죽은 뒤에는 똑같은 백골뿐인데 어찌제가 남녀의 뼈를 분별할 수 있겠습니까?"

"아난아, 정령 모르겠느냐? 만일 남자라면 세상에 살아 있을 때절에 가서 불경 읽는 소리를 듣기도 하고, 불·법·승 삼보께 예배도 올리고, 염불도 하였을 것이므로 그 뼈가 희고 무거울 것이나, 만일 여자라면 아기를 한번 낳을 때마다 서 말 서 되의 피를 흘리고, 여덟 섬 너 말의 젖을 먹여야 하므로 뼈가 검고 가벼울 것이다."

아난이 가슴을 저미는 듯 눈물을 흘리며 붓다에게 여쭈었다.

"세존이시여, 어떻게 하면 어머니의 은혜를 갚을 수 있겠습니까?"

이에 붓다는 조용히 설법하기 시작했다.

"자세히 듣고 명심하라. 지금부터 어머니가 아기를 가져 출산하기까지 열 달 동안 겪어야 하는 고통에 대해 설명하겠다.

어머니가 아기를 수태한 첫째 달에는 마치 풀끝에 맺힌 이슬방울이 아침에 있다가도 낮이 되면 없어지듯이, 새벽에는 피가 모였다가 오후에는 흩어져 버린다. 둘째 달에는 잘 끓인 우유죽이 한 방울 떨어진 것 같다. 셋째 달에는 흡사 엉킨 피와 같고, 넷째 달에는 점점 사람의 모양을 이루며, 다섯째 달에는 다섯 부분인 오포가 생기니 오포란 머리와 두 팔꿈치와 두 무릎이다. 여섯째 달에는 여섯 정기가 열리니, 눈·귀·코·혀·몸·마음 등을 여섯 정기라 한다. 일곱째 달에는 삼백육십 마디와 팔만사천 털구멍이 생기고, 여덟째 달에는 뜻과 지혜가 생기고 아홉 구멍이 생긴다. 아홉째 달에는 아기가 어머니 뱃속에서 먹기를 시작하는데 복숭아와 배, 마늘이나 오곡은 먹지 않는다. 어머니의 생장^(심장 등의 오장)은 아래로 향하고, 숙장^{소화기 계통의 6부)}은 위로 향하여 한 더미의 산과 같으니 이것을 혈산^{血山}이라 하는데, 이것이 한 번 무너지면 한줄기의 피가 되어서 아기의 입으로 들어간다.

어머니가 아기를 수태한 지 열째 달에는 마침내 아기를 낳게 되는데, 그 아기가 만일 부모에게 효도하는 착한 자식이라면 두 손을 모으고 나오면서 어머니를 괴롭히지 않지만, 만일 착한 자식이 아니라면 어머니의 태를 깨뜨리거나, 다리로 어머니의 골반뼈를 다치게도 하여 어머니는 천 개의 칼로 찌르거나, 만 개의 창으로 가슴을 쑤시는 듯한 고통을 느끼게 된다."

붓다의 말을 듣고 있던 제자들과 대중들은 한결같이 눈물을 흘리고 있었다. 붓다는 어머님의 은혜를 다음과 같이 게송^(깨달음을 시로 읊은 노래)으로 읊었다.

첫째, 태에 실어 보호하는 은혜. 여러 겁 내려오며 인연이 깊고 깊어 금생에 다시 와서 모태에 의탁했네. 달수가 차면서 오장이 생기었고, 여섯 달 되어서는 산보다 더하였고, 거니는 그때마다 찬바람 겁이나니 고운 옷 생각 없어 입어도 보지 않고 머리맡 거울에는 먼지만 가득하네.

둘째, 해산할 때 고통 받은 은혜. 뱃속에 아기 배어 열 달이 다 가오니 순산이 언제일까 손꼽아 기다리네. 나날이 기운 없어 큰 병 든 사람 같고 어제도 오늘도 정신이 흐리도다. 두렵고 겁난 마음 무엇에 비교할까. 근심의 눈물만이 가슴에 가득하네. 슬픔의 눈빛으로 친척에게 말하기를 죽음이 닥쳐올까 두려울 뿐이라네.

셋째, 아기 낳고 근심을 잊은 은혜. 어지신 어머니 나의 몸 낳으실 때, 오장과 육부까지 찢기고 에이는 듯 정신이 혼미하고 몸까지 쓰러지니 흘린 피 너무 많아 그 모습 창백하다. 아기가 건강하다 좋은 말 들으시면 반갑고 기쁜 마음 견줄 데 없지만은 기쁨이 지난 뒤엔 슬픔 맘 다시 나며 아프고 괴로움이 온몸에 사무치네.

넷째, 쓴 것 삼키고 단 것 받아 먹여준 은혜. 어버이 깊은 은혜 바다에 비할 건가. 귀여워 사랑하심 영원히 변치 않네. 단것은 모두 모아 아기에게 먹이고 쓴 것만 잡수셔도 그 얼굴 밝으시네. 사랑이 깊으시니 아기 위해 밤낮 없고 은혜가 높으시니 슬픔이 몇 곱일세. 어머니 일편단심 아기 배불리고자 며칠을 굶은들 그 어찌 마다하랴?

다섯째, 마른 자리 아기 뉘고 젖은 데로 눕는 은혜. 어머니 당신

몸은 백 번이 젖더라도 아기는 어느 때나 마른 데 누이시며, 두 젖을 먹이어서 아기 배불리시고 찬바람 쏘일세라 소매로 가리시네. 아기를 돌보느라 잠 한번 편히 자랴. 두둥실 둥개둥개 안아서 놀리시니 아기만 편하다면 무엇인들 사양하며 어머니 그 몸이야 고된들 어떠하랴?

여섯째, 젖 먹여 양육하신 은혜. 어머니 그 큰 은혜 땅에다 견주리까? 아버지 높은 은덕 하늘에 비기리까? 높고 큰 부모 은공 천지와 같으니 자식을 사랑하는 부모 뜻 다르리오? 눈과 코 없더라도 조금도 밉지 않거늘 손과 발 못쓴다고 싫은 맘 있으리오? 배 갈라 낳은 자식 병신이 더 귀여워 온종일 사랑해도 정성은 끝없어라.

일곱째, 똥오줌 가려 주신 은혜. 지난날 어머니 얼굴 꽃보다 더 고왔고 옥같이 아름답고 솜같이 부드러워 예쁘게 그린 눈썹 버들잎 부끄럽고 두 볼에 붉은빛은 연꽃도 수줍었네. 은혜가 깊을수록 어머니 얼굴 여위었고 기저귀 빠느라고 손발이 거칠었네. 아들딸 기르노라 고생도 극심하여 어머님 꽃 얼굴에 주름살 잡히었네.

여덟째, 먼길 가면 걱정하는 은혜. 죽어서 영이별도 잊을 수 없지만은 살아서 이별함도 마음을 끊는구나. 자식이 집을 떠나 먼 길을 가게 되면 어버이 그 마음은 자식을 따라가네. 이 마음 밤낮으로 자식을 생각하여 두 눈에 흘린 눈물 천 줄기 만 줄기라. 원숭이 자식사랑 창자를 끊듯이 어버이 자식걱정 그보다 더하여라.

아홉째, 자식 위해 애쓰는 은혜. 어버이 크신 은혜 바다에 비하리오? 산보다 높으시니 어떻게 갚으리오? 자식의 온갖 고생 대신하길 소원하오. 아들이 괴로우면 부모 맘 편치 않네. 아들딸 길을 떠나 먼 길을 가게 되면 밤이면 추울세라 낮이면 주릴세라. 자식들 잠시라도 고통 받게 되면 어버이 근심걱정 하루가 삼추로다.

열 번째, 끝까지 사랑하신 은혜. 아버지 어머니의 그 은혜 어떠한가? 자식을 생각하심 잠신들 쉬오리까? 서거나 앉았거나 마음은 따라가고 멀거나 가깝거나 사랑은 같을세라. 늙으신 부모 나이백 살이 되었어도 여든 된 아들딸을 행여나 걱정하네. 부모님 깊은은공 언제나 끝일런지 이 목숨 다한 뒤나 혹시나 다하려나?"

또 『불설아속달경』에 보면 다음과 같은 붓다의 가르침이 있다.

"부모가 자식을 낳아 양육하고 젖을 먹이어 키우는 것은 해와 달빛을 보게 하려는 것이니, 부모는 천하 만물을 자식에게 보여서 선악을 알게 한다. 그러므로 자식이 한 어깨에 어버지를 지고, 다시한 어깨에 어머니를 업고서 다니기를 수명이 다할 때까지 하며, 다시 보물·명월주·옥구슬·유리·산호·금수에게서 자연히 나오는 흰 구슬을 모두 몸에 달아 드리더라도 부모의 은혜는 갚을 수가 없다."

이 외에도 붓다는 많은 경전에서 부모의 효에 대한 설법을 해 놓았다. 한결같이 부모의 은혜가 막중하므로 자식은 항상 그 은혜에 감사하며 부모에게 효도를 다하라는 가르침이다.

부모에 대한 효심이 사라져 가고 심지어는 부모를 버리기까지하는 오늘날, 아이를 낳고 젖을 먹여서 검고 가벼운 뼈를 남기는 어머니 이야기가 더욱 가슴 아프게 다가온다.

어머니의 뼈는 왜 가벼울까?

부모에게 효도하라. 부모를 섬길 줄도 모르는 사람이 공부를 아무리 잘 하여 성공한들 무슨 소용이 있을까? 부모의 은혜는 열 가지가 있다. 이를 마음에 새기고 늘 독송하라. 마음에 새기다보면 언젠가는 효심이 열려 부모 를 공경하게 되나니, 그보다 더 좋은 공덕은 없다.

만일 부모를 섬기지 않고 버리는 사람이 있다면 천길 지옥에 떨어질 것 이요, 내생에 응당 금수로 태어날 것이다. 이를 잘 명심하라.

04

좋은 마음, 좋은 인연

이익을 분에 넘치게 바라지 마라.
이익이 분에 넘치면
어리석은 마음이 생기게 되나니,
그래서 붓다는
"적은 이익으로써 부자가 되라." 라고 말씀하셨다

『보왕삼매론』

마음이란 그림을 그리는 것

-모든 것은 마음의 작용이다-

사람들은 살아가면서 기뻐하기도 하고, 성내기도 하고, 슬퍼하기도 하고, 즐거워하기도 한다. 또한 사랑하기도 하고, 미워하기도 하고, 누군가에게 무언가를 바라기도 한다.

그런데 이러한 감정들은 보는 대상이나, 시간이나, 장소에 따라 다르게 나타난다. 즉 똑같은 대상인데도 어떨 때 보면 기쁘고, 다를 때 보면 슬프다. 또 똑같은 대상인데도 어떤 곳에서 보면 기분이 좋고, 다른 곳에서 보면 기분이 나쁘다.

어디 그 뿐인가. 어떤 것을 골똘히 생각하다 보면 다른 것은 보이지 않고 오로지 생각하고 있는 것만 보이는 경우도 있다. 나의 지인 중에 장의 사업을 하는 사람이 있는데 이 사람은 산비탈에 자주 올라가야 하므로, 기존의 승용차를 팔고 중고 지프로 바꾸고 싶어 했다. 그래서 하루는 마음먹고 시내 중고차 시장을 돌아다녔는데, 하루 종일 눈에 지프만 보이더라는 것이다. 다른 것은 눈에 들어오지 않고 마음속에서 '지프, 지프' 하니까 실제로 지프만 지나가더란 것이다.

왜 그럴까. 서양의 심리학이 이러한 마음의 작용에 대하여 많은 부분을 언급하고 있지만 명쾌한 답을 주지는 못한다. 프로이드나 융 같은 훌륭한 심리학자가 결국은 붓다의 가르침에서 뭔가 시사를 받았다는 것은 주목할 만한 점이다.

붓다의 가르침에 의하면, 사람에게 드러나는 모든 것은 한마디로 '마음 작용'의 결과이다. 모든 것은 마음이 만든다는 것이다. 따라서 마음이 없으면 대상도 없고 감정도 없고 행동도 없다.

『화엄경』에서 붓다는 "마음은 그림을 그리는 것과 같아서 여러 가지 세상일을 그려내나니, 온갖 정신 작용이 이를 쫓아 나는 것이라서 마음이 만들지 않는 것이 없다."고 가르치고 있다. 이는 우주의 온갖 존재는 마음이 빚어낸 산물이므로 마음을 여의고 존재하는 것은 없으며, 마음은 존재하는 모든 것의 본체로서 유일하게 실재實在하는 것이라는 말이다.

붓다의 이러한 가르침을 따르고 학문적으로 주장하는 논리 체계가 '유심론唯心論(유식학파)'이다. 이 유심론에서 마음의 작용에 대하여 면밀한 체계를 세워 놓고 있다. 유심론에서 사람의 마음을 '식識'이라 하는데, 이는 분별하고 판단하는 인식 작용을 말한다. 이 식은 모두 여덟 가지 식으로 이루어져 있다^(불성에 해당하는 제 9식 '아마라식' 까지 합하여 아홉 가지로 보기도 함). 전5식^{前五識}과 제6식, 제7식, 그리고 제8식이 그것이다.

우선 전5식이란 무엇인가? 말 그대로 제6식 이전의 인식 작용을 말한다. 눈으로 보아서 생기는 안식^{眼識}, 귀로 들어서 생기는 이식^{耳識}, 코로 냄새 맡아서 생기는 비식^{鼻識}, 혀로 맛봐서 생기는 설식^{舌識}, 피부로 접촉하여 생기는 신식^{身識} 등이 전5식이다.

우리 몸에는 바깥의 경계를 안으로 들여오는 다섯 개의 감각 뿌리가 있다. 이를 '다섯 가지 근^根' 이라고 하는데 눈·귀·코·혀·피부 등이 그것이다. 이는 각각 눈으로는 물질을 보고, 귀로는 소리를 들으며, 코로는 냄새를 맡으며, 혀로는 맛을 느끼며, 피부로는 촉감을 느낀다. 여기서 물질·소리·냄새·맛·촉감 등 다섯 가지 바깥 경계를 '다섯 가지 경^境' 이라고 한다.

따라서 전5식이란 다섯 가지 감각 기관이 바깥의 다섯 가지 경계를 만나 생기는 다섯 가지 인식 작용이다. 이 5식은 동물에게나 사람에게나 공통적으로 있는 기초적인 정신 능력이다.

다음으로 제6식이란 무엇인가? 이는 뜻으로 분별하고 판단하는 '의식^{意識}' 을 말한다. 이 의식은 전5식이 받아들인 것을 종합적으로 분별 판단하는 '정신 작용' 을 말한다. 이 의식은 뇌를 뿌리로 하여 원리나 법칙 등의 바깥 경계를 받아들이는 작용을 한다.

예를 들어, 여자 친구가 있다고 하자. 우선 눈으로 그 모습을 보고 귀로 그녀의 목소리를 들을 수 있다. 머리에서 신선한 샴푸 향기도 맡을 수 있다. 입으로 키스해 볼 수도 있고, 손으로 만져볼 수도 있다. 이런 것은 전5식이 하는 일이다. 그러나 그 여자 친구의 성격이나 개성은 전5식의 인식으로 알 수 없다. 전5식의 기초 위에서 종합적으로 판단이 이루어질 때 성격이나 개성은 파악된다. 종합적으로 판단할 수 있는 이 능력이 뇌의 정신 작용으로서 바로 제6식이다.

제6식부터는 동물에게는 없고 우리 사람에게만 있는 정신 능력이다. 서양 사람들은 이를 '이성'이라고 했다. 그래서 제6식은 우리 사람에게 매우 중요한 인식 작용이다. 제6식은 우리 몸의 뇌에 해당하는 것으로, 바깥으로부터 들어오는 온갖 정보를 분별하고 판단하는 역할을 한다.

한마디로, 총체적 교통정리 기관이다. 보거나 듣거나 냄새 맡거나 맛보거나 접촉하였을 때, 그 순간마다 적절한 판단을 내린 후 각각 해당 신경을 통해 반응을 하게 한다. 즉 아름다운 것을 보면 눈이 번쩍 뜨이고, 추한 것을 보면 고개를 돌려 눈을 피한다. 좋은 음악이 들리면 귀를 쫑긋 세우고, 굉음이 들리면 귀를 막는다. 이는 모두 제6식의 작용 때문이다. 제6식은 바깥 대상을 받아들이면서 마음에서 좋다, 싫다, 기쁘다, 슬프다, 두렵다 하는 감정이 일어나는 것을 보고 바로 행동을 지휘 통제하는 것이다.

다음으로 제7식은 무엇인가? 이를 유심론에서 '말나식末那識'이라고 한다. 말나식은 제6식 밑에 자리 잡고 있다. 우리는 흔히 마음이라고 하면 제6식이 전부라고 생각할 수 있는데, 그 밑에 또 다른 인식 작용이 있다는 것이다. 이것이 바로 제7식이다. 이것은 밑에서 제6식을 조정하고 통제한다.

그렇다면 이러한 제7식은 어떻게 하여 생기는가? 여섯 가지 인식 기관, 즉 눈·귀·코·혀·피부 등 다섯 감각 기관(전5식)과 뇌라는 정신 작용 기관(제6식)이 각기 바깥 경계를 받아들여 무언가 반응을 한다. 이때 어떤 식으로 반응할까. 당연히 바깥 경계를 자기중심적으로 받아들인다. 즉 '이것은 나에게 좋은 거야, 저것은 나에게 이롭지 않아, 이것은 정말 싫은 거야.' 하면서 나름대로의 자기 잣대를 형성한다. 다시 말해, 바깥의 객관적 대상에 대하여 주관적 의식이 만들어지는 것이다. 붓다는 이를 '집착하는 마음' 이라고 했다.

현대 심리학에서는 붓다가 발견한 이 마음을 '자아의식' 이라고 하는데, 이놈은 성질이 고약하여 자신에게 아집과 편견을 만들고 본래 깨끗했던 마음을 더럽힌다. 그래서 이 제7식을 '염오의染汚意', 즉 오염된 의식이라고 한다. 이 마음은 제6식보다 잘 드러나지 않고, 한번 굳어지면 오래간다.

그러면 마지막으로 제8식을 살펴보자. 유심론에서는 이를 '아뢰야식阿賴耶識' 이라고 한다. 사람의 인식 작용 가운데 제일 밑에 형성되는 것이다. 이를 서양 심리학자들은 '잠재의식 또는 무의식' 이라고 부른다. 제8식은 가장 심층에 자리 잡는 의식으로서 제7식을 조정하고 통제한다. 마음의 근본 뿌리는 바로 이 아뢰야식이다. 붓다는 업과 윤회를 설하면서 이 아뢰야식이 바로 윤회의 씨앗이 된다고 가르쳤다.

제7식이 작용하면서 바깥 경계를 자기중심적으로 받아들이려고 하지만, 일단 보거나, 듣거나, 냄새 맡거나, 맛보거나, 촉감을 느끼거나, 뜻으로 판단하거나 하는 모든 외적·내적인 인식 경험은 어딘가에 저장된다.

예를 들어, 어떤 사람이 길을 가다가 마음에 드는 물건이 있어 그것을 훔치려고 했다고 하자. 그러나 생각해 보니 그것은 도리에 맞지 않는 것 같아서 그만 두었다. 이럴 경우 그 마음은 아주 없어져 버리는 것일까? 그렇지 않다. 그 마음의 흔적은 없어져 버리지 않고 어딘가에 저장된다.

이 저장되는 곳이 바로 제8식 아뢰야식이다. 아뢰야식은 마음의 거대한 창고로, 온갖 것들이 저장되는 곳이다. 제6식을 통과하고, 제7식을 통과한 모든 의식 작용은 어디로 사라지는 것이 아니라, 제8식에 그대로 침전되는 것이다. 평상시에는 전혀 의식하지 못하다가 꿈속에 온갖 잔상들이 나타나는 것은 바로 제8식 작용 때문이다.

마치 바다에 온갖 것들이 떠내려 와 떠다니다가 물고기의 먹이가 되기도 되고, 부식되어 없어지는 것 같지만, 그 과정에서 생긴 부산물이 밑으로 가라앉아 큰 침전물을 이루는 것과 같다. 이 침전물은 바다의 큰 에너지로 작용한다. 마찬가지로 제8식은 마음의 가장 큰 에너지로 작용한다. 다시 태어나는 윤회의 씨앗이 되며, 개개인의 성격과 적성과 능력을 만든다.

'빙산의 일각' 이라는 말이 있다. 이는 겉으로 드러나는 것은 극히 일부에 지나지 않고, 대부분은 숨겨져 있다는 것을 비유하는 말이다. 1912년 4월 타이타닉호가 영국에서 미국 뉴욕으로 향하던 중 빙산에 좌초되었다. 이 사고는 겉으로 보이는 빙산의 일부만 보고 가다가는 큰일을 당할 수 있다는 교훈을 준다. 사람도 마찬가지다. 겉으로 드러나는 표면 의식만 보고 판단하다가는 큰 낭패를 볼 수 있다. 그 사람의 제8식 아뢰야식에 무엇이 저장되어 있는지 모르기 때문이다.

붓다는 '일체유심조一切唯心造', 즉 모든 것은 마음이 만든다고 했다. 마음이 작동하지 않으면, 있는 것이 있는 것이 아니다. 여기 한 송이 꽃이 있다. 사람이 꽃이라고 하고 '아, 참 아름답구나.'라고 인식을 할 때 꽃은 꽃이 되는 것이다. 그래서 붓다는 『화엄경』에서 "삼계유일심三界唯一心 심외무별법心外無別法"이라고 했다. 풀이하면 "우주 삼라만상이 오로지 하나의 마음뿐이니, 마음 밖에 따로 법이 있는 것이 아니다."란 뜻이다.

신라 시대 원효 대사가 의상 스님과 함께 당나라 유학을 가던 중 비를 피해 토굴에 들어갔다가, 해골에 고인 물을 마시고 마음을 깨쳤다는 이야기는 바로 이와 관련이 있다. 밤에 해골 물임을 모르고 마실 때는 물이 그렇게 시원하고 맛있었는데, 이튿날 일어나서 그 물이 해골에 고인 물임을 알았을 때는 구역질이 났다고 한다. 왜 그랬을까? 바로 제8식 아뢰야식이 발동했기 때문이다. 해골 물은 '더러운 물'이라는 경험적 인식이 제8식에 저장되어 있다가 조건을 만나 튀어나온 것이다.

붓다는 바로 이 마음을 밝힌 것이다. 마음이 어떻게 작동하느냐에 따라 심상이 달라진다. 마음이 온통 지프에 가 있으면 제8식 아뢰야식이 제7식을 조종하고, 제7식은 제6식을 조종하여 눈으로 지프만 보이게 한다는 것이다. 잠시 다른 기능을 정지시키는 것이다. 참으로 명쾌하고도 쉬운, 마음에 대한 설법이 아닌가?

붓다의 마음에 대한 가르침을 표로 나타내면 다음과 같다.

구 분	6경 (인식대상)	6근 (인식기관)	6식 (인식작용)	역할
전5식	물질(색) 소리(성) 냄새(향) 맛(미) 촉감(촉)	눈(안) 귀(이) 코(비) 혀(설) 피부(신)	안식(시각작용) 이식(청각작용) 비식(후각작용) 설식(미각작용) 신식(촉각작용)	○ 감각에 의한 인식 작용 ○ 찰나적 변화
제6식	법칙(법)	뇌(의)	의식(판단작용)	○ 이성에 의한 인식 작용 ○ 교통정리 기관 ○ 전5식을 조정함
제7식	말나식(자아의식)			○ 자기중심적 사고 작용 ○ 오염된 의식 ○ 제6식을 조정함
제8식	아뢰야식(잠재의식)			○ 마음의 근본으로 마음을 지배함 ○ 마음의 저장 창고 ○ 윤회의 씨앗 ○ 제7식을 조정함

〈 마음의 구조 〉

마음이란 무엇이가?

붓다의 쪽지

공부 때문에 고민하는가? 공부도 마찬가지로 일체유심조 정신으로 해 보아라. 모든 것이 마음먹기에 달렸으니, '나는 오로지 공부하리라.' 하고 는 공부에 집중해 보라. 친구 생각도 나지 않고, 핸드폰 생각도 나지 않고, 심지어는 밥 생각도 나지 않으며, 잠도 오지 않는다. 그런 경지를 맛보았는 가? 나는 이를 삼매라 부른다. 더할 수 없는 정신 집중이다. 온통 제8식에 는 공부라는 놈이 들어 있어 모든 의식을 지배한다. 가히 '공부 삼매'가 되 니 무엇인들 이루지 못하겠는가?

인연의 굴레, 잘못된 만남

-좋은 친구는 그냥 만나지지 않는다-

사람은 죽을 때까지 몇 명의 사람을 만날까? 또 만남이란 어떻게 이루어질까?

우리 속담에 '옷깃만 스쳐도 인연이다.' 라는 말이 있다. 이 말은 『인과초경』에 나오는 붓다의 가르침이다. 이 경전에서 붓다는 "시장 길에서 옷깃만 스쳐도 인연이며, 부부는 오백 생을 통한 인연으로 탄생한다."고 설하고 있다. 만남이란 쉽게 이루어지는 것이 아니며, 더욱이 부부로 만나기 위해서는 태어나기 전에 수없이 많은 인연을 맺어야만 한다는 뜻이다.

붓다는 만남이 이루어지기 위해서는 두 가지 필요충분조건, 즉 시간적 인연과 공간적 인연이 모두 충족되어야 한다고 가르친다.

가령, 고등학생인 A라는 학생과 B라는 학생이 같은 고등학교에서 만나려면 다음 두 가지 조건이 동시에 충족되어야 한다.

우선 시간적 인연이다. A라는 학생은 1980년도에 태어났고, B라는 학생은 1982년도에 태어났다면, A라는 학생이 삼수를 하지 않는 한 둘이 같은 반 학생으로 만날 확률은 없다. 만일 A라는 학생은 고려 시대에 태어났고, B라는 학생은 조선시대에 태어났다면 이 둘은 생전에 한 번도 만나지 못하고 죽었을 것이다. 같은 해에 태어났다고 모두가 만나는 것도 아니다. 같은 시기에 고등학교에 입학하여야 하며, 같은 시기에 공부하여야 한다.

다음으로, 공간적 인연이다. 같은 시기에 태어나고, 같은 시기에 학교에 들어가고, 같은 시기에 공부를 한다고 해도, 학교라는 공간이 같지 않으면 A와 B는 만날 수 없다. 생각을 좀 더 넓히면, 이 우주 공간 속에서 A와 B라는 두 학생이 만나기 위해서는 행성 중에 수성, 금성, 화성 등에서 태어나서는 안 되고, 반드시 지구에 태어나야 한다. 지구에서도 동양에, 동양에서도 한국에, 한국에서도 남한에, 남한에서도 서울에, 서울에서도 같은 학군에 태어나야만 만날 확률이 높다. 그러니 같은 학교, 같은 반에서 짝으로 만났다면 이것은 보통 인연이 아닌 것이다.

인연이란 연기법을 설명할 때 언급했듯이 '인연생기'의 앞 두 글자에서 따온 말이다. 즉 인이란 직접적인 원인을 말하고, 연이란 직접적인 원인을 도와 결과를 낳게 하는 조건을 말한다. 예를 들어, 계란(인)이 어미닭의 품(연)을 만나 병아리로 부화하는 것이라든지, 총각^(인)이 처녀^(연)를 만나 부부가 되어 자녀를 낳는 것이라든지, 물^(인)이 열^(연)을 만나 수증기로 변하는 것과 같은 이치이다.

붓다는, 세상의 모든 것은 인연이 있어 만난다고 가르쳤다. 적어도 만남이 이루어지기 위해서는 인과 연이 결합되어야만 가능하다고 했다. 만남이란 인만 있어도 안 되고, 연만 있어도 이루어지지 않는다. 친구를 만났다고 할 때 '나'는 인이요 '친구'는 연인 것이다.

그런데 친구를 만난다는 것이 좋은 만남이 될 수도 있고, 나쁜 만남이 될 수도 있다. 친구로 인하여 어려운 고통에서 벗어나기도 하고 깨우침을 받기도 하지만, 친구로 인하여 범죄의 굴레에 빠지기도 하고 어둠의 길을 걷게 되는 경우도 있다. 붓다는 전자를 '선연^{善緣}'이라고 하고, 후자를 '악연^{惡緣}'이라고 불렀다.

『육방예경』에는 붓다가 한 젊은이를 교화하기 위해 다음과 같은 가르침을 폈다는 내용이 나온다.

> 선남자여, 친구인 척하면서 친구가 아닌 네 종류의 사람이 있다. 즉 첫째 탐욕스러운 사람, 둘째 말이 교묘한 사람, 셋째 아첨하는 사람, 넷째 낭비하는 사람이다.
> 탐욕스러운 사람은 조금 주고 많은 것을 바라는 마음으로 사람을 사귀기 때문에 진정한 친구가 되지 못한다. 또 말이 교묘한 사람은 지나간 옛일을 끄집어내어 친한 정을 나타내고, 옳지 않은 소리로 구변을 늘어놓아 도움을 주는 척 하지만 눈앞에 큰일이 닥치면 달아나 버린다. 그리고 아첨하는 사람은 선도 악도 권하지

않으며, 면전에서는 칭찬하고 물러서서는 비방한다. 마지막으로 낭비하는 사람은 술친구가 되어 거리를 방황하는 짝이 되고, 술과 도박 등으로 사람을 사귄다. 그러므로 이들은 참된 친구가 되지 못한다.

만일 이런 친구를 만났다면 전생에 나쁜 인연이 있어서 그런 것이다. 이런 친구는 그 만남을 소중히 여겨, 좋은 쪽으로 변화되도록 끊임없이 노력하고 설득하여야 한다.

우리는 대부분 좋은 친구를 만난다. 또 그렇게 되도록 노력해야 한다. 억겁의 나고 죽는 세월 속에서 좋은 친구를 만났다는 것은 보통 소중한 일이 아니다. 역사상 훌륭한 인물들을 보면 한결같이 모두 스스로의 잠재능력(인)을 가지고 태어나서, 훌륭한 환경(연)을 만나 자신의 능력을 최대한 발휘했다. 어떤 사람은 부모님을 잘 만나서, 또 어떤 사람은 선생님을 잘 만나서 훌륭하게 되었다. 이것은 인연의 소중한 가치이다. 이 세상 어느 누구도 홀로 훌륭하게 된 사람은 없다.

만일 어떤 사람이 좋은 친구를 만나서 훌륭하게 되었다면 이 인연을 어떻게 설명할 것인가. 친구와의 만남이 중요하다는 것은 바로 이와 같은 이유에서이다. 친구들에게 폭력을 가하고, 힘없는 친구를 따돌리는 것은 인연을 거스르는 행위이다. 언젠가는 그 악연의 대가가 부메랑 되어 자기에게 돌아올 수 있다.

만남은 어떻게 이루어질까?

친구란 그냥 만나는 것이 아니다. 전생에 수없이 많은 만남이 있어야만 비로소 만나는 것이다. 그것을 '인연'이라 부른다. 모름지기 인연을 소중히 하는 사람이 되라. 좋은 만남을 이루기 위해서는 먼저 '나'(인)를 좋게 해야 한다. 내가 좋은 사람이면 친구들(연)은 저절로 따라온다. 마치 향기로운 꽃에는 벌과 나비가 스스로 찾아오는 것처럼. 기왕이면 좋은 인연을 만들어라. 좋은 인연은 그 만남이 영원히 빛날 것이다.

미래는 현재의 자화상

-모든 것은 인연 따라 이루어진다-

나는 고등학교에서 교양 과목으로 교육학을 가르친 적이 있다. 이 과목은 말 그대로 고등학생들에게 폭넓은 교양을 심어주기 위해 개설된 과목이었다. 과목 성격상 평가는 하되 내신에는 성적이 반영되지 않았기 때문에, 다른 과목에 비해 좀 더 자유롭게 주제를 정하여 수업했던 편이었다.

이 과목 수업에서 꼭 하는 것이 있었다. 바로 '10년 후의 자화상'을 글로 써 보도록 하는 것이었다. 그러면 다양한 글이 나왔다. 자신의 미래 자화상을 마치 소설처럼 줄줄 꾸며 나간 학생이 있었는가 하면, 정확하게 판단을 내리지 못하여 이것저것 가능성 있는 것을 나열한 학생도 있었고, 그때의 일을 지금 어떻게 알겠냐고 하면서 투정을 부리는 학생도 있었다. 어쨌든 한껏 꿈에 부풀어서 자신의 미래를 조명하는 것을 볼 수 있었다.

사람은 마음의 작용이 있기에 10년 후, 50년 후의 모습을 상상할 수 있다. 이것은 매우 교육적이고 소중한 일이다. 왜냐하면 그렇게 되기를 소망함으로써 성공의 씨앗이 심어지고, 그 씨앗이 무럭무럭 자랄 수 있기 때문이다. 이러한 현상을 교육학에서는 '자성 예언'이라고 한다. 주위 사람이나 자신이 미래에 성공한 모습을 그리며 그렇게 될 것이라고 반복해서 예언하고 상상하면 그렇게 된다는 이론이다.

그러나 자칫 잘못하면 미래에 대한 예언은 한낱 꿈으로 그칠 수 있다. 누구나 꿈과 희망을 가질 수는 있지만 그것이 꼭 이루어지는 것은 아니기 때문이다. 즉 꿈과 희망이 있다고 해서 미래에 그것이 반드시 실현되는 것은 아니라는 말이다. 나의 경우를 보더라도 어릴 때의 꿈꾸었던 것들 가운데 이루어진 것은 별로 없다. 대부분의 꿈과 희망은 그때의 무지개 빛 환상일 뿐이었다.

그렇다면 사람의 과거, 현재, 미래는 어떻게 이루어지는 것일까? 붓다는 이 물음에 대하여 명쾌한 답을 내리고 있다. 『법화경』에서 붓다는 다음과 같이 설하고 있다.

너의 전생을 알고 싶은가. 그렇다면 지금의 너의 모습을 보라.
너의 내생을 알고 싶은가. 그렇다면 지금 네가 하는 일을 보라.

여기서 '전생'이란 단순히 태어나기 전의 생을 말하는 것이 아니라, 현재 이전의 삶을 총체적으로 말한다. 마찬가지로 '내생'이란 단순히 죽은 후의 세상을 말하는 것이 아니라, 아직 닥쳐오지 않은 미래를 총체적으로 말한다.

붓다는 이와 같은 이치를 '인과법'이라고 했다. '콩 심은 데 콩나고 팥 심은 데 팥 난다.'는 속담은 바로 이 인과법을 잘 말해준다. 콩 심은 데서 콩이 나야지 팥이 나면 그것은 인과법칙이 아니다. 이것은 생명의 법칙을 어긴 것이요 자연의 도리에서 벗어난 것이기 때문이다.

관상을 보는 사람이 찾아오는 사람의 얼굴이나 손금 모양을 보고 그 사람의 과거의 삶을 알아맞히는 것은 어쩌면 그렇게 어려운 일이 아니다. 현재의 모습을 보고 과거를 알아맞히는 것이기 때문이다.

현재는 과거의 산물이요, 미래는 현재의 산물이다. 그 어느 것도 그냥 뚝 떨어지는 법이 없다. 반드시 그렇게 되려는 의지와 노력이 있어야 한다. 어려서 아무리 꿈과 희망을 가졌다 한들 성장하면서 의지가 식는다거나 노력을 하지 않는다면, 그 꿈과 희망은 변질되거나 사라질 수밖에 없다. 또 아무리 의지와 노력이 있어도 주위 여건이 따라주지 않는다면 꿈과 희망은 이루어질 수 없다.

앞에서 인연을 설명할 때도 밝혔지만, 의지와 노력이 '인'이라면 주위 여건은 '연'이다. 미래의 꿈과 희망이 이루어지기 위해서는 지금의 자신에게 인과 연이 따라 주어야 한다. 그 인과 연의 적절한 결합에 의하여 자신의 모습이 변증법적으로 발전되어 나아가는 것이다. 만일 인과 연이 잘 결합되지 못하고 어긋나는 일이 잦으면,

그만큼 미래의 나는 희망대로 되지 않는다.

나는 행정 관료가 되는 것이 꿈이었다. 그래서 열심히 공부했다. 시골 농사꾼의 오 남매 중 셋째로 태어났기 때문에 다른 애들다 다니는 학원 한 번 못 가보았고, 그 당시 성행했던 과외 한 번 받아본 적이 없다. 그래도 성적은 반에서 거의 상위권에 들었다. 고등학교 때도 그 성적은 유지되었다. 그것은 정말 나의 피눈물 나는 투쟁의 결과였다. 참고서를 사기 위해 아버지께 말씀드리면 그냥쉽게 주시는 법이 없었다. 사정이 여의치 않았기 때문이다.

문제는 대학 갈 때 생겼다. 사실 고백하건대, 나는 선생이 되리라고는 꿈에도 생각하지 않았다. 나의 꿈은 오로지 행정 관료가 되는 것이었다. 그러기 위해서는 서울에 있는 명문 대학을 가야했고, 행정고시에 합격해야 했다. 그런데 그것이 되지 않았다. 아버지는집안 형편상 지방 국립 사범대를 고집하셨다. 결국 나는 우수한 성적으로 들어갔고, 4년 동안 등록금으로 낸 돈이라곤 백만 원 안팎밖에 되지 않았다. 대학에 다니면서도 꿈을 버리지 못하여 행정고시에 도전했으나 두 번이나 낙방의 고배를 마셨다. 아버지는 시험준비하는 것을 도와주지 않으셨고, 나는 독서실만 전전하다 그냥주저앉고 말았다. 그때는 주위 여건이 따라주지 않았다. '연'이 따라주지 않는 상황에서 나의 노력은 빛을 보기 어려웠다.

반면에 중학교 동창인 친구는 나와 같은 대학을 다녔는데 결국행정고시에 합격했다. 그 친구도 시골에서 태어났지만 나와는 다른 점이 있었다. 집안의 장남이었다는 점과, 그래서 그런지는 몰라도 부모님과 그 친척들이 절대적으로 후원을 해주었다는 점이다.

심지어 땅을 팔아서 고시촌에 보내 줄만큼 그에 대한 성원은 대단했다. 자신의 피나는 노력과 그에 대한 주위의 절대적 성원 덕분에 그 꿈을 성취했다. 그에게는 인과 연이 다 따라 준 것이다.

붓다가 가르친 인과법은 이렇게 과학의 원리처럼 확실하다. '인'만 있어도 안 되고 '연'만 있어도 안 된다. 항상 같이 따라 주어야 한다. 그렇게 인과 연에 의해서 과거, 현재, 미래가 이루어지는 것이다.

미래가 궁금한가?

붓다의 쪽지

청소년들이여, 인연의 도리를 알아라. 이 인연의 도리를 인과법이라 한다. 여러분의 현재 모습은 과거의 결과이고, 미래는 현재의 결과가 될 것이다. 그러니 흘러가버린 과거에 집착하거나 연연해하지 말 것이며, 오지 않은 미래에 대하여 불안해하거나 떨지 마라. 미래에 되고 싶은 것이 있다면 지금 여기에서 당장 그것이 되기 위한 노력을 하라. 과거와 현재와 미래는 연속선상에 있고, 지금 하는 일이 곧 미래의 결과이기 때문이다.

만일 의지와 노력(인)은 있는데 주위 환경(연)이 따라주지 않는다면 다른 길을 찾아라. 그것은 빠를수록 좋다. 인연은 결국 자신이 만들어 가는 것이기 때문이다.

혼탁한 세상의 한줄기 빛,
육바라밀

힘든 세상을 건너가는 여섯 가지 방법이 있다

많은 사람들은 현대로 올수록 사회가 혼탁해졌다고 말한다. 범죄가 빈번하게 발생하고 여기저기서 폭력과 살생이 난무하는가 하면, 인정은 메말라 이웃에 누가 사는지도 모르고, 저마다 자기의 이익만을 추구하는데 골몰하고 있음을 두고 하는 말이다. 이런 현상을 두고 한편에서는 도덕성이 타락했느니, 말세가 왔느니 하며 떠들기도 한다.

요즘 세상 돌아가는 것을 가만히 들여다보면, 정말 말세가 온 것 같기도 하다. 지구촌 곳곳에서 크고 작은 분쟁이 끊이지 않고, 같은 민족끼리 서로 헐뜯고 싸운다. 도대체 양보라는 것이 없다. 최후의 보루인 종교조차도 교리를 내세우며 싸우는가 하면, 남의 종교를 헐뜯고 그 상징물을 파괴하기도 한다. 이러다가는 정말 세상이 망하는 것이 아닌가 하는 의구심이 든다.

왜 그럴까. 근본적으로 사람이 갖고 있는 삼독심(독같이 나쁜 세 마음), 즉 욕심내는 마음, 성내는 마음, 어리석은 마음 때문이다. 각종 분쟁과 갈등은 다 여기서 나온다. 이는 개인이나 국가도 마찬가지며, 개인이 삼독심을 버려야 국가도 평화로워진다. 그래서 붓다의 제자인 유마 거사는 "내 마음이 청정해야 온 국토가 청정하다."고 말한 것이다.

붓다는 이 세상을 고통의 세계라고 했다. 이 세상을 살아가는 것 자체가 고통이라는 것이다. 붓다가 분연히 일어난 것도 그 당시 사회의 고통 상황을 보았기 때문이다. '카스트'라는 신분 제도에 얽매어 고통 받는 사람들, 바르지 못한 종교에 빠져 신음하는 사람들, 먹을 것이 없어 굶주리는 사람들, 조그만 일에도 참거나 양보하지 않고 싸움을 일으키는 사람들을 목도하고 왕자의 자리를 박차고 출가의 길을 걸었던 것이다.

붓다는 육바라밀을 실천하라고 가르쳤다. 바라밀이란 인도 범어 '파라미타(pāramitā)'를 소리 나는 말로 적은 것으로, 고통이 없는 이상 세계에 도달한다는 뜻이다. 이를 한자어로 '도피안'이라고도 한다. 우리가 사는 이 세상은 고통으로 얼룩진 세상이므로 사람들은 번민하고 고뇌하며 살 수밖에 없다. 그러나 저 세상은 고통이 없는 이상 세계이다. 고통이 있는 이 세상에서 고통이 없는 저 세상으로 건너가는 것이 바라밀이다. 고통이 있는 이 세상을 '차안此

岸(이 언덕)'이라고 하고, 고통이 없는 저 세상을 '피안彼岸(저 언덕)'이라고 한다. 차안은 우리가 사는 현실 세계이고, 피안은 우리가 도달해야 할 이상 세계이다.

붓다는 피안에 도달할 수 있는 여섯 가지 길이 있다고 했다. 이 것이 육바라밀이다. 무릇 고통의 세상에서 벗어나 깨달음의 세계로 나아가기를 원한다면, 이를 실천하지 않으면 안 된다는 것이다. 육바라밀은 다음과 같다.

첫째는 보시 바라밀이다. 자신이 가지고 있는 물질을 남에게 준다든지, 알고 있는 진리나 교리·지식 등을 남에게 가르치고 전파하는 것은 훌륭한 보시이다. 뿐만 아니라, 남이 처한 고통스러운 상황을 함께하며 그 고통을 덜어주는 것도 보시이다.

보시가 왜 피안에 도달하는 길일까? 사람들은 많이 가지고 있으면 고통스럽지 않고 행복할 줄 아는데 그렇지가 않다. 많이 소유하면 할수록 물질적으로는 풍족할지 모르나, 소유에 대한 집착이 늘어나 마음은 불안하고 걱정스럽다. 중요한 것은 마음이다. 참으로 신기하게도 남에게 주면 그만큼 마음이 행복해진다. 이는 아마도 그만큼 집착이 떨어져 나가기 때문일 것이다. 또 그만큼 복을 쌓기 때문일 것이다. 이 행복한 마음이 바로 피안의 세계이다.

둘째는 지계 바라밀이다. 이는 계율을 지키는 것을 말한다. 수행자가 계율을 지키는 것은 그만큼 욕망을 단속하려는 것이다. 식욕, 수면욕, 성욕, 명예욕, 재산욕 등 사람이 갖고 있는 욕망은 끝이 없다. 이러한 욕망들은 처음에는 감미롭고 매혹적이지만, 결국에는 악의 구렁텅이에 빠뜨리고야 만다. 이러한 욕망을 다스리고 그치게

함으로써 피안의 세계에 도달할 수 있다.

셋째는 인욕 바라밀이다. 욕됨을 참는 것을 말한다. 누가 자신에게 욕을 하였을 때 또는 자신에게 비난을 퍼부었을 때 자존심이 상하기 마련이다. 이때 이를 참으면 그 마음자리가 바로 피안의 세계가 되지만, 참지 못하면 바로 고통의 세계에 빠지고 만다. 그래서 붓다는 『법구경』에서 "전쟁터에 나아가 백만 명을 이기는 것보다 자기 자신 하나를 이기는 것이 더 어렵다."고 한 것이다. 여기서 자기 자신이란 '욕됨을 참지 못하여 성내는 마음'을 말한다.

넷째는 정진 바라밀이다. 끊임없이 노력하고 수행하는 것을 말한다. 노력만큼 값진 것은 없다. 붓다는 역시 『법구경』에서 "어진 사람은 부지런하여 게으름을 물리치고 지혜의 높은 다락에 올라 근심하는 무리들을 내려다본다. 마치 산 위에 오른 사람이 지상에 있는 사람들을 내려다보듯이."라고 했다.

산에 오를 때는 무척 힘들고 괴롭다. 그러나 모든 것을 물리치고 이겨 내서 정상에 오르게 되면 자신도 모르게 탄성이 터져 나온다. 이는 목표를 성취했기 때문이다. 유가의 가르침에 '진인사대천명盡人事待天命'이라는 경구가 있다. 사람으로서 할 수 있는 일을 다한 다음에야 하늘의 명령을 기다린다는 뜻이다. 최선의 노력을 다한다는 것은 그 자체에 행복이 있다. 그러한 자세가 되면 어떠한 결과에도 승복할 수 있기 때문이다.

다섯째는 선정 바라밀이다. 이는 고요히 명상하는 것을 말한다. 명상은 내면에 일어나는 번뇌와 망상을 비추어보고 내려놓는 수행이다. 욕심이 일어날 때, 성냄이 일어날 때, 분별력을 잃어 어리석어질 때 단 5분이라도 눈을 지그시 감고 명상해 보라. 바로 그 자리가 피안의 세계임을 알 것이다.

여섯째는 지혜 바라밀이다. 지혜란 세상을 있는 그대로 보는 것을 말한다. 세상 모든 것을 차별 없이 그대로 보기란 참으로 어려운 일이다. 그래서 붓다는 지혜 바라밀을 맨 끝에 놓았다. 지혜가 열리기 위해서는 '나'라는 아집과 '내 것'이라는 집착을 벗는 것이 중요하다. 붓다는 이런 아집과 집착을 무명無明(어둠)이라고 했다. 무명이 밝은 빛으로 변할 때 지혜의 문이 열린다. 무명이란 위에서 언급한 삼독심을 말한다. 즉 욕심과 성냄과 어리석음을 다 벗어 던지면 그 자리가 바로 피안의 세계인 것이다.

생활 속에서 육바라밀을 어떻게 실천할 수 있을까? 이의 실천이야말로 개개인의 마음을 평화롭게 하고, 악한 길로 빠지지 않는 방법이다. 고통 없는 세계는 멀리 있지 않다. 이 여섯 가지 바라밀을 실천하면 언제든지 도달할 수 있다.

이상세계에 어떻게 갈까?

남을 대할 때는 주는 마음으로 대하라. 그리고 보수 없는 일을 연습하라. 이것이 욕심을 없애는 보시 바라밀이다. 후회하는 일을 적게 하라. 지켜야 할 약속은 반드시 지킬 일이니, 이것이 어리석음을 없애는 지계 바라밀이다. 모든 사람을 존중하라. 비록 비난을 받더라도 참고 이겨낼 일이니, 이것이 성냄을 없애는 인욕 바라밀이다. 옳다고 생각되거든 부지런히 실천하라. 쉬지 않는 실천 가운데 진리의 문이 열리니, 이것이 게으름을 없애는 정진 바라밀이다. 자신의 내면을 고요히 비추어 보라. 명상은 마음이 흩어짐을 잠재우니, 이것이 번뇌를 없애는 선정 바라밀이다. 고정 관념을 버려라. 그리고 모든 것을 편견 없이 보라. 이것이 무명을 없애는 지혜 바라밀이다.

애들아, 음식 좀 남기지 마!

-절집에서는 스님들이 발우공양을 한다-

우리는 하루라도 음식을 먹지 않으면 허기를 느끼고, 아무것도 할 수 없을 정도로 힘이 빠지게 된다. 그리고 사람의 기본 욕구 중에 식욕만큼 강한 것도 없다. 그만큼 음식은 우리의 삶과 직결되어 있다.

한창 자라나는 청소년들에게 먹는 일은 매우 중요하다. 그만큼 식욕이 매우 왕성한 시기이기 때문이다. 요즘은 학교에 도시락을 싸오지 않고 급식으로 식사를 해결하는 것이 일반화되었다. 그런데 점심시간이 되면 가관이다. 점심시간 종이 나자마자 여기저기서 달리기 시합이 열린다. 3층 복도에서, 2층 복도에서, 그리고 체육시간을 마친 운동장에서 누가 먼저 빨리 급식소에 먼저 도착하는가 경쟁하는 것이다. 이유는 남보다 먼저 줄을 서서 빨리 식사를 하기 위함이다.

급식소에서는 급식 종사자가 먹을 만큼 음식을 나누어준다. 의사 표시를 하지 않는 한 평균적으로 나누어주기 때문에 모자라는 학생도 있고, 남기는 학생도 있다. 문제는 남기는 학생들이다. 음식 찌꺼기 통을 보면 정말 버리는 음식이 너무도 많다는 것을 알 수 있다. 이것은 큰 문제이다.

나는 학교 다닐 때 도시락을 싸서 다녔는데 밥을 남긴다는 것은 상상조차 할 수 없는 일이었다. 고등학교 다닐 때는 두 개의 도시락을 가지고 다녔다. 저녁 식사 시간이면 식어서 굳은 밥과 반찬이라도 정말 맛있게 먹었던 기억이 있다. 워낙 먹어도 배고픈 시절이었고, 도시락에서 어머님의 사랑이 느껴졌기 때문이다.

경제가 발전하면서 음식이 다양해지고 음식 문화도 발달하였다. 더 맛있고 더 품위 있는 음식을 찾아다니고 즐기는 시대가 되었다. 그럼에도 불구하고 우리의 음식 문화는 어딘지 모르게 허점이 있는 것 같다. 바로 음식 쓰레기 문제가 이를 반증해 주고 있다.

가는 곳마다 음식 쓰레기가 널려 있고, 이를 처리하느라 고심한다. 이제는 음식이 모자라서 허덕이는 것이 아니라, 음식이 남아돌아 처리하는 데에 엄청난 돈을 들이며 고민하는 것이다. 우리가 버리는 쓰레기 중에 음식 쓰레기가 반 이상을 차지한다는 통계는 이를 잘 말해주고 있다.

이 문제를 어떻게 해결할 수 있을까? 붓다는 이런 문제에 봉착한 우리들에게 어떤 해결책을 줄까?

붓다는 우리에게 '발우공양鉢盂供養'을 하라고 가르친다. 불교에서는 식사하는 것을 '공양'이라고 하는데 부처님이나 스님에게 무언가를 바치는 것만이 공양이 아니라, 자기 자신에게 음식물을 제공하는 것도 공양이라 한다. 왜냐하면 음식을 제공받는 자신의 몸 역시 부처님 품성을 지니고 있기 때문이다.

발우공양이란 발우를 가지고 식사하는 것을 말하는데, 여기서 발우는 스님들이 식사하는 그릇을 말한다. '발'은 인도 범어로 응량기應量器(양에 따라 먹는 그릇)를 뜻하고, '우'란 중국어로 그냥 밥그릇을 뜻한다. 발우를 그냥 바리때라고도 하며, 불교 사전에는 '비구가 걸식할 때 쓰는 식기'라고 설명하고 있다.

발우는 붓다 당시부터 걸식할 때 수행자들이 쓰던 밥그릇이었다. 붓다 당신조차도 늘 발우를 들고 걸식을 하였다. 『금강경』을 보면, 항상 발우를 들고 걸식을 하고 난 후 공양을 한 다음, 손과 발을 씻고 가사를 갖추고 설법을 행하였다고 나온다. 그러니까 발우공양은 붓다 당시부터 이어져 온 오래된 식사법이다.

전통적인 발우공양은 수백 명 또는 수십 명이 정렬하여 마주 보고 앉아서, 그 앉은자리에서 발우를 펴놓고 뷔페식으로 자신이 먹고 싶은 만큼 먹는 것을 말한다. 차례대로 밥과 반찬을 발우에 담아 그 자리에서 동시에 먹고, 받아 놓은 물로 설거지까지 하는 식사법이다.

100명이 앉아서 식사하고 설거지까지 하는데 대략 40분 정도면 충분하다. 그러니 얼마나 시간이 절약되며 부담이 없는 식사법인가? 발우공양은 한꺼번에 많은 사람이 식사하는 방법이라 하여 대중공양이라고 하고, 또 아무리 수가 많아도 동시에 식사를 시작하고 동시에 식사를 마치니 공평하다 하여 평등공양이라고 한다.

발우공양은 수행자들이 깨달음을 얻기 위해 수행 차원에서 행해지는 것이기에, 거기에는 몇 가지 원칙과 의의가 있다.

첫째, 음식을 담는 그릇이 적다. 오늘날 수행자들이 쓰는 밥그릇은 보통 밥그릇, 국그릇, 찬그릇, 물그릇의 4개로 구성되어 있다. 정확히 알 수는 없지만 붓다 당시에는 그 수가 더 적었을 것 같다. 왜냐하면 그릇이 많으면 걸식하는데 지장이 있었을 것으로 보이기 때문이다.

둘째, 발우공양은 하나의 수행이다. 즉 음식을 준 사람에게 은혜를 갚고 열심히 진리를 공부하여 고통 속에 허덕이는 중생들을 구제하겠다는 맹세가 들어 있다.

셋째, 발우공양에는 연기적인 사고가 들어있다. 한 알의 쌀이 내 입에 들어오기까지 무수히 많은 공덕을 생각하는 것이다. 한자의 쌀 '미米' 자는 여든 여덟 사람의 손이 간다고 하여 '팔십팔사八十八事'를 의미한다고 한다. 그래서 항상 그 모든 인연에 감사하는 마음으로 합장을 하고 공양하는 것이다.

넷째, 한낱 미물조차도 배려하는 마음이 깃들어 있다. 즉 공양을 한 후 티끌만한 음식도 남겨서는 안 된다. 그래서 다 먹은 발우를 닦고 난 후 물그릇(천수그릇)에 음식 찌꺼기가 조금이라도 남으면 그 설거지 한 물마저도 다 먹으라고 한다. 만일 그대로 버리면 하수구에서 설거지 한 물만 기다리는 아귀라는 미물이 있는데, 이놈의 배는 남산만하고 목구멍은 바늘만 하여 조그만 음식 찌꺼기도 목으로 넘기지 못한다. 이 아귀를 배려하여 조금의 티끌만한 음식도 남겨서는 안 된다는 것이다. 감탄이 절로 나온다.

실제로 나는 해인사 홍제암에서 처음으로 수련회에 참가했을 때 설거지를 잘못하는 바람에 음식 찌꺼기를 남겨 그 많은 물을 다 들이킨 적이 있다. 마실 때는 구역질이 났지만 마음을 바꾸니 그 물도 별 것이 아니었다.

다섯째, 십시일반十匙一飯이라는 의미가 담겨 있다. 이 말은 발우공양에서 나온 말이다. 사찰에서 많은 대중들이 공양을 하게 되면 으레 음식이 모자라는 경우가 생긴다. 한두 사람이 식사를 못하게 되면 곤란하므로 이미 음식을 받은 사람이 한 숟가락씩 나누어주는 것이다. 열 명이 한 숟가락씩만 모아도 금세 한 그릇이 되니 얼마나 자비롭고 공평한 식사법인가?

마지막으로, 발우공양은 친환경적이다. 설거지할 때 깨끗한 물로 헹구어 발우 수건으로 닦는 것으로 끝나기 때문에 세제를 쓸 필요가 없고, 앞에서 얘기했듯이 음식 쓰레기의 문제도 전혀 없다.

발우공양은 단지 옛날에 수행자들이 어쩔 수 없이 선택한 방법이라고 하기에는 너무도 많은 지혜가 담긴 식사법이다. 오늘날도 사찰에서는 이 식사법이 이어지고 있다.

식사는 어떻게 해야 할까?

식사할 때는 감사한 마음, 겸손한 마음을 가져라. 그리고 절대 음식을 남기지 말고, 식사를 하기 전에 오관게를 독송하라. 오관게는 다음과 같다.

"이 음식이 어디서 왔는가?
내 덕행으로는 받기가 부끄럽네.
마음의 온갖 욕심 버리고
건강을 유지하는 약으로 알아
깨달음을 이루고자 이 음식을 받습니다."

몸과 마음에 굿! 108배

-절은 자신을 낮추는 행위이다-

명절 때가 되면 어른에게 절을 한다. 무릎을 꿇고 손을 바닥에 대어 자신을 숙인다. 이는 집안 어른에 대한 공경의 표시요, 부모님 은혜에 대한 감사의 표시이다.

내가 어렸을 때는 명절이 아닌 때도 누가 집을 방문해 오면 으레 할머니께서 절을 시켰다. 아무 생각 없이 그냥 시키는 대로 절을 하면 그 분은 돈을 주기도 하고, 머리를 쓰다듬어 주면서 칭찬을 아끼지 않았다. 그래서 나는 절하는 것을 무척이나 좋아했던 것 같다.

그런데 요즘 청소년들은 절을 잘 안 하는 것 같다. 물론 부모님들이 잘 시키지도 않을 뿐더러 그것을 형식으로만 치부하기 때문일 것이다. 그러나 절하는 행위가 갖고 있는 의미는 참으로 지대하다.

기본적으로 절은 어른에 대한 공경과 자신을 낮추는 겸양의 뜻을 갖고 있다. 이는 붓다의 가르침에서 그 원형을 찾을 수 있다.

내가 처음으로 해인사 홍제암에서 1080배를 하는 수행에 들어간 적이 있다. 밤 12시부터 절을 하기 시작했는데 얼마나 힘들었던지 지금도 그 한여름 밤을 생생하게 기억한다. 무릎이 아파 오고, 허벅지가 당기고, 온몸이 늘어지기 시작했다. 이마에서는 구슬땀이 흐르고 마침내는 온몸이 땀으로 범벅이 되었다. 절하면서 별 생각이 다 들었다. '내가 이것을 왜 하지, 이걸 해서 무엇을 얻는담, 그만 둘까?' 하는 생각들이 꼬리에 꼬리를 물고 마음을 괴롭혔다.

그런데 한 500배 정도 해 나가고 있는데 갑자기 몸이 가벼워지면서 새로운 힘이 솟았다. 바로 절이란 잘못을 참회하는 것이고, 나를 낮추는 행위이며, 부처님을 공경하는 거룩한 행위라는 생각이 들면서 어딘지 모르게 힘이 솟았던 것이다. 그러면서 군대에서 유격 훈련을 받으며 힘들어하던 나의 모습, 구보를 하다가 쓰러질 듯하면서도 다시 일어서던 나의 모습, 가스실에 들어가 가스를 너무 마셔 '아, 이제 죽는구나.' 하고 마지막으로 어머님 얼굴을 떠올리던 모습 등이 떠올랐다. 그런 것도 견디어낸 내가 이런 것 하나 못 이겨낸다는 것이 자존심이 상하기도 했다.

1080배를 다 마치고 난 후의 여름 새벽 밤하늘은 너무도 빛났다. 가야산 정기를 받고 흐르는 계곡물이 너무도 시원해 보였다. 절 마당으로 나와 물에 담가 놓았던 수박을 먹는 재미 또한 일품이었다. 시계를 보니 새벽 3시가 넘었다. 무려 3시간 동안 절을 한 것이었다. 평소에는 108배만 하다가 처음으로 그 열 배인 1080배에 도전하여 성공한 나는 너무도 마음이 뿌듯했다.

붓다는 자신과 닮은 형상을 만들어 절하지 말라고 했다. 그래서 붓다가 돌아가신 후 처음에는 탑에다 사리를 모셔놓고 탑을 돌며 공경의 예를 표하는 데 그쳤다. 세월이 흐르자 사람들은 탑에 만족하지 못하고, 불상을 만들어 거기에 절을 하기 시작했다. 부처님의 상징을 앞에 놓고 자신의 온 마음을 바쳐 절을 했던 것이다.

절도 그냥 하는 것이 아니라 오체투지를 했다. 이것은 몸의 다섯 부위를 땅에 대고 절한다는 뜻이다. 즉 두 무릎, 두 팔꿈치, 그리고 이마의 다섯 부위를 땅에 던져서 절하는 것을 의미한다. 그만큼 부처님을 존경한다는 마음의 표시이다. 지금은 오체투지법이 간소화되기는 했지만 여전히 그 정신만은 이어가고 있다.

절은 왜 하는가. 절은 깨달음을 향해 가는 사람에게 하나의 수행 방편이 된다. 절은 우선 자기를 낮추는 행위이다. 이것을 붓다는 '하심下心'이라고 가르쳤는데, 누구 앞에서건 겸양한 마음을 내어 한없이 자신을 낮추는 수행을 말한다. 앞에서 언급했지만, 붓다는 제자들과 어디론가 가다가 한 줌 뼈 무더기를 발견하고는 거기에 절을 하기도 했다. 그만큼 붓다는 하심을 실천한 분이었다.

하심을 실천하기란 매우 어렵다. 사람에게는 본능적으로 자신을 내세우려는 마음, 잘난 체하는 마음, 이름을 떨치려는 마음, 명예를 얻으려는 마음 등이 있어 자신을 낮춘다는 것이 보통 힘든 일이 아니다. 조금만 자신이 유리해져도 금방 교만한 마음이 생겨나는 것이 우리 인간이기 때문이다. 『금강경』에서는 우리의 이런 마음을 '아상我相'이라고 했다. 한마디로 '나'라고 하는 생각을 말한다. 아상을 깨뜨려야 하심이 이루어지고, 결국에는 부처님이 될 수 있다고 하였다.

예를 들어, 자신보다 힘없고 볼품없는 사람이 자신에게 다가와 동량을 구걸할 때 마음을 낮추고, 그 사람을 부처님처럼 보아 공경하면서 음식을 대접할 수 있는 이가 얼마나 될까? 자신은 아무 잘못도 없는데 남들이 싸잡아 비난을 퍼부을 때 오히려 그것을 스승으로 삼아 참아 이겨낼 수 있는 사람이 얼마나 될까? 대부분의 사람들은 거부하거나 화를 내기가 일쑤일 것이다. 그래서 제일 어려운 수행이 하심이라고 한다.

나는 학교에서 하심을 실천하기 위해 무던히도 노력은 하지만 실패한 경우가 허다하다. 하심 하는 마음을 얻기 위해 혼내 준 학생들에게 오히려 절을 하기도 하고, 꽃동네 같은 사회복지기관 등을 방문하여 중증 장애인들에게 봉사하는 시간을 가져보기도 했다. 그리고 평상시에 그냥 집에서 108배를 하기도 한다. 그럼에도 아직 멀었다는 생각이 든다. 이것은 아마도 평생 실천해야 할 일인 것 같다.

오늘날 청소년들은 어떠한가? 하심이 안 되고 자기 마음도 잘 다스리지를 못한다. 그냥 감정이 생기는 대로, 화나면 화나는 대로, 기분 나면 기분 나는 대로, 하고 싶으면 하고 싶은 대로 움직인다. 청소년 문제는 이런 마음에서 비롯된다고 해도 틀린 말이 아닐 것이다. 그래서 붓다는 하심을 강조하는 것이다. 틈나는 대로 절을 하면서 하심을 가져보는 것, 이것은 공부를 위한 또 다른 준비 운동이 아닐까 싶다.

절은 왜 하는가?

청소년들이여, 하심하라. 하심은 자신을 낮추는 행위이니 인내를 기르고 인격을 완성하는 좋은 길이다. 하심을 위해 절을 해 보라. 자기보다 나은 사람이건 못한 사람이건 마음으로 그에게 절을 해 보라. 그리고 참회를 위해서도 절을 해 보라. 108배는 마음에도 좋고 몸에도 좋다. 평소에 108배를 해 보아라. 처음에는 힘들지만 마음속에서 새로운 자신이 보일 것이다. 하심은 절에서 시작되기 때문이다.

05

함께 배워 가는 길

잠 못 드는 사람에게 밤은 길고
지쳐 있는 나그네에게 길은 멀듯이
진리를 알지 못하는 사람에게
생사의 밤길은 멀고 아득하여라.

『법구경』

염화미소, 한 송이 꽃의 의미

−마음에서 마음으로 전하는 가르침이 있다−

현장에서 학생들을 지도하다 보면 여러 가지 어려운 문제에 부딪힌다. 나의 경우 제자가 잘못을 저질렀을 때, '어떻게 하면 제자의 마음을 상하게 하지 않고 지도할 수 있을까?' 가 가장 고민이 된다.

남학생 제자는 그래도 같은 남자이다 보니 지도하기가 조금은 수월한데, 여학생 제자는 말 한번 잘못했다가는 감정이 상하기 일쑤이고, 이 일로 며칠 동안 반감을 사는 경우도 있었다. 내심은 그러하지 않은데 말이 잘못 나와 제자의 마음을 상하게도 하고, 정말 화가 나서 언성을 높이는 바람에 제자를 주눅 들게 하기도 했다. 그러다 보면 며칠 간 제자와 서먹서먹한 관계가 지속되고, 서로 갈

등을 겪곤 했다. 이런 경우 생활 지도는 실패로 돌아간 것이다. 항상 느끼는 것이지만 말이란 정말 한계가 있음을 절감한다.

'도대체 제자를 어떻게 지도하는 것이 최선일까? 뭔가 좋은 방법이 없을까?' 선생님이라면 이런 고민은 다 한 번쯤 해 보았을 것이다. 기왕이면 서로 마음 상하지 않고, 기분 좋게 제자에게 깨우침을 줄 수 있는 방법 말이다.

이것은 제자의 입장에서도 마찬가지일 것이다. 훌륭한 제자라면 '어떻게 하면 스승의 마음을 상하게 하지 않고, 스승의 모든 지식과 지혜를 배울 수 있을까.'를 고민하게 마련이다.

학교 교육과정에는 두 가지의 유형이 있다. 하나는 표면적 교육과정이요, 또 하나는 잠재적 교육과정이다.

표면적 교육과정이란, 학교의 계획 하에 이루어지는 의도적이고 공식적인 교육활동을 말하며, 주로 언어나 문자에 의하여 이루어지고 가시적인 결과를 초래한다. 이에 반하여, 잠재적 교육과정은 학교생활을 통하여 학생이 갖는 경험 가운데 학교에서 의도하지 않았는데 학생들이 은연중에 배우는 것으로, 그것은 언어나 문자를 사용하지 않기에 학습 결과도 비가시적이다.

예를 들어, 교과서는 대표적인 표면적인 교육과정에 속하나, 수업 시간에 교과서를 가지고 가르치면서 자연스럽게 나오는 선생님의 말투라든가 칭찬이나 벌 등은 잠재적 교육과정에 속한다. 학생들은 잠재적 교육과정을 통해 선생님에게 감화를 받기도 하고, 교과 지식 외의 생활 예절을 배우게 된다.

그렇다면 옛날 붓다의 제자들은 어떻게 배웠을까. 대부분이 붓다가 전하는 말씀, 즉 법문을 듣고 배운 것이 사실이다. 그 당시에는 문자가 없었으니 말 밖에는 전달하는 방법이 없었을 것이다. 하지만 제자들은 붓다의 말보다는 몸짓 하나에, 위엄 있는 모습 그 자체에, 또는 부드러운 미소에 감화를 받고 깨우침의 진리를 배웠다. 가장 대표적인 예가 그 유명한 '염화미소^{拈華微笑}' 이다.

> 붓다가 어느 날 영축산에서 제자들에게 설법을 하려고 하였다. 그런데 이 날은 평상시와 다르게 법단^(법을 설하는 자리)에 올라가서도 아무 말도 하지 않았다. 조금 있더니 붓다는 꽃을 하나 들어 보였다. 아무도 스승께서 왜 꽃을 들어 보였는지 알지 못하여 당황하는 눈빛이었는데, 제자 중에 오직 가섭만이 그 뜻을 알고 빙그레 미소를 지었다.

여기서 나온 말이 '염화미소' 이고, 이의 다른 표현이 '이심전심^{以心傳心}' 이다. 이는 깨달은 내용을 언어나 문자를 매개로 하지 않고 그대로 다른 사람에게 전함을 뜻하는 것이었으나, 오늘날은 마음과 마음이 서로 통하여 말없는 상태에서도 서로 의사가 소통된다는 뜻으로 널리 통용된다.

이심전심은 그야말로 위에서 말한 교육의 잠재적 교육과정이다. 현장에 있다 보면, 선생님의 마음가짐이 학생들에게 은연중에 전달됨을 흔히 볼 수 있기 때문이다. 이와 같은 마음 전달은 긍정적 측면과 부정적 측면 모두에 걸쳐 있다. 선생님이 부지런하고, 베풀려고 하며, 자비롭고, 따뜻한 마음을 가지고 있으면 학생들도 이와 같은 마음을 본받게 된다. 반면 선생님이 게으르고, 이기적이며, 화를 잘 내고, 폭력적이면 학생들도 그러한 영향을 받을 가능성이 높다.

학생도 마찬가지이다. 학생의 선생님에 대한 마음가짐, 예를 들면 존경심, 배려하는 마음, 솔선수범하는 자세 등이 그대로 선생님에게 전달될 때 선생님은 잔잔한 미소를 지을 수 있다. 따로 시간을 내어 굳이 상담을 하지 않아도 서로 마음이 통하기 때문이다.

나의 경우 불가에 입문한 이후 항상 붓다의 가르침에 충실하려고 애썼다. 그 중에 실천한 것이 있다면 두 번 정도 있다.

모 고등학교에 재직할 때인데 여학생 반 담임을 하면서 아이들에게 약속하기를 "절대 나는 너희들에게 매를 대지 않을 것이다."고 약속한 적이 있다. 지금 고백하건대, 정말이지 한 반에 54명이나 되는 애들을 매 한번 대지 않고 이끌어나간다는 것이 보통 어려운 일이 아니었다. 그런데 결국은 해 내고 말았다. 수많은 유혹을 견디어내며 약속을 지키는데 성공한 것이다.

매를 대지 않는다고 할 때 반 아이들의 반응은 시큰둥했다. 도대체 믿어지지 않는 모양이었다. 점점 시간이 흘러가면서 아무리 자기들이 속을 썩여도 매를 대지 않으니까 그때부터는 나를 달리 보았고, 이제는 말을 하지 않아도 잘 따라 주기 시작했다. 서로 마음이 통한 모양이었다. 소위 '칠공주파'라고 그 당시 어지간히 속을 썩이던 학생 중의 하나가 어느 날 이메일을 보내온 적이 있다. 그때의 추억을 잊지 못하여 선생님을 찾았노라고 촘촘한 글에 애교가 철철 넘쳐흘렀다. 눈이 유난히 큰 그 애는 이것이 인연이 되어 결국 결혼할 때 주례까지 해 주었다.

또 한 번은 같은 고등학교에서 2학년 남학생 담임을 했을 때의 일이다. 도저히 매를 대지 않을 수 없는 상황이 계속해서 벌어져 내가 스스로 정한 계율을 깨뜨리고 말았다. 어느 날 나는 아이들에게 "매를 대겠노라."고 선언했다. 아이들의 반응은 당연한 듯이 덤덤해 했다. 한 번은 자율 학습을 하지 않고 상습적으로 도망가 컴퓨터 게임을 하고 온 제자들을 아무도 보지 않는 교무실 구석으로 불러 놓고는 매를 댔다.

종아리를 한 열 대씩 때린 것 같다. 그리고 이 애들 모두에게 절을 하기 시작했다. 절을 하면서 "내가 너희에게 매를 댄 것이 참으로 미안하구나."라고 말했다. 애들은 선생님이 자기들에게 하나하나 절을 하는 것을 보고는 어리둥절해 했다. 나는 제자에게 절하는 것이 좀 겸연쩍었지만, 이 아이들이 '부처님'이라고 생각하고 절을 하였다. 그랬더니 서서히 아이들의 태도가 달라졌다.

이 아이들을 가르치고 나서 나는 다른 학교로 전근을 가게 되었다. 이때 교직 평생 잊지 못할 추억을 얻게 되었다. 아이들과 헤어지는 마지막 날이었다. 종례를 마치고 짐을 싸는 중이었는데 실장이 오더니 어디 좀 같이 가야할 데가 있다고 했다. 어디를 가냐고 다그쳐 물으니 식당이라고 했다. 그제야 이놈들이 뭔가 일을 꾸몄구나 하고 눈치를 챘다. 언제 예약을 해 놓았는지 벌써 만반의 준비가 되어 있었고, 아이들은 프로그램을 착착 진행해 나갔다. 나는 아이들에게 술도 한잔씩 따라주었다. 어디서 주도를 배웠는지 무릎을 딱 꿇고 잘도 마셨다.

한참 동안 음식을 다 먹고 나서 밖으로 나왔다. 이제 막 헤어지려는데 건장한 애들이 우르르 나에게 달려왔다. 그리고는 나를 번쩍 들더니 헹가래를 치기 시작했다. 얼마나 기분이 묘하던지……. 이벤트는 여기서 끝나지 않았다. 48명이나 되는 제자들이 큰길 바닥에 엎드려 절을 하는 것이었다. 내가 무슨 조직의 '짱'이 된 것 같았다. 지나가는 사람들이 다 쳐다보았다. 이때 기분이야말로 어떻게 말로 표현할 수가 없었다. 이 아이들은 절을 함으로써 그동안의 마음을 표현한 것이었다. 굳이 말은 하지 않았지만 그 마음은 이미 내 마음에 전달되었다.

참으로 마음에서 마음으로 전하는 가르침과 배움인 이심전심은 위대한 방법임을 알았다. 말보다는 몸짓과 행동으로 보여주는 것이 얼마나 값진 것인지를 깨달았다.

붓다는 결국 한 송이 꽃의 의미를 알아차린 가섭 존자에게 모든 법통을 이어주었다. 그것은 스승이 제자에게 마음을 전한 것이요, 또한 제자가 스승의 마음을 깨달은 것이다. 순간 서로 마음이 통한 것이다. 여기서 나온 것이 '불립문자不立文字 교외별전教外別傳'이라는 선의 가르침이다. 즉 선禪이란 '문자를 세우지 않고 경전 밖에 따로 전하는 가르침'이란 뜻이다.

마음을 어떻게 전할까?

말보다는 마음으로 행하고 그것을 실천에 옮겨라. 말없는 실천에는 더 큰 힘이 있나니, 마음에서 마음으로 통하기 때문이다. 아무리 사랑스럽고 고울지라도 향기 없는 꽃이 있는 것처럼, 실천이 따르지 않는 사람의 말은 겉은 번드르르 할지라도 알맹이가 없다.

사랑스럽고 고우면서 은은한 향기를 내뿜는 꽃이 있듯이, 실천이 따르는 사람의 말은 그 메아리가 크게 울린다. 이미 마음이 상대방에게 닿았기 때문이다.

부모의 욕심이 화를 부른다

-자식을 훌륭하게 키우는 네 가지 방법이 있다-

오늘날의 청소년 문제는 청소년 자체에서 오는 것보다 주위의 환경적 요인, 즉 가정의 결손, 학교의 붕괴, 사회의 타락 등에서 오는 경우가 더 많다. 가정, 학교, 사회 모두 청소년들이 가지고 있는 청정한 마음(불성)을 길러주지 못하고 오히려 멍들게 하고 있다. 부모의 지나친 욕심과 아집이 그들에게 상처를 주기도 한다.

부모가 자식을 통하여 성취감을 얻으려는 지나친 대리 욕구나, 자식은 무조건 좋은 대학에 보내야 한다는 강박관념 등은 자식을 탈선의 길로 내몰 수 있다. 부모가 자식에게 모범을 보이고 같이 행하는 것이 아니라, 자식에게 무엇이든 하라고 강제하는 경우가 많다. 이런 경우 자식이 훌륭한 자식으로 성장하는 예는 드물다.

붓다는『잡아함경』에서 '사섭법四攝法'을 가르치고 있다. 이는 보살(불교에서 말하는 이상적인 인간상)이 어리석은 사람들을 구제하기 위해 가져야 할 네 가지 기본적인 자세를 가리킨다. 여기서 '섭'이란 마음으로 끌어안는다는 의미이다. 훌륭한 사람이 되려면 이 사섭법을 실천해야 한다. 청소년들이 생활 속에서 이 사섭법을 실천한다면 앞 세대의 전철을 밟지 않고 모두가 훌륭한 부모, 훌륭한 스승이 될 것이다.

그러면 사섭법에 대해서 하나하나 살펴보자. 사섭법 가운데 첫째는 '보시섭布施攝'이다. 이는 앞에서도 다룬 바 있지만 다른 사람에게 베푸는 것이다. 보시에는 물질로 도와주는 재보시, 진리를 가르치는 법보시, 두려움을 없애주는 무외보시가 있다고 했다. 재보시는 주로 어른들이 실천하게 되지만 청소년들도 마음먹기에 따라 얼마든지 할 수 있다. 용돈 중에 얼마를 저축해 두었다가 불우이웃을 돕는 것은 좋은 예이다. 법보시는 선생님이 열과 성을 다해 제자를 가르치는 것이 좋은 예이지만, 자신이 알고 있는 훌륭한 가르침을 친구들에게 널리는 전하는 것도 좋은 실천법이다. 무외보시는 생활 속에서 마음만 먹으면 아주 쉽게 실천할 수 있는 보시이다. 친구가 아파 괴로워할 때 친구를 위로해 주는 것이 가장 좋은 예이다. 어린 자식이, 철없는 제자가 무엇을 잘 몰라 방황하고 있을 때, 부모와 스승이 살며시 다가가 마음을 위로해 주는 것도 훌륭한 무외보시이다.

둘째는 애어섭愛語攝이다. 이는 부드러운 말로 대화하는 것을 말한다. "성 안 내는 그 얼굴이 참다운 공양구(베푸는 도구)요, 부드러운 말

한마디가 미묘한 향이로다."라는 붓다의 가르침이 있다. 훌륭한 사람이 되기 위해서는 우선 성 내지 말아야 하며, 말을 하되 부드럽고 향기 있는 말을 할 수 있어야 한다. 학교 생활에서 이를 실천해 보라. 하루하루가 빛나고, 날마다 좋은 날이 될 것이다.

셋째는 이행섭利行攝이다. 이는 선행으로 다른 사람에게 이익을 주는 것을 말한다. 우리는 주위에서 자신을 희생하여 상대방을 이롭게 한다거나 생명을 구하는 경우를 종종 본다. 오래 된 이야기지만 인천 씨랜드 화재 사건이 발생했을 때, 어린 아이들을 구하겠다고 불구덩이 속으로 들어가서 어린이를 구하고 자신은 산화되어 버린 어느 초등학교 선생님을 기억한다. 또 일본 유학생으로 동경에서 철길에 뛰어들어 떨어진 사람을 구하고, 자신은 기차에 치어 죽은 어느 대학생을 기억한다. 세월호 침몰 사고에서 기울고 있는 배에서 제자들을 구하려다 배에서 나오지 못해 희생된 여러 선생님들도 기억한다. 이 모두가 이행으로 사람을 끌어안은 좋은 본보기이다.

넷째는 동사섭同事攝이다. 이는 상대방의 입장에서 생각하고 배려하는 것을 말한다. 한마디로 '역지사지'의 가르침이다. 친구와 다투었다면 한 번 친구의 입장이 되어 보라. 그러면 해결의 실마리가 보일 것이다. 나의 고집과 아집을 버리고 상대방의 처지가 되어 보는 것이다. 때로는 아프리카 어린이를 생각하여 단식 체험을 해 보라. 그들의 참담한 마음을 느낄 수 있을 것이다.

나는 동사섭을 사제동행이라고 생각한다. 그리고 이를 몸소 실천하기 위해 애를 쓰는 편이다. 청소년단체인 파라미타를 지도하면서 수련회에 가면 백팔 배를 청소년들과 꼭 하곤 했다. 죽비를 치며 같이 하고 있노라면 절을 하다가 아이들이 힐끔힐끔 쳐다보는 것을 느꼈다. 좀 꾀를 부리려다가도 나를 보고 열심히 하는 아이들을 보면서 다시 자세를 가다듬곤 하였다.

또 한 번은 중고등학교 학생들을 인솔하고 사회복지기관 봉사활동을 갔는데, 아이들이 중증 장애인들을 보고는 놀라면서 접근하기를 꺼렸다. 내가 먼저 나서서 천진난만하기 이를 데 없는 장애인 가족들과 어우러져 손도 잡고 껴안기도 하며 춤을 추니까, 그제야 아이들의 얼굴이 달라졌다. 사제동행을 실천한 좋은 계기였다.

사섭법은 청소년들이 닦아야 할 훌륭한 덕목이다. 청소년은 미래에 훌륭한 사람이 되어야 하기 때문이다. 그러기에 지금부터 자신보다 못한 친구나 이웃에게 무엇이든 베풀 줄 알고(보시섭), 부드럽고 착한 말로 항상 사람을 대하며(애어섭), 부지런히 선행에 힘쓰고(이행섭), 이웃의 고통을 역지사지할 수 있다면(동사섭) 미래에 훌륭한 사람이 될 것이다.

친구를 어떻게 사귈까?

청소년들이여. 사섭법을 실천하라. 친구에게 자신의 것을 베풀고, 폭언이나 욕을 하지 말며, 친구를 위해 이로운 일을 행하고, 친구가 어려운 상황에 처하면 그 고통을 함께 나누어라. 이것이 친구와 사귀는 훌륭한 네 가지 길이다.

병아리가
껍질을 깨고 나올 때

-제자가 배우려고 할 때 스승은 '탁탁' 쳐 준다-

공부는 때가 있다고 한다. 평생 하는 것이 공부이지만 그 적기가 있다는 것이다. 따라서 가르치고 배우는 것도 때가 있어야 한다. 가르쳐야 할 때 가르치지 못하고, 배워야 할 때 배우지 못하면 공부가 익지 못하는 법이다.

교육심리학자 에릭슨Erikson은 가르치고 배워야 할 적기를 '결정적 시기'라고 했다. 예를 들어, 언어발달은 유아기에 잘 이루어져야 하고, 대학 선택은 고등학교 시기에 잘 이루어져야 한다. 결정적 시기를 지나서 하려고 하면 배우는 학생이나 가르치는 선생님이나 다 애를 먹는다.

정신분석학자 프로이드Freud는 인간 발달의 결정적 시기는 3세

내지 5세에 있다고 주장하면서 초기 경험의 중요성을 역설하였다. 또한 교육학자 블룸^{Bloom}은 8세 이전에 지능의 80%가 결정된다고 했다. 이는 사람이 배울 때는 결정적인 시기가 있음을 뒷받침하는 주장들이다.

붓다는 가르치고 배우는 것에 대하여 어떤 가르침을 폈을까. 붓다의 가르침은 그의 제자들에 의해 전수되었다. 붓다의 가르침을 훌륭히 담고 있는 중국 선종의 대표적인 저서인 『벽암록』 제16칙에는 다음과 같은 내용이 나온다.

> 어떤 수행자가 스승인 경청 화상에게 물었다.
> "저는 달걀의 껍질을 깨고 세상에 나오려는 병아리와 같으니 부디 화상께서는 밖에서 껍질을 깨뜨려 주십시오."
> "그렇게 하면 잘 나올 수 있겠느냐?"
> "제가 만약 밖으로 잘 나오지 못하면 스님은 사람들의 비웃음을 살 것입니다."
> 그러자 화상이 그를 질책했다.
> "에끼, 이 멍청한 놈아!"

이 이야기는 선사들의 입에 자주 오르내리는 "줄탁동시^{啐啄同時}"라는 화두다. '줄탁'이란 말은 '톡톡 탁탁'이라는 뜻으로, 병아리가 껍질을 깨고 나올 때의 모습을 표현한 것이다. 병아리가 바깥으로 나오고자 하면 먼저 안에서 톡톡 쪼아야 한다. 그러면 어미닭이

때를 알고 밖에서 탁탁 쪼아서 마침내 껍질을 깨뜨리고 부화하게 된다.

병아리가 부화하는 모습은 수행자가 깨달음을 완성해 가는 것과 같다. 병아리는 수행자이고 어미닭은 스승이다. 수행자가 내부에서 치열한 자기 수련을 할 때 스승은 밖에서 수행을 열심히 하게 돕고, 마침내는 도를 깨치게 하는 것이다. 공부란 병아리와 어미닭이 안과 바깥에서 호응하듯이, 제자와 스승이 하나가 되어야 한다는 가르침이다.

여기서 중요한 것은 제자가 공부를 하고자 하는 마음이 없으면 스승은 가르칠 수 없다는 점이다. 만약 스승이 제자를 가르치지 못했다면 위 『벽암록』의 이야기처럼 스승이 자격이 없다고 비웃음을 살지 모른다. 그러나 책임은 병아리(제자) 쪽이 더 크다. 왜냐하면 병아리는 껍질을 깨뜨리지 못하면 그 속에서 목숨을 잃게 되기 때문이다. 스스로 깨고 나오지 않으면서 스승을 탓하려 하는 것은 '멍청한 놈'이다.

과연 누구 때문에 공부하는가? 부모 때문에 하는가, 아니면 스승 때문에 하는가? 공부는 자신을 위해서 하는 것이다. 이것이 경청 화상이 그 제자를 '멍청한 놈'이라고 한 이유이다.

'줄탁동시'란 위에서 말한 '결정적 시기'의 구체적인 상황을 가리킨다. 자식의 마음에서 배우고 싶은 동기가 일어날 때, 그 시기를 놓치면 부모의 도리를 못하는 것이다. 학교에서도 마찬가지다. 제자의 마음에서 공부하고 싶어 하는 마음이 분출될 때, 이 욕구를 채워 주지 못하면 스승의 잘못이 크다. 제자가 잘못을 저질러서 꼭

지도해야 할 때, 그 시기를 놓치면 그것 역시 스승의 잘못이 크다고 할 수 있다. 어미닭은 때를 알아서 병아리가 부화하도록 바깥에서 도와주어야 할 의무가 있다.

그러나 배우는 자의 책임은 더 크다. 병아리가 게을러서 안에서 나오려고 하지 않는다면 영원히 세상을 볼 수 없다. 마찬가지로, 만일 학생이 스스로 공부하지 않고 선생님이 모든 것을 해주기만을 바란다면 인생을 망칠 수 있기 때문이다. 공부는 스스로 하는 것이고, 스승은 안 되는 공부를 약간 도와줄 뿐이다.

어떤 자세로 배워야 할까?

붓다의 쪽지

배우는 청소년들이여, 부모와 스승을 탓하지 마라. 스스로 할 줄 알아야 한다. 자신은 노력하지 않으면서 부모와 스승이 다 해주기를 바란다면 그것은 멍청한 놈이다. 공부야말로 스스로 하는 것임을 명심하라.

너희 부모와 스승은 병아리가 세상에 잘 나올 수 있도록 도와주는 어미닭에 불과하다. 안에서 '톡톡' 칠 때, 조심스럽게 밖에서 '탁탁' 쳐 주는 부모와 스승께 항상 고마움을 가져라. 이것이 배움의 진정한 자세이다.

위로는 진리를,
아래로는 중생을

─멋진 인간이 되기 위해 보살의 길을 가라─

배우고 가르치는 일이란 참으로 어렵다. 교직 경력이 붙을수록 더욱 그러함을 느낀다. 단순히 교과서 지식만을 전수하는 것이라면 그동안 전공 지식을 공부하고 교수법도 익혔으니 어느 정도 자신이 있는데, 아이들에게 어떻게 하면 감화를 주고 올바른 인간으로 성장할 수 있도록 길을 터 줄 것인가 하는 문제에 봉착하면 마음이 착잡해진다.

그래서 배움과 가르침의 길은 다르다고 하는 것 같다. 배움은 선생님이 알려주는 대로 그냥 착실히 실행만 하면 된다. 그러나 가르침은 스승의 입장에서 배우고 익힌 것을 전달할 뿐만 아니라, 아이들에게 정신적 감화를 주고 모범을 보여 올바른 방향으로 변화되도록 해야 한다. 그러기에 스승의 길이란 참 어려운가 보다. 배우고 가르치는 일, 그것은 험난한 가시밭길을 걸어가는 수행자의 길이요, 구도자의 길이다. 배우는 것도 어려운 일이지만 가르치는 일은 더 어렵다.

붓다는 최고로 멋진 인간이 되려면 '보살의 길'을 가라고 가르쳤다. 보살菩薩이란 대승불교에서 내세우는 이상적 인간상이다. 인도 범어인 보디사트바Bodhisattva를 소리 나는 말로 적은 것으로, 보리살타의 줄임말이다. 보디Bodhi는 깨달음이란 뜻이고, 사트바Sattva는 생명, 중생이란 뜻이다. 따라서 보디사트바는 '깨달음을 향해 가는 중생'이라는 의미가 있다. 우리와 똑같이 중생이기는 한데 보살은 깨달음을 목표로 삼는다는 것이 우리와 다르다.

보살에게는 두 가지 요소가 갖추어져야 한다. 바로 원력과 실천이다. 이를 줄여서 보살의 '원과 행'이라고 한다. 원이 있는 곳에 행이 따르고, 행이 있는 곳에 원이 스며든다. 원이란 무엇인가 좋은 일을 하겠다는 일종의 맹세, 불교 용어로서 발원을 의미한다. 행이란 말 그대로 발원한 것을 실천에 옮기는 것을 말한다. 한마디로, 앞에서 말한 자리이타自利利他를 뜻한다. 자신이 지금 공부하는 것이 곧 다른 사람의 이익을 위한 것이라면 그것은 보살의 삶이다.

보살은 이 원과 행을 동시에 하는 사람을 가리킨다. 보살의 원과 행은 "상구보리上求菩提 하화중생下化衆生", 즉 위로는 진리를 구하고 아래로는 중생들을 제도한다는 말로 요약된다. 상구보리는 보살의 '원'이요, 하화중생은 보살의 '행'이다. 안으로 열심히 진리를 공부하고, 밖으로 그것을 펼쳐서 고통 받고 있는 사람들을 구제해 내는 것이다.

대표적인 보살의 원에는 사홍서원이 있다. 네 가지 큰 맹세와 발원이라는 뜻이다. 첫째는 '중생무변서원도'로 고통 받는 모든 중생을 다 건지고야 말겠다는 원이다. 둘째는 '번뇌무진서원단'으로 번뇌가 아무리 많아도 모두 끊고야 말겠다는 원이다. 셋째는 '법문무량서원학'으로 진리의 가르침이 아무리 많아도 모두 배우고야 말겠다는 원이다. 넷째는 '불도무상서원성'으로 부처님 되는 길이 아무리 험난해도 꼭 부처님이 되고야 말겠다는 원이다.

이 사홍서원은 실천, 즉 행이 따를 때 더욱 빛난다. 중생을 구제하기 위해 사회 봉사활동을 펼친다거나, 번뇌를 끊기 위해 명상 수련을 한다거나, 진리의 문에 들어서기 위해 훌륭한 스승을 찾아가서 배운다거나 하는 것들이 좋은 예이다. 이러한 행은 깨달음을 이루는 지름길이 된다.

대승경전인 『승만경』을 보면 승만이라는 부인이 열 가지 원을 말하고, 이를 실천하는 내용이 나온다. 그 내용 중 중요한 것을 간추리면 다음과 같다.

부처님, 저는 오늘부터 깨달음을 이룰 때까지 다음 열 가지 서원을 지키겠습니다.
저는 어른들에게 교만한 생각을 내지 않겠습니다. 저는 사람들에게 성내는 마음을 일으키지 않겠습니다. 저는 제 자신을 위해 재산을 모으지 않고 가난하고 외로운 사람들을 구제하기 위해서 재산을 모으겠습니다. 저는 보시와 부드러운 말과 이로운 행으로 사람들을 대하겠습니다. 저는 외롭고 의지할 데 없거나, 구금을 당했거나, 병을 앓거나, 여러 가지 고난을 당한 사람들을 보면 그들을 도와 편안하게 하고, 고통에서 벗어나게 한 다음에야 그곳을 떠나겠습니다.

이 외에도 『유마경』의 주인공 유마 거사는 "중생이 아프니 내가 아프다."라고 할 정도로 보살로서 중생들을 항상 아끼고 보살폈다. 승만 부인이나 유마 거사는 대표적인 보살들이다. 이들은 출가하지 않고 집에서 수행을 열심히 하면서 남을 위해 살다간 분들이다. 비록 불교 수행자는 아니지만 위대한 의사이자 신학자이자 음악가였던 슈바이처, 교육의 성인 페스탈로치, 인도의 위대한 비폭력주의자 간디, 사랑과 봉사의 실천가 테레사 수녀 등도 훌륭한 보살들이다.

붓다는 스스로 보살의 길을 걸었고, 보살의 길이야말로 가장 훌륭한 길임을 몸소 가르쳤다. 배우고 가르치는 길이란 바로 보살의 길이다. 위로는 진리를 구하고 아래로는 중생들을 제도해야 한다. "위로 진리를 구한다."는 것은 끊임없는 자기 수련을 의미한다. 자신의 전공 분야를 열심히 공부하는 한편, 자신의 실존적 자각을 위해 노력해야 한다. 또한 "아래로 중생들을 제도한다."는 것은 어리석은 사람들이 타락의 길로 들어서지 않도록 진리의 말씀을 전하고, 이미 타락의 길로 들어선 사람에게는 자비를 베풀어 마음을 돌이킬 수 있도록 노력해야 함을 의미한다.

보살은 인간이 추구해야 할 이상적 인간상이다. 자기밖에 모르고 정처 없이 헤매는 요즘의 청소년들에게 보살의 원과 행의 가르침은 보배와 같다. 나는 학생들을 가르치며 보살의 길을 가려고 노력한다. 그러면서 동시에 학생들이 보살의 삶을 살기를 기원한다. 왜냐하면, 청소년들은 미래의 스승이요 보살이기 때문이다.

공부를 하되 원을 세워서 하기를 바란다. 예를 들어, 법학 공부를 한다면 판사나 검사가 되어 권력과 명예를 거머쥘 것이라는 생각보다는, 공정한 법 집행을 통하여 사회 정의를 실현하겠다는 원을 세우는 것이다. 그러면 붓다의 가피^(힘을 실어줌)가 따르게 마련이다. 원에 따라 행을 할 때 그 행은 어디에서나 빛난다.

배우고 가르치는 사람이 이와 같이 보살의 길을 간다면 제자 아닌 학생이 없을 것이요, 스승 아닌 교사가 없을 것이다.

어떤 사람이 멋진 인간인가?

붓다의 쪽지

청소년들이여. 보살이 되기 위해 노력하라. 보살은 위로는 진리를 배우고 아래로는 중생을 구제하는 최고의 인간이다. 그러기 위해 원을 세우고 이를 행하라. 국가와 사회와 이웃을 위해 무엇을 할 것인가 목표(원)를 세우고, 이를 달성하기 위해 꾸준히 공부(행)하라. 이것이 청소년이 생활 속에서 실천할 수 있는 보살의 삶이다.

공부에는 왕도가 없다

-거문고 줄을 다루듯이 공부하라-

학창 시절로 돌아가 보면 나도 공부를 잘 하려고 꽤 노력한 것 같다. 초등학교를 다닐 때 자연 과목을 백 점을 맞았다고 아버지께서 무척이나 나를 칭찬하셨던 기억이 난다. 그런 일은 중학교에 올라가서도 종종 있었다. 그때 나는 공부에 묘미를 느끼고 있었던 것 같다.

나는 주로 새벽에 일어나 공부를 했다. 새벽 4시쯤 일어나면 그 산골 하늘에 맑고 고운 별들이 총총히 박혀 금방이라도 쏟아질 것처럼 빛났다. 마루에 나와 그 밤하늘을 바라보며 기지개를 펴고 책상에 앉으면 머리가 그렇게 상쾌할 수가 없었다. 그럴 때 공부를 하면 교과서의 내용들이 머리에 쏙쏙 들어왔다.

가끔 친구들은 나의 공부법에 관심을 가지기도 하고, 도대체 어떻게 하면 공부를 잘할 수 있느냐고 물어오기도 했다. 시험 날이 되면 다른 애들은 조마조마한 마음으로 벼락치기를 하고 산만하게 야단들인데, 나는 조용히 앉아 눈을 지그시 감은 채 명상에 잠겨 있었으니 그럴 만도 했다. 사실 그때는 명상을 한 것이 아니라 새벽에 공부한 것을 하나하나 머리 속에서 점검하고 있었던 것이다. 이런 나의 공부 습관은 지금까지도 이어진다.

공부에 왕도가 있을까? 누구나 공부 잘하기를 원하지만 그것이 뜻대로 되지 않는다. 청소년들이 스트레스 받는 것 중에 반은 공부 때문일 것이다.

『잡아함경』에서 붓다는 공부에 대해 다음과 같이 이야기 하고 있다.

소오나라는 제자가 있었는데 출가하여 공부한지 무수한 세월이 흘렀는데도 아직 도를 깨치지 못하자 그는 부처님께 나아가 아뢰었다.

"부처님, 저는 아무리 공부를 해도 도를 아직 알지 못하니 다시 환속하여 처자를 거느리고 보통 사람과 같이 살아야 하나 봅니다."

이 말을 듣고 부처님이 말했다.

"소오나, 자네는 출가하기 전에 거문고를 잘 탔다지? 그래, 거문고는 어떻게 해야 소리가 잘 나느냐?"

그러자 소오나는 자신 있게 대답했다.

"거문고를 잘 타기 위해서는 줄을 잘 다루어야 합니다."

"그렇다면 한 가지 물어보자. 거문고 줄을 너무 팽팽히 하면 어떻게 되겠느냐?"

"줄이 끊어집니다."

"그럼, 너무 느슨하게 하면 어떻게 되지?"

"그러면 소리가 나지 않습니다."

"그러면 소리가 가장 잘 나게 하려면 어떻게 해야 하느냐?"

"줄을 알맞게 조율해야 합니다."

그러자 부처님은 미소를 지으며 말씀하셨다.

"사랑스런 나의 제자야, 바로 그것이다. 공부도 그렇게 해야 된다. 너무 서두르면 마음이 조급해져서 공부가 되지 않는 법이다. 그렇다고 너무 느슨하면 게을러져서 또한 공부가 되지 않는 법이다. 마치 거문고 줄을 다루듯이 그렇게 공부하여라. 이것이 내가 깨달은 법이다.

이 이야기는 중도에 대한 가르침이다. 이 중도의 가르침은 붓다가 직접 깨달은 진리이기도 하다. 뒤의 붓다의 소개 부분에서 언급하겠지만, 붓다는 극단적인 고행이 무의미함을 알고 그 자리를 훌훌 털고 일어나 기운을 차린 다음 심기일전하여 보리수 아래서 진리를 깨쳤다. 붓다가 진리를 깨치게 된 것은 자신에게 가장 알맞은 수행 방법을 발견했기 때문에 가능했던 것이다.

자신에게 가장 알맞은 수행 방법, 이것이 중도이다. 단순히 어떤 길의 중간 상태를 말하는 것이 아니라, 무엇인가를 달성하기 위한 가장 바르고 알맞은 방법이 중도이다. 그런 의미에서 이는 아리스토텔레스가 말하는 '중용'의 개념과도 다르다. 아리스토텔레스는 "이성에 의해 일상생활에서의 충동, 정욕, 감정 등을 억제함으로써 한쪽으로 치우치지 않으려는 의지를 습관화 한 덕"을 중용이라 했다. 예를 들어, 비겁과 무모의 중용은 용기이다. 이때의 중용이란 지나침과 부족함이 없는 최선의 상태를 뜻한다. 따라서 붓다가 말하는 '가장 바르고 알맞은 방법'이라는 가르침과는 거리가 있다.

중도는 마치 거문고 줄을 가장 잘 조율했을 때 표현하고자 하는 가장 좋은 소리를 낼 수 있는 것과 같다. 공부도 마찬가지다. 자신에게 가장 바르고 알맞은 공부 방법이 있다. 또 처한 상황이나 조건에 따라 가장 바르고 알맞은 공부 방법이 있다. 다만 이를 모르고 무작정 덤벼드니까 공부가 되지 않는 것이다. 공부라는 것이 혼자 해야 잘되는 경우가 있고, 여럿이 해야 잘되는 경우도 있다. 암기를 해야 하는 공부가 있고, 체계적으로 이해를 해야 하는 공부도 있다. 저녁에 해야 공부가 잘되는 학생이 있고, 새벽에 해야 공부가 잘되는 학생도 있다.

공부를 잘 하려거든 자신에 알맞은 공부 방법을 발견하라. 이것이 붓다가 말하는 중도의 가르침이다. 공부 방법이란 고정되어 있지 않다. 상황과 조건이 변하면 얼마든지 바꿀 수 있는 것이다. 중요한 것은 그 상황과 조건에 가장 바르고 알맞은 방법이 무엇이냐 하는 것이다.

공부에 왕도가 있을까?

유리하다고 교만하지 말고, 불리하다고 비굴하지 마라. 무엇을 들었다고 쉽게 행동하지 말고, 그것이 사실인지 깊이 생각하여 이치가 명확할 때 과감히 행동하라. 벙어리처럼 침묵하고, 임금처럼 말하며, 눈처럼 냉정하고, 불처럼 뜨거워라. 태산 같은 자부심을 갖고 누운 풀처럼 자기를 낮추어라. 역경을 참아 이겨내고, 형편이 잘 풀릴 때를 조심하라. 재물을 오물처럼 볼 줄도 알고, 터지는 분노를 잘 다스려라. 때로는 마음껏 풍류를 즐기고, 사슴처럼 두려워할 줄 알고, 호랑이처럼 무섭고 사나워라. 이것이 지혜로운 이의 삶이니라. 『잡보장경』

공부 또한 이렇게 할 일이니, 그것이 다름 아닌 중도의 법이다.

고행을 즐겨라

*-광야로 보낸 자식은 콩나무가 되고,
온실로 보낸 자식은 콩나물이 된다-*

요즘 청소년들은 의지가 나약하다고 한다. 학교에서 학생들을 지도하다 보면 그런 상황을 종종 본다. 예를 들어, 자주 지각하는 학생을 불러 따끔하게 혼을 내주고 다시는 지각하지 않겠다는 각서까지 쓰게 했는데도 그 다음 날 가면 다시 지각을 한다. 이로 보면 참으로 실천 의지가 약하다는 것을 알 수 있다.

또 청소년들은 컴퓨터에는 오래 앉아 있으면서도 힘든 일은 하기 싫어한다. 선생님이 심부름이라도 시키려고 하면 우선 내빼고 본다. 학교에서 노력 봉사를 좀 하라고 하면 "왜 우리가 학교에서 이런 일을 해야 해요?"라고 이의를 제기하기가 일쑤이다. 인문계 학교 학생들은 마지못해 하면서 "그거 하면 봉사 시간 얼마나 주는

데요?"라고 먼저 묻는다. 이러고 보면 봉사활동 시간을 생활기록부에 반영하도록 했으니, 그나마 학생들이 억지로라도 봉사를 하게 된 것 같다.

내가 학교에 다닐 때는 정말 달랐다. 선생님이 심부름을 시키면 좋아서 어쩔 줄 몰라 했고, 조금 어려운 일을 시켜도 감히 못하겠다는 말을 꺼내지 못했다. 사실 그때는 학교 다니기가 쉽지 않았다. 그 먼 학교를 걸어서 다녀야 했고, 소풍 또한 원족(遠足)이라 하여 걸어갔다 걸어왔다. 모내기 철이 되면 모내기 노력 봉사, 방학이면 풀베기 노력 봉사, 벼 수확하는 가을이 오면 벼 베기 노력 봉사 등을 하며 학교생활을 했다. 그런데 그 시절 나를 포함한 아이들은 이런 일을 하는 것을 당연한 것으로 받아들였고, 이의를 제기하거나 불만을 토로하지 않았다.

교육학에서는 이를 '노작 교육'이라고 한다. 노작 교육은 막상 할 때는 어렵고 힘들지만, 그 땀방울 속에서 말로 표현할 수 없는 가치를 배우도록 한다. 나의 경우 농촌에서 부모님의 일을 도우며 자란 것이 지금도 큰 힘이 된다. 때로는 힘들어 짜증을 내기도 했지만 그 더운 여름에 담배 밭에 들어가 끈끈한 담배 잎사귀를 따던 나의 모습을 생각하면 지금도 힘이 불끈 솟는다.

요즘은 정말로 달라졌다. 물질적으로 풍부하고 모든 것이 기계화되었기 때문에 그렇다고 하지만, 몸이 편하다고 하여 정신까지 나약해지는 것은 좋지 않은 현상이다. 청소년이나 어른이나 할 것 없이 대충 편하게 살고 보자는 식이다. 이러한 자세는 평상시에는 문제가 되지 않을지 모르지만 위기가 닥쳤을 때는 심각해진다.

가장 좋은 예가 자식을 애지중지 키웠다가 낭패를 보는 경우이다. 사람이 살다보면 언제 위기가 닥쳐올지 모르는데, 어머니 품속에서 심약하게 자란 아이는 위기가 오면 도전하지도 못하고 금방 포기하고 만다. 정채봉 시인은 「콩씨네 자녀교육」이라는 시에서 "광야로 내 보낸 자식은 콩나무가 되었고, 온실로 들여보낸 자식은 콩나물이 되었네."라고 일침을 놓았다. 똑같은 콩이라도 광야에서 자라면 콩나무가 되는데, 온실에서 자라면 콩나물밖에 되지 않는다. 자식 교육도 마찬가지란 뜻이다.

붓다는 이러한 청소년들에게 어떤 가르침을 줄까? 바로 적절한 고행을 하라고 한다. 여기서 고행이란 단순히 육체를 괴롭히고 훈련하는 일을 말하는 것이 아니다. 자신의 몸과 마음속에서 일어나는 온갖 욕심과 성냄과 어리석음을 제거하고, 잡풀처럼 솟아나는 번뇌와 망상과 유혹을 떨쳐버리기 위해 자신과 싸우는 그러한 일련의 수련을 말한다. 이러한 수련의 기회를 많이 가지면 가질수록 몸과 마음은 굳건해진다. 각종 수련은 그래서 필요한 것이다.

붓다의 가르침을 따르는 나로서는 특히 사찰 수련을 권장하고 싶다. 사찰 수련은 매우 독특하고 현대인에게 유익하다. 템플스테이라고 하여 자신의 종교적 신념을 떠나 누구나 참여할 수 있도록 문호도 개방되어 있다. 나는 불교계에서 만든 청소년 단체인 파라미타를 지도하면서 학생들과 매년 한 번씩 수련대회를 치르고 스스로도 수련모임에 참여한 적이 있다. 참여할 때마다 항상 느낀 것이, 이 수련이야말로 요즘 의지가 부족하고 나약한 청소년에게 좋은 고행의 기회라는 것을 실감했다.

그 이유는 우선 사찰은 산 좋고 물 좋은 곳에 있어서 그 안에 들어간 것만으로도 일단 몸과 마음이 깨끗해진다. 공부와 스트레스에 시달리는 청소년들에게 그보다 좋은 것은 없다.

두 번째로 사찰에서 수련을 하다보면 항상 있는 프로그램이 잘못을 참회하도록 하기 위해 108배 내지는 1080배를 하는데, 이 절을 하는 과정에서 오만가지 생각이 다 든다. 중도에 그만두고 싶은 유혹의 고개를 수없이 넘는다. 그런 것들을 모두 이기고 절을 마쳤을 때의 뿌듯함이란 천만금을 주어도 못 살 일이다.

학생들과 함께 수련을 하다 보면 규칙을 어기는 경우가 종종 있다. 그러면 무조건 벌로 부처님 앞에서 108배를 하게 한다. 어떤 때는 눈이 수북이 쌓인 절 앞마당에서도 하도록 했다. 이런 고행은 그때는 힘들었지만 먼 훗날 아련한 추억이 된다.

세 번째로 명상의 참맛을 느낄 수 있다. 명상을 흔히 사찰에서는 '참선'이라고 하는데, 이를 하기 위해 방석에 고요히 앉아 있노라면 풍경소리가 울리고, 새소리가 들리며, 가끔 맑은 바람이 이마를 스친다. 게다가 물 흐르는 소리까지 청아하게 곁들이면 마음의 찌든 번뇌는 천 리 밖으로 달아난다. 어느 해 여름, 나는 국립공원 월악산 영봉이 보이는 모 천년고찰에서 일주일을 혼자 보낸 적이 있는데, 그 고즈넉하고 명상에 잠기는 맛이 참으로 감미로웠다. 수행 납자 스님들의 그 행복한 속내를 알 듯했다.

네 번째로 새벽 3시에 일어나서 예불에 참여하는 맛을 느낄 수 있다. 새벽 3시에 일어나 새벽 밤하늘을 한 번 바라보라. 하늘에서는 별이 쏟아지고, 커다란 법고 소리가 은은하게 울려 퍼진다. 언젠가 속리산 법주사에서 청소년들과 수련을 할 때 바라보았던 밤하늘은 무척이나 좋았다. 그때 에드리안이라는 미국 원어민 교사와 함께 참여했는데, 그는 하늘을 보고 너무도 좋아하며 '원더풀, 원더풀'을 연방 외쳤다. 고요함 속에서의 새벽 예불 또한 하나의 예술이요 수련의 극치이다.

이 외에도 사찰 수련의 좋은 점이 많지만 듣기만 해서는 느끼지 못하는 법이다. 소금도 입에 넣어야 짠맛을 알듯 직접 맛보아야 할 것이다.

사람은 어떻게 단단해질까?

붓다의 쪽지

청소년들이여, 적절한 고행을 하라. 고행은 자신을 괴롭히거나 학대하는 것이 아니다. 자신의 몸과 마음에 자양분을 심어주는 것이요, 의지를 키워주는 것이요, 궁극적으로 자신을 닦는 것이다. 이를 위해 수련에 참여하라. 모든 것을 벗어 던지고, 청정한 가람에 몸을 맡기고, 108배와 명상과 예불로 자신의 마음을 밝혀보라. 그러면 우주의 큰 빛이 그대 앞에 펼쳐질 것이다.

내가 하면 출가,
네가 하면 가출

-가출을 하려거든 차라리 만행을 하라-

청소년 가출은 어제오늘의 이야기가 아니다. 한창 자라나는 청소년 시기에 잠깐 '일상의 탈출'을 시도하는 것이라면 너그럽게 이해할 수도 있겠지만, 집이 싫어서, 학교가 싫어서, 무작정 가출하는 것은 문제이다. 그런 경우 십중팔구 타락의 길로 들어서기 때문이다.

나는 사실 가출을 해본 적이 없다. 만일 해 보았으면 역지사지의 심정으로 가출 청소년의 마음을 더 잘 헤아릴 수 있을 텐데 말이다. 그러나 학교에 있으면서 가출 청소년을 수없이 보아왔다. 대부분이 다시 집으로 돌아오지만 나간 것으로 끝인 학생도 많았다. 소식이 끊어진 채 학교도 자퇴해 버리는 그런 학생들을 보면 참으로 마음이 참담하다.

사람이 살면서 괴롭고 짜증이 나면 어디론가 떠나고 싶은 것이 인지상정이다. 청소년들이라고 어찌 그렇지 않겠는가? 학교에서 받는 입시에 대한 중압감, 부모님과 선생님의 기대, 그리고 무차별한 인터넷 정보나 흥청거리는 사회에서 뻗어 오는 갖가지 유혹에서 자유롭기가 어렵다. 이것이 쌓이고 쌓이면 가출로 이어지는 것이다.

붓다는 가출에 대하여 어떤 시각을 가질까? 따지고 보면 붓다도 부모가 계신 왕궁을 나왔으니 가출한 것이다. 그러나 붓다의 가출은 단순한 가출이 아니라 적극적인 가출이다. 왜냐하면 피해서 달아난 가출이 아니라 뭔가 진리를 찾아서 단행한 위대한 가출이기 때문이다. 이를 수행자들은 출가라고 부른다. 집을 버리고, 부모형제도 버리고, 그 동안 맺어온 세속의 인연을 다 끊어버리고 진리를 찾아서, 스승을 찾아서 길을 떠나는 것이 출가이다.

그러니 출가는 가출과는 비교도 안 되는 장엄한 의식이다. 독일의 헤르만 헤세가 소설 『싯다르타』에서 붓다의 출가를 '위대한 포기' 라고 표현한 것은 이와 같은 의미에서다. 더 큰 자유를 얻기 위해 지금 누리고 있는 명예와 권력, 그리고 감미로운 쾌락을 포기한 것이다.

붓다는 최초의 경전 『숫타니파타』 제3장 '대품' 에서 출가한 이유를 다음과 같이 설하고 있다.

집에서 사는 생활은 비좁고 번거로우며 먼지가 쌓인다. 그러나
출가는 널찍한 들판이며, 번거로움이 없다. 그래서 나는 출가했다.

또한 출가한 후의 심경을 다음과 같이 표현하고 있다.

　　출가한 다음에는 몸으로 짓는 나쁜 행위를 멈추었다. 말로 짓는
　　악행도 버리고 아주 깨끗한 생활을 하였다.

　출가는 개인적인 떠남으로 끝나는 것이 아니라, 배우고 깨친 진
리를 다시 세상 사람들에게 돌려주는 데 더 큰 의의가 있다. 즉 고
통에 신음하는 사람들을 구제하고 진리의 가르침을 널리 펴는 것이
다. 이것을 붓다는 '회향(回向)'이라고 했다.
　수행을 하고자 하는 사람에게는 만행이 필요하다. 만행이란 깨
달음을 얻기 위해 하는 일체의 실천 행위로, 여러 곳을 돌아다니며
마음을 닦는 것이다. 어려움이 닥쳐오더라도 능히 이겨내고, 누가
욕을 하고 비판을 하더라도 자신을 한없이 낮추어 하심(下心)하는 것
이다. 그런 과정에서 진정한 자신을 발견하는 것이 만행이다. 『화
엄경』을 보면 선재동자가 등장하는데, 이 동자는 깨달음을 성취하
기 위해 53명의 선지식(훌륭한 스승)을 찾아다닌다. 한마디로 구도 여행
을 멋지게 하는 것이다.
　붓다는 오늘날 가출을 하려고 하는 청소년들에게 어떤 가르침
을 줄까? 한마디로, "가출을 하려거든 차라리 만행을 하라."고 가
르친다. 기왕 집을 나왔으면 진정 자신이 누구인지 고민하고, 성찰
하며, 뭔가를 배우는 만행을 하라는 것이다. 타락의 늪으로 빠지지
말고, 고통을 감수하며 일을 한다거나, 활기차게 살아가는 시장 사
람들을 지켜보거나, 사회복지 시설에 가서 장애인들을 돌보거나,

혼자 높은 산에 올라 보라는 것이다. 즉 스스로 고행을 해 보라는 것이다. 고행 속에서 뭔가 돌파구가 보이는 법이니, 기왕 가출했다면 그렇게 보내라는 것이다.

주로 만행을 하면서 고행을 하는 수행자를 운수납자라고 부른다. 이는 '구름같이 물같이 정처 없이 돌아다니며 진리를 구하는 수행자' 라는 뜻이다. 만행을 즐기는 수행자는 어디에도 걸림이 없다. 마음 어디에도 속박이나 구속이 없다. 탁 트인 창공처럼 드넓고 자유롭다.

나는 지금에 와서야 가출다운 가출을 해 본다. 방학 때만 되면 보따리를 싸서 며칠 간 어디론가 떠나곤 한다. 주로 사찰에 다녀오는 것이 대부분이지만 어디론가 떠난다는 것은 참으로 즐거운 일이었다.

한 번은 스님 혼자서 수행하는 산중 암자를 일주일 정도 다녀온 적이 있다. 스님과 둘이서 밥도 해 먹고, 반찬도 해 먹고, 예불에도 참여한 것이 그렇게 기억에 새로울 수가 없다. 어느 하루는 스님이 출타를 하셔서 혼자 그 깊은 산중 암자에 남게 되었는데 솔직히 너무도 무서웠다. 역시 수행이 덜 되어서 그런지, 특히 밤이 그렇게 무서울 수가 없었다. 짐승 울음소리가 가까이서 들리고, 바람소리마저도 귀신 울음소리로 들렸다. 마음을 굳게 먹고 단전^(아랫배)에 힘을 주고, '관세음보살' 염불을 하며 나 자신을 똑바로 주시하니 두려움이 좀 가시는 것 같았다. 이것은 정말 훌륭한 만행이었다.

또 한 번은 배낭을 메고 호남선 기차를 타고 지리산 모 암자를 다녀온 적이 있다. 해가 질 때쯤에야 기차에서 내리게 되어 암자를 찾아가는 길이 쉽지 않았다. 어둠은 금방 내리고 어디가 어딘지 분간할 수조차 없었다. 등줄기에서 식은땀이 흐르고 발은 무거워져 딛기조차 힘들었다. 수행의 길이 이렇게 어렵구나 하는 것을 처절히 느끼지 않을 수 없었다.

그렇게 도착한 후의 즐거움이란 이루 말할 수가 없었다. 계곡에 흐르는 물소리, 밤벌레 울음소리, 대숲을 스쳐오는 시원한 바람소리는 물론이고, 산을 휘감는 어둠의 무게가 있어 너무도 좋았다. 게다가 어둠 사이로 울려 퍼지는 청량한 풍경소리는 내 마음의 번뇌를 한방에 날려 버렸다.

만행은 이렇게 좋은 것이었다. 나는 청소년들에게 가출하고 싶거든 차라리 그 마음 잠시 거두어 두었다가 시간을 두고 만행을 가라고 권장한다. 무작정 3일 이상 집을 떠나 보라는 것이다. 실제로 나는 방학만 되면 최소한 내가 가르치는 아이들에게 무조건 3일 이상 집을 떠나보라고 주문하곤 했다.

무엇이 멋진 가출인가?

청소년들이여, 집을 떠나는 것은 괴로운 일이다. 그래도 가출을 하려거든 차라리 만행을 떠나라. 배낭을 메고 진리를 깨치고자 정처 없이 떠돌아다니는 수행자처럼. 현재를 위하여, 미래를 위하여 여러 곳을 돌아다녀 보며 만행을 하라. 그 만행은 헛되지 않나니, 참 나를 발견하는 길이고, 세상을 지혜롭게 사는 길이다.

스승과 사형사제

-스승과 제자는 서로 공경하고 잘 살펴야 한다-

흔히 학생은 있으되 제자는 없고, 교사는 있으되 스승은 없다고 한다. 학생과 교사의 관계면 어떻고 제자와 스승의 관계면 어떠하냐고 묻는다면 딱히 할 말은 없다. 문제는 가르치고 배우는 관계가 마치 지식 거래 관계로 비추어지고, 서로 존중하지 않는 삭막한 관계가 되는 것을 염려해서이다.

유태인의 경전인 탈무드를 보면, 부모보다도 스승을 더 존경하라고 가르치고 있다. 예를 들어, "부모와 스승이 동시에 물에 빠졌다면 누구를 먼저 구할 것이냐?"고 물으면 아이들은 스승을 먼저 구하겠다고 대답한다. 이것은 가정에서 부모님들이 아예 그렇게 가르치기 때문이다. 부모는 육체적으로 자식을 세상에 나오게 했지만, 스승은 그 자식에게 정신적으로 지혜의 눈을 뜨게 했으므로 스승이 더 훌륭하다는 것이다.

붓다는 이에 대해 어떻게 말하고 있을까? 경전에서 직접적으로 사제의 관계에 대하여 명문으로 써 놓은 것은 그렇게 많이 보이지 않는다. 그도 그럴 것이, 붓다 스스로 사제의 모범을 보였으니 굳이 설할 필요가 없었을 것이다. 다만『선생경』에서 다음과 같이 설하고 있다.

> 제자는 오사五事로서 스승을 공양하여야 한다. 첫째, 잘 순종한다. 둘째, 잘 받들어 섬긴다. 셋째, 스승보다 먼저 일어난다. 넷째, 스승에게 누를 끼치지 않는다. 다섯째, 스승에게 공경의 예를 다한다.
>
> 또한 스승은 제자에게 오사로써 제자를 잘 가르쳐야 한다. 첫째, 기술을 가르친다(기예교육). 둘째, 빨리 가르친다(조기교육). 셋째, 아는 것을 다 가르친다(지식교육). 넷째, 좋은 방위에 편히 있게 한다(진로교육). 다섯째, 착한 벗을 사귀도록 도와준다(생활지도).

붓다에게는 훌륭한 열 명의 제자가 있었다. 이들은 붓다를 헌신적으로 받들었고 평생을 곁에서 떠나지 않았다. 이렇게 한 스승 밑에 있는 제자들은 서로 사형師兄·사제師弟라고 부른다. 스승의 문하에 자신보다 일찍 들어왔으면 '사형'이 되고, 늦게 들어왔으면 '사제'가 된다. 혈연으로 맺어지는 것이 아니라, 한 스승을 위에 두고 똑같은 가르침을 받는 사람으로서 형제의 연을 맺는 것이다. 이 얼마나 아름다운 일인가?

오늘날 한 학교를 나오고 선후배 관계이면 동문이 되고, 한 학년에서 같이 배우고 졸업했으면 동창이 되는데, 사형사제라고 부르기에는 어딘지 모르게 석연한 점이 있다. 동문·동창이라는 것이 어디까지나 '학교'를 중심에 둔 개념이지, '스승'을 중심에 둔 개념이 아니기 때문이다.

스승이 존중되는 학교라야 희망이 있다. 그러기 위해서는 우선 스승이 존재해야 한다. 누구에게나 존경받고 학생들에게 모범이 되는 그런 선생님 말이다. 가르치는 사람의 한 사람으로서 나는 항상 이 점이 부끄럽다.

수행자들은 서로를 사형·사제라고 부른다. 그러면서 동시에 도반이라고 부른다. '한 스승 밑에서 진리와 학문을 같이 배우는 동료'라는 뜻이다. 청소년이나 어른 할 것 없이 우리가 세상을 산다는 것은 인생의 진리를 배워 가는 것이다. 한마디로 도道를 닦아 가는 것이다. 그리고 보면 모두가 도반이다. 하물며 학교를 다니면서 한 담임선생님 또는 한 교과 선생님 밑에서 일 년 이상을 배웠다면 더 이상 말할 필요가 없다. 도반 중의 도반으로서 사형사제의 관계가 된다.

아무리 세상이 각박하게 돌아간다 하더라도 같이 배운 도반 친구 몇 명이라도 모여 옛 스승을 찾아뵙는다면 얼마나 아름다울까? '그때 그 선생님이 나에게 해 준 것이 뭐가 있어?' 하고 불평 불만을 할 것이 아니라, '그래도 많은 시간 동안 그 선생님은 나의 장래를 걱정해 주셨지.' 하고 생각하면서 선생님을 찾아뵙는다면 얼마나 좋을까? 만일 그러한 마음을 내어 실천에 옮긴다면 큰 공덕이 될 것이다.

스승이란 무엇인가?

청소년들이여, 너희 스승을 공경하라. 스승을 공경할 줄 아는 사람이 큰 일도 하는 법이다. 스승이 없이 어떻게 눈을 떴다고 할 수 있는가? 진리를 설하는 자는 모두가 스승이다. 자신을 일깨우는 자는 모두가 스승이다. 부디, 스승의 은혜를 저버리지 마라. 삼삼오오 모여서 옛 스승 찾아 길을 떠나라.

06

배움의 실천,
더없는 행복

내 인생에서 가장 행복한 날은 언제인가?
바로 오늘이다.
내 삶에서 절정의 날은 언제인가?
바로 오늘이다.
내 생애에서 가장 귀중한 날은 언제인가?
바로 오늘, '지금 여기'이다.
어제는 지나간 오늘이요, 내일은 다가오는 오늘이다.
그러므로 '오늘' 하루하루를
이 삶의 전부로 느끼며 살아야 한다.

『벽암록』

칭찬은 고래도 춤추게 한다

-사람은 저마다 다르게 피어난다-

새로 들어온 신입생 담임을 맡고 있었을 때의 일이다. 어느 날 담임 반이 아닌 다른 반의 수업을 들어갔는데, 그 반에 우리 반 아이와 똑같은 학생이 있었다. 얼굴이 예쁘장하고 귀여운 모습이 조금도 다르지 않았다.

그래서 혼내듯이 물었다.

"너 어째서 여기 와 앉아있는 거니?"

그러니까 대뜸 말했다.

"저 그 애 아닌데요. 저 쌍둥이예요."

순간 조금은 당황스러웠지만, 그렇구나 하고 넘어갔다. 그런데 시간이 지날수록 가관이었다. 다른 반 쌍둥이가 우리 반에 수시로

왔다 갔다 하는데 도무지 분간을 할 수가 없었다. 한 달이 지나서야 간신히 서로의 차이를 발견할 수 있었다. 외모로 볼 때, 우리 반 아이는 목 언저리에 점이 있었고, 다른 반 아이는 점이 없었다. 더욱 확실하게 구분할 수 있었던 것은 행동의 차이 때문이었다.

우리 반 아이는 한마디로 천방지축이었다. '세상에 여고생이 되어서 어쩌면 저럴까?' 하고 한숨이 절로 나올 정도였다. 선생님이 교실에 들어와도 여기저기 돌아다니기 일쑤이고, 이를 지적하면 대꾸도 하지 않고 씩 웃어넘겨 버렸다.

그런데 다른 반 아이는 달랐다. 그 아이는 똑같은 쌍둥이면서도 그렇게 천방지축은 아니었다. 수업시간에 좀 산만한 것은 똑같았지만 무엇보다 마음이 수순했다. 선생님이 뭐라고 하면 긍정적으로 대답하고 무엇보다 표정이 밝았다. 무슨 인연인지 이 아이가 내가 지도하는 특별활동 반인 '명상반'에 들어왔다.

결국 나는 이 쌍둥이 자매와 특별한 인연을 맺게 된 셈이었다. 한 아이는 담임 반으로, 다른 아이는 특별활동 반으로 만나게 되었다. 문제는 담임으로서 우리 반 천방지축 아이를 어떻게 지도하느냐 하는 것이었다.

교사인 내가 선택할 수 있는 방법이 무엇일까? 붓다라면 저런 아이에게 어떻게 다가갈까? 고민이 이만저만이 아니었다. 내가 내린 처방은 '칭찬 요법'이었다. 마음속으로 절대 혼내거나 매를 대지 않겠다고 다짐했다. 그리고 이 아이의 근기(특성)를 발견하기 위해 노력했다.

어느 날이었다. 야간 자율학습 시간에 우연히 미술실을 들르게

되었다. 나는 거기서 그림을 그리고 있는 쌍둥이 자매를 발견하고
는 깜짝 놀랐다. 알고 보니, 쌍둥이는 특기 적성 활동으로 미술을
신청했고, 일주일에 세 번 정도 미술 선생님에게 특별지도를 받고
있던 터였다. 세상에, 저런 천방지축이 그림을 그리다니……. 나
는 우리 반 쌍둥이 아이에게 다가가 칭찬을 아끼지 않았다.

"참, 미술을 이렇게 잘 하는구나. 너는 그림만 잘 그려라. 공부
좀 안 해도 돼. 영어 수학 얼마나 머리 아프니? 그림 그리면 기분
좋지? 그림도 큰 공부란다."

입에 침이 마르도록 칭찬을 하며 어깨를 두드려 주었다. 나중에
어머니와 상담을 통해서 알게 되었지만, 이 두 아이는 몸만 쌍둥이
지 성품이 너무 다르다는 것이었다. 둘 다 똑같은 것은 공부를 그
렇게 싫어하는데, 부모 욕심 때문에 인문계 고등학교를 보냈노라
고 실토했다.

나는 어머니와 많은 이야기를 주고받았다. 나중에 이사를 가게
되어 쌍둥이 자매는 멀리 다른 학교로 전학을 갔지만 어머니가 했
던 말이 지금도 귀에 생생하다.

"선생님, 그렇게 속상하고 화가 나셨을 텐데 매 한번 대지 않고
칭찬만 해 주시니 우리 애가 참 많이 달라졌어요."

『법화경』 '약초유품' 에 보면, 다음과 같은 붓다의 말씀이 나온다.

비유하면, 삼천대천세계의 산과 강과 골짜기와 평지에서 자라
는 초목과 숲과 약초의 종류가 많지만, 각기 그 이름과 모양이 다
르다. 비가 내리면 모든 초목과 숲과 약초들의 뿌리와 줄기와 가지

와 잎이 두루 젖는다. 한 구름에서 내리는 비이지만, 그 초목의 종류와 성질에 따라 저마다 달리 자라며 꽃을 피우고 열매를 맺는다. 같은 땅에서 나고 같은 비에 젖지만 여러 가지 초목이 각기 다른 것이다.

이에 의하면, 비는 붓다이면서 부모이고 초목은 자식이다. 똑같은 비를 맞고도 초목이 제각기 다른 모양으로 자라고 꽃을 피우는 것처럼, 똑같은 부모에게서 나왔어도 자식은 다를 수밖에 없다. 하물며 쌍둥이일지라도……. 훌륭한 부모라면 이를 인정해야 하지 않을까 싶다. 그 다름을 키워주고 북돋아 주는 것이 부모의 도리이기 때문이다.

사람은 왜 저마다 다를까?

붓다의 쪽지

생명을 살리기 위해 보배스러운 비가 허공 가득 내리나 생명들은 자신의 그릇에 따라 비를 받아먹는 모양이 다 다른 법이다
의사 대사, 『법성게』

자식도 마찬가지다. 자신의 그릇이 있게 마련이다. 사발 그릇이 있는가 하면 놋그릇이 있고, 큰 그릇이 있는가 하면 작은 그릇이 있듯이, 저마다 타고난 품성이 다른 법이다. 또한 밥을 담아야 하는 그릇이 있고, 국을 담아야 하는 그릇이 있듯이 저마다 그 쓰임이 다른 법이다.

청소년들이여, 자신의 그릇 모양과 쓰임새가 어떠한지 잘 살펴서, 그 그릇대로 자신을 키워라. 그러면 미래에 큰 재목이 될 것이다.

학교는 장엄한 꽃의 세계

-아이의 근기가 다르면 가르치는 방법도 달라야 한다-

아침 8시경 학교에 출근해 운동장을 가로질러 교정으로 들어서는 길은 참으로 좋다. 초여름의 맑은 햇빛이 보석처럼 빛나는 사이로 여기저기서 새소리가 들려오고, 교정 한 쪽 잣나무 숲에서는 향기로운 바람이 불어오는가 하면, 얼마 전에 조성한 야생화 단지에서는 붓꽃, 초롱이꽃, 천인국, 원추리 등이 아침 이슬을 머금고 고개를 든다.

어느 학교나 아침의 교정은 그야말로 화엄의 세계를 펼치는 듯하다. '화엄華嚴'이란 꽃으로 장엄하다는 뜻이다. 마치 도량에 들어온 듯 마음이 맑아지고 어딘지 모르게 힘이 솟는다. 어느 학교에 있을 때의 이야기이다. 내가 근무하는 4층 상담실로 가기 위해서는 무려 8번의 계단을 올라야 한다. 조금은 힘들지만 층마다 수많은 아이들과 부딪쳐서 좋다.

"선생님, 안녕하세요?"

명희와 송이의 목소리. 명희는 스승의 날 나에게 쪽지 편지와 함께 목캔디를 선물한 아이다. 그 애가 나를 그렇게 좋아하는 줄은 편지를 통해서 비로소 알았다. 평소 나만 보면 그렇게 수줍음을 타면서도 인사를 빼놓지 않는 아이로 알았는데 편지를 읽고 새삼 놀랐다.

또 송이라는 아이는 그렇게 인사를 열심히 하는데 왜 선생님은 자신의 이름을 기억하지 못하느냐고 따지는 아이다. 언제나 나를 만나면 "제 이름 외웠어요?"라고 묻곤 했다. 덕분에 빠른 시일 내에 이름을 외웠고, 인사하면 꼭 "송이구나." 하고 이름을 불러주곤 했다.

또 현화라는 아이가 있다. 이 아이는 1학년 때 반장을 했던 아이인데 좀 뚱보라서 그런지, 늘 윗도리 교복 단추를 터놓고는 내의가 치마 바깥으로 나올 정도로 옷에 신경을 쓰지 않는 아이다. 이 아이는 나만 보면 달려와 으레 오른손을 치켜들고 나와 손바닥을 마주치는가 하면, 가면을 쓰고 몰래 들어와 놀래 주곤 했다. 또 한명의 팬, 소망이라는 아이는 2학년에 올라와 반장이 되었다고 그렇게 자랑하면서, 나만 보면 달려와 손바닥을 마주치고 껴안을 듯이 좋아했다.

그뿐만이 아니었다. 내가 아는 아이 중에는 도저히 여고 학생들이라고 할 수 없을 정도로 말괄량이들이 많다. 복도에서 저희들끼리 썰매를 끄는 것처럼 손을 잡고 달리지를 않나, 치마를 입은 채 그냥 나무마루 바닥에 주저앉아 서로 부둥켜안고 막 뒹굴지를 않나, 심지어는 술래잡기를 하지 않나……. 그와는 정반대로 사색적인 아이들도 있었다. 이 애들은 말괄량이들과는 달리 나름대로 의문을 가지고 사색하기를 좋아했다. 또 하루 종일 책상에 앉아 공부만 하는 아이가 있는가 하면, 밥 먹듯이 지각을 일삼는 아이도 있었다.

이러고 보면 아이들은 참 각양각색이다. 그래서 문득 깨달은 것이 있다. 이 깨달음은 그야말로 붓다의 가르침을 공부를 한 후에야 찾아온 소식이다. 바로 아이들의 '근기根機'가 다 다르다는 사실, 따라서 교육도 그 근기에 맞게 해야 한다는 것! 이것은 어쩌면 붓다가 나에게 안겨준 최고의 선물일지 모른다.

『화엄경』'보살명난품'에 보면 근기에 대한 가르침이 나온다. 문수보살이 지수보살에게, "붓다의 가르침에서는 지혜를 첫째로 꼽는데 붓다께서는 어째서 육바라밀과 사무량심을 찬탄하십니까? 이러한 법으로는 최상의 깨달음을 얻을 수 없지 않습니까?"라고 질문하자, 지수보살이 다음과 같이 대답한다.

붓다는 중생의 성품을 잘 알아 거기에 알맞은 법을 설하십니다. 탐욕이 많은 사람에게는 보시를 권장하고, 규칙을 지키지 않는 사람에게는 계율 갖기를 권장하며, 화 잘 내는 사람에게는 인욕을, 게으른 사람에게는 정진을, 마음이 흩어지기 쉬운 사람에게는 선정을, 어리석은 사람에게는 지혜를 권장합니다. 그리고 인정이 없는 사람에게는 베풀 것을 권장하고, 남을 해치는 사람에게는 가엾이 여김을, 마음에 근심이 있는 사람에게는 기쁨을, 사랑하고 미워하는 생각이 많은 사람에게는 버림을 권장하신 것입니다. 이와 같이 평소에 꾸준히 나아간다면 마침내 진리를 깨닫게 될 것입니다.

학교는 어쩌면 장엄한 화엄의 세계일지 모른다. 아이들이 저마다 꽃이 되어 나름대로 자신의 세계를 펼치면서 크게 하나로 어우러지기 때문이다. 청소년들은 지금 한창 피어나는 꽃이다. 장미꽃, 목련꽃, 백합꽃, 국화꽃 등 이름은 다르지만 자신만의 독특한 향기를 품고 자라나는 아름다운 꽃들이다.

이런 꽃들이 저마다 잘 자라서 자기만의 개성 넘치는 열매를 맺을 수 있도록 정성을 다해야 하지 않을까? 그들의 근기에 맞게 말이다. 선생님을 좋아하는 아이에게는 한없는 자비로, 말괄량이에게는 선정으로, 게으른 아이에게는 정진으로 말이다.

학교란 무엇인가?

붓다의 쪽지

세상은 한 떨기 꽃이다. 저마다 아름다운 꽃들이 피어나 꽃 세상을 만들기 때문이다. 생명이 있는 것이든, 생명이 없는 것이든 그 자체로 존재 이유를 가지고 태어나 온 세상이 장엄하다. 저기 저산 위에 묵묵히 서 있는 바위 하나도 의미를 더한다. 그 바위로 말미암아 그 옆에 있는 소나무가 빛나고 진달래꽃이 아름답다.

청소년들이여. 학교도 마찬가지다. 그대들은 하나하나 한 떨기 꽃으로 학교라는 도량에서 꽃을 피운다. 그대들이 각자 뿜어 올리는 꽃의 향기는 먼 훗날 이 세상을 덮고도 남을 것이다.

베풂과 나눔의 차이

-봉사활동은 자비의 실천이다-

"안녀하세여, 서-샌님."

학생들을 태우고 시설 주차장에 내리자, 장애우 몇 명이 달려오
더니 어눌한 발음으로 이렇게 인사했다. 늘 그랬듯이 그들은 꺼칠
꺼칠한 얼굴에 홍조를 띤 채 허연 이를 드러내 보이며 나에게 손
을 내밀었다.

가을 짙은 10월 어느 토요일. 나는 학생들과 함께 시설에서 봉
사활동을 펼친 적이 있다. 시설에는 40여 명의 갈 곳 없는 아이들
이 살고 있었는데, 이들 중에는 단순한 신체장애아를 비롯하여 중
증 장애인도 포함되어 있었다.

나는 우선 봉사활동에 참여한 30여 명의 학생들을 시설 제일 위

쪽에 위치한 법당으로 안내했다. 학생들에게 간단히 부처님께 절하는 방법과 불교예절을 가르쳐주고는, 오늘 하루 시설에서 무엇을 해야 하는지를 알려주었다. 대부분이 이런 시설에 처음 왔는지 내심 걱정하는 눈빛이 역력했다. 자신들과는 다른 행동을 하고 말도 통하지 않는 장애우들이 조금은 부담스러웠는가 보다.

법당을 나와 시설 앞마당에서 첫 번째 프로그램으로 노력 봉사를 시작했다. 여학생들은 잔디 심는 것을 도와주고, 남학생들은 돌을 나르거나 박힌 돌을 캐내는 일을 했다. 이때 난데없이 한 장애우가 나타났다. 그 장애우는 깡마른 체구에 눈은 허공을 응시한 채, 여기저기 손가락을 가리키며 무슨 말을 중얼중얼 거리면서 마당을 휘젓고 다녔다. 순간 학생들이 놀라서 그를 피했다.

이때 나는 그 장애우에게 다가가 다정히 껴안으며 등을 다독이고는 같이 돌을 캐자고 했다. 그러자 너무 기뻐하는 눈치를 하며 내 삽을 빼앗더니만 자신이 돌을 캐겠다는 시늉을 했다. 한 번 해보라고 하니까 뜻대로 되지 않는지 헛삽질만 했다. 그래도 난 참 잘한다고 하면서 칭찬을 아끼지 않았다.

이러는 나의 모습을 보자 학생들의 태도가 바뀌는 것 같았다. 처음에는 그 장애우를 피하고 경계하는 눈빛이더니 너도나도 내 주변으로 와서는, 그 장애우를 도와주려고 했다. 그리고는 금방 친해지는 분위기였다.

"얘들아, 장애우라고 해서 다른 사람이 아니야. 우리와 똑같아. 다만 신체나 정신이 좀 불편할 뿐이지. 한 번 장애우와 놀아봐. 놀아주는 것도 큰 봉사란다. 이들은 정에 굶주려 있거든……."

나의 이 말에 화답이나 하듯, 오후의 놀아주기 시간에는 장애우들과 공을 차기도 하고, 장난을 치기도 하고, 다정히 안아주기도 하면서 화기애애한 시간을 보냈다. 특히 자폐아가 두 명 정도 있었는데, 이 아이들은 아무리 말을 걸어도 대답은 하지 않으면서도 우리 학생들에게 안기고 업히기까지 했다. 이러는 모습이 나에게는 너무도 정겨웠다.

붓다는 봉사활동을 무엇이라고 할까? 한마디로 '보살행'이라고 할 것이다. 보살행이란 '위로는 진리를 구하고 아래로는 중생을 제도하는 것'을 말한다. 그런데 보살행은 자비의 마음이 없이는 불가능하다. 자비란 '베풂과 나눔'을 의미한다. 남에게 아낌없이 주고자 하는 마음이 '자慈'요, 남의 고통을 함께 나누고자 하는 마음이 '비悲'이다. 이것은 이미 앞에서도 언급한 바 있다.

우리 학생들은 봉사활동에서 그야말로 붓다의 가르침인 자비를 실천한 것이다. 자비는 보시로써 구현되는데, 보시에는 세 가지가 있다. 재물로 베푸는 재보시, 진리의 말씀을 전하는 법보시, 두려움을 없애주는 무외보시가 그것이다.

그렇다면 우리 학생들의 봉사활동은 어디에 해당할까? 굳이 말하라면 장애우들과 놀아주었으니 무외보시를 행한 셈이다. 한때나마 장애우들을 즐겁게 하여 두려움을 없애주었기 때문이다. 하지만 더 소중한 것을 깨우치지 않았을까? 바로 가진 것 없어도 보시를 행할 수 있었다는 사실 말이다.

물건이나 돈이 없어도 행할 수 있는 보시를 '무재칠시'라고 했다.

이 중에 우리 학생들은 화안시^{和顔施}(부드러운 얼굴로 대하는 것), 심시^{心施}(마음을 열어 따뜻이 대하는 것), 신시^{身施}(몸으로 때우는 것)를 행하지 않았을까? 하루 내내 시설에서 장애우를 위해 부드러운 얼굴로 마음을 열어 그들과 놀아주었고, 거기에다 몸으로써 시설 도량 정비를 도와주었으니 말이다. 아마도 학생들은 시설 봉사활동을 통해 또 다른 자신을 발견했을지도 모른다.

돈 없이도 베풀 수 있을까?

붓다의 쪽지

보시를 하는 것은 명예나 이익을 위해서도 아니고, 남을 속이기 위해서도 아니다. 그러므로 보시를 했다고 하여 교만한 마음을 내거나 은혜 갚기를 바라서는 안 된다. 보시를 할 때는 자기를 돌아보지 말아야 하고, 받을 사람을 가려서도 안 된다. 『열반경』

청소년들이여, 훌륭한 사람으로 성장하고 싶다면 어렸을 적부터 보시하는 법을 배워라.

봉사활동은 보시를 실천할 수 있는 좋은 방법이다. 대가를 바라지 않는 봉사활동을 통하여 자비의 씨앗을 심을 수 있는 기회를 만들어라.

무소의 뿔처럼 혼자서 가라

-졸업은 더 넓은 세상으로 나아가는 것이다-

"오랫동안 사귀었던 정든 내 친구여. 작별이란 웬 말인가 가야만 하는가……."

노래가 울려 퍼지는 순간 졸업식장은 숙연해졌다. 졸업장과 상장이 수여될 때는 그렇게 좋아라고 떠들고 환호성을 지르던 졸업생들이 이때만큼은 조용해졌다.

오랜 전 어느 학교에서 맛보았던 졸업식은 지금도 나에게 특별한 의미로 다가온다. 1학년 때는 담임으로, 3학년 때는 교과 전담교사로 사제의 연을 맺었고, 무엇보다 이 애들이 파라미타 창립 멤버였기 때문이다.

내가 부임할 때, 이 학교에는 파라미타가 없었다. 파라미타는

1996년 청소년들에게 붓다의 가르침을 널리 알리고자 대한불교조계종에서 설립한 청소년단체이다. 창립한지 20년이 넘은 지금 전국적인 네트워크를 갖추고 활발한 활동을 하고 있다. 나는 그 당시 1학년 담임을 맡으면서 파라미타 조직을 서둘렀고, 회원을 모집한 결과 80명이 몰리는 쾌거를 이루었다. 그때 이 아이들을 학교 시청각실에 모아놓고 환영회를 하면서 느꼈던 감동이 지금도 가슴 한켠에 잔잔하다.

나는 이 아이들을 향하여 많은 이야기를 해 주었는데, 그중 '파라미타'의 의미를 매우 강조했었다. 즉 파라미타paramita는 '바라밀다'라고 하는 말의 원래 인도 말인데, 이는 '고통이 없는 평화로운 이상 세계에 도달하다.'라는 뜻이라고 말해 주었다.

보통 우리는 고통이 따르는 이 세상을 차안의 세계라고 하고, 고통이 사라진 저 세상을 피안의 세계라고 한다. 파라미타란 한마디로 말하면, '피안의 세계에 도달하는 것 또는 도달한 상태'를 말한다. 그렇게 하려면, 여섯 가지 바라밀 즉 보시·지계·인욕·정진·선정·지혜 바라밀을 실천해야 한다. 이것은 앞에서도 자세히 다룬 바 있다. 대표적인 예로, 내가 가진 것을 남에게 널리 베풂으로써 스스로 기쁨을 얻고 평화로운 마음을 유지할 수 있다는 것이다. 이것이 보시바라밀이다. 베푸는 순간 나의 마음은 피안의 세계에 도달해 있는 것이다.

교가가 울려 퍼지고 졸업식이 모두 끝났다. 아이들이 다시 환호성을 지르고 풍선을 강당에 띄우며 야단법석이 났다. 여기저기서 서로 얼싸안고 얼굴을 비비기도 하고, 삼삼오오 사진을 찍는가 하면, 또 한 쪽에서는 담임선생님의 손을 부여잡고 놓을 줄을 몰랐다. 이때 파라미타 회장과 부회장이 나에게 다가왔다.

"그동안 고생 많았어. 상 받으니까 기분 좋니?"

"그럼요. 선생님 이제 못 봐서 어떡해요. 파라미타 잊지 못할 거예요……."

앙증맞게 아양을 떨었다. 하기야 3년 동안 이런 일 저런 일로 사제의 정이 들었으니 나 역시도 가슴이 찡했다. 내가 이 애들에게 해 줄 수 있는 것은 졸업식장에서 상을 받도록 하는 것이 전부였다. 파라미타 청소년단체 관계자가 직접 와서 꽃다발과 함께 상을 대신 수여했다.

이제 졸업생들은 보다 넓은 세상으로 나아갈 것이다. 그동안 얼마나 고생이 많았을까. 아침 8시에 등교하여 밤 11시나 되어서야 집에 돌아갈 수밖에 없었던 대학 입시생들……. 도대체 무엇이 이들에게 고단한 삶을 요구했을까? 꿈 많은 여고시절을 이렇게 공부로밖에 채울 수 없었던 학교 현실이 밉기도 하고, 교사로서 미안하기까지 했다.

강당을 나와 보니, 이건 가관이 아니다. 너 나 할 것 없이 교복에 밀가루를 뿌려대며 서로 붙잡고 찢고 야단들이었다. 세상에, 이건 여고생들이 아니었다. 어디서 왔는지 남자친구들도 꽤나 있었는데, 모두 다 한 범벅이 되어 밀가루 세례를 퍼붓고 있었다.

'그래, 그래. 뿌려라. 찢어라. 그것이 더 넓은 세상으로 가기 위한 통과 의례라면…….'

이러는 사이 한 놈이 나에게로 달려들었다. 완전히 밀가루 범벅이 되어 있었다. 나에게 밀가루 세례를 해줄 모양이었다. 나는 놀란 사슴처럼 줄행랑을 쳤지만 그렇게 기분은 나쁘지 않았다.

붓다는 『숫타니파타』에서 다음과 같이 설한다.

숲속에서 묶여 있지 않은 사슴이 먹이를 찾아 여기저기 다니듯이, 지혜로운 이는 독립과 자유를 찾아, 무소의 뿔처럼 혼자서 가라.

고등학교를 졸업하는 학생이라면 이제 모두 자유로운 한 마리의 사슴이 되면 좋겠다. 사자의 소리에도 놀라지 않고 자신의 세계를 찾아 당당히 떠나는 그런 사람이 되었으면 좋겠다. 보다 더 넓은 세상에서 파라미타를 성취하면 좋겠다.

졸업이란 무엇인가?

붓다의 쪽지

누구나 이상 세계를 꿈꾼다. 그리고 현재보다는 나은 미래를 향해 나아가려고 한다. 그 미래를 성취했을 때 파라미타가 이루어진다. 파라미타, 즉 피안의 세계는 쉽게 이루어지지 않는다. 탐욕을 줄여 남에게 많이 베풀고, 사람으로서 마땅히 지켜야 할 도리를 지키고, 욕됨을 참아 이겨내고, 끊임없이 노력하고, 성내는 마음을 가라앉히며 맑은 지혜가 드러났을 때, 드디어 피안의 세계는 열린다. 졸업은 파라미타로 나아가는 새로운 시작이다.

어렵지만 천진한 아이들

-일등보다는 노력과 향상이 더 중요하다-

어느 시골 중학교에 근무할 때의 일이다. 아침 날씨가 심상치가 않았다. 세찬 회오리바람이 몰아치는가 하면, 갑자기 동쪽에서 햇빛이 잠깐 비추더니 어디론가 사라져 버렸다. 하늘엔 마치 곡예비행을 하듯 먹구름과 흰구름이 빠른 속도로 교차하며 지나갔다.

오늘은 아이들이 그렇게 고대하던 교내 체육대회 날이다. 지난주 비가 와서 한 번 연기한 터였다. 체육대회는 그대로 강행하기로 했다. 전체 학생이 120여 명, 한 학년에 1반과 2반으로 구성되어 있으니 팀은 자연스럽게 두 팀으로 나뉘었다. 그러니까 져도 준우승을 차지하는 셈이다. 아이들은 바람 불고 비 올 것 같은 날씨에도 아랑곳 하지 않고, 종목마다 최선을 다해 소리치고 응원했다. 오히려 변덕스런 하늘이 무색할 정도였다.

나는 이런 아이들의 모습에 가슴이 찡했다. 이 중에는 부모가 없는 아이, 부모가 별거 중인 아이, 엄마가 집을 나간 아이, 아버지가 교통사고를 당해 장기 입원하고 있는 아이, 며칠 전에 엄마가 암으로 돌아가신 아이, 엄마 아빠가 있기는 해도 좀 모자란 아이들이 포함되어 있다. 놀랍게도, 이런 아이들일수록 속내를 잘 드러내지 않는다. 늘 웃는 모습으로 선생님을 대하기 때문에 자칫 가정이 어렵다는 것을 알아채지 못한다.

지난 부처님오신날에 가까운 절에서 파라미타 학생들과 봉사활동을 함께 했는데, 한 아이와 대화를 나누면서 깜짝 놀랐다.

"선생님, 우리 학교에 성한 애들 별로 없어요. 다들 성한 척 하는 거지요. 저도 엄마가 나갔어요. 이제는 찾지도 않아요."

중학교에 부임하자마자 조직한 파라미타에서 총무부장을 맡고 있는 3학년 학생의 말이었다. 묻지도 않는데 별의별 이야기를 다 해주었다. 한마디로 학생들의 생활상을 생생히 들려준 것이었다. 나는 너무도 놀라고 슬펐다. 아이들이 이렇게 힘겹게 살아가고 있다니…….

파라미타 회장을 맡고 있는 아이도 마찬가지였다. 이 아이는 처음 파라미타를 조직하고 나서 회장을 뽑으려고 하는데 대뜸 와서는 자기가 적격이라고 아우성이었다. 여학생이지만 등치도 좋고 남자 같은 패기와 리더십이 있어 보여 회장을 시켜주었다. 알고 보니, 춤도 잘 추고 아이들에게 꽤나 인기가 있었다. 그런데 가끔 웃음

사이로 실루엣 같은 슬픔 그림자가 드리우는 것을 발견할 수 있었다. 나는 직감적으로 이 아이에게 뭔가 있구나 하는 것을 느낄 수 있었다.

아니나 다를까, 엄마는 집을 나가고 아빠도 행방이 묘연하여 오빠와 함께 집에서 밥을 해 먹으며 생활한단다. 가끔 큰엄마가 쌀을 대주고 반찬을 해주는 정도란다. 아, 그랬구나. 그런데 요즘은, 처음 회장 시켜달라고 할 때보다 태도가 너무도 달라졌다. 신중하고 뭔가 고민에 잠겨 있는 듯한, 그러면서도 회장으로서 할 일은 성실히 하는……, 내 앞에서는 더욱 그러했다. 파라미타 회장을 맡아서일까? 아니면, 가끔 좋은 이야기를 해주고 같이 명상을 해서일까?

아이들을 보며 잠시 생각에 잠겨 있는 동안, 체육대회는 벌써 중반을 치닫고 있었다. 가끔 비가 흩뿌릴 뿐 진행에 큰 지장을 초래할 것 같지는 않았다.

오래달리기 대회가 시작되었다. 오래 뛰는데 자신 있는 사람은 다 나와서 운동장을 뛰는 것이다. 다섯 바퀴를 다 돈 다음 등위가 가려지자, 한 아이가 숨을 헐떡이며 나에게 다가왔다. 바로 찬희였다. 까까머리 1학년 중학생으로 역시 파라미타 회원이며 나를 무척이나 따르는 아이였다.

"선생님, 저 6등 했어요. 6등요. 잘했지요? 저 초등학교 때는 12등 했거든요……."

"그랬구나. 참 잘했어. 다섯 바퀴 다 돈 것도 대단한 건데 6등이나 하다니. 정말 장하다."

나는 등을 다독이며 칭찬을 아끼지 않았다. 도시 아이들 같으면 등위에 들지 않으면 창피해 하고 말하기를 꺼리는데 이 아이들은 그렇지 않았다.

아, 도대체 이런 아이들에게 무엇을 해 줄 수 있을까? 어려운 여건 속에서도 꿋꿋하게 자라나는 이 천진불天眞佛들에게 내가 해 줄 수 있는 일이 무엇일까? 최초의 경전 『숫타니파타』에 다음과 같은 붓다의 말씀이 나온다.

큰 소리에 놀라지 않는 사자와 같이, 그물에 걸리지 않는 바람과 같이, 흙탕물에 더럽혀지지 않는 연꽃과 같이, 무소의 뿔처럼 혼자서 가라.

이 아이들이 사자처럼 강하게, 바람처럼 자유롭게, 연꽃처럼 맑고 깨끗하게 인생을 살아갈 수 있도록 조그만 노력을 기울이는 것이다. 이것이 교사로서 내가 할 수 있는 일이다.

꼭 일등을 해야 할까?

붓다의 쪽지

청소년들이여, 그대들은 천진불이다. 그 자체로 순수하고 해맑다. 어떤 어려움에 처해도 웃음을 잃지 않는다. 아직 피어나지 않은 꽃이기에 색깔은 알 수 없으나, 분명 언젠가 토실토실한 열매를 맺을 것이다. 마치 도토리 안에 이미 참나무의 본성이 갖추어져 있듯이. 바로 그것은 무한한 깨달음의 가능성인 불성이다.

선생님,
쥐도 사랑해야 하나요?

-쥐도 생명이니 방생한다-

어느 여자 고등학교에서 근무할 때였다. 겨울 방학이 얼마 남지 않은 어느 날, 2교시 수업을 들어갔는데 들어가자마자 아이들이 야단이었다.

"선생님, 저기 쓰레기통에 쥐가 들어 있어요."

"뭐라고, 쥐가 있다고?"

"예, 되게 커요. 이따만 해요."

나는 속으로 '그것 참, 쥐가 어떻게 교실에 들어왔을까?' 하면서 쓰레기통으로 가보았다. 쓰레기통에 뚜껑은 없고, 대신 그 위에 재활용품 수거용 플라스틱 박스를 엎어 놓았다. 내심 사실인가 하면서, 좀 떨리는 마음으로 플라스틱 박스를 들어올렸다. 아니나 다를까, 팔뚝 굵기 만한 쥐가 눈을 똥그랗게 뜨고 발버둥을 치며 밖으로 나오려고 점프를 해댔다. 가만히 생각해 보니, 교실 창문 난간을 서성이다가 쓰레기통에 뛰어든 것 같다.

"선생님, 진짜지요? 어떻게요, 어떻게 좀 해줘봐요."

"어허, 어찌한다? 너희들도 알다시피 나는 산 생명을 해칠 수가 없는데……."

"아, 불교라서……."

"그래, 잘 아는구나. 허, 이것 참."

아이들은 나에게 쥐를 없애달라고 부탁한 것이었다. 너무도 싫고 소름끼친다는 것이었다. 그런데 차마 나에게 죽여 달라는 소리를 하지 못했다. 평소 나를 너무도 잘 알고 있었던 그들이었기에. 나는 너스레를 떨며 그들의 부탁을 거절하는 데는 일단 성공했지만 영 마음이 편치 않았다.

학교 건물의 바닥이 나무로 되어 있어서 가끔 쥐 소동이 일어나곤 했다. 교실이나 심지어는 교무실에 밤 사이 쥐 손님이 찾아와서 이리저리 뒤져 먹고는, 변을 싸놓고 사라져 버리는 것이 하루 이틀이 아니었다. 그동안 곳곳에 끈끈이를 놓아 실내에 들어온 쥐를 몇 마리 잡은 적도 있었다.

여학생이나 여선생님들은 무척이나 쥐를 싫어했다. 나는 워낙 어릴 때부터 쥐와 함께 자라 와서 그런지는 몰라도, 쥐에 대하여 별다른 감정이 없는데 신세대일수록 망측스럽게 생각하는 것 같았다. 어렸을 적 쥐잡기 운동이 일어났을 때 나도 쥐잡기에 혈안이 된 적이 있었다. 그때는 무조건 쥐는 없애버려야 하는 대상으로 알았다.

불교의 계를 받으면서부터 나의 생각은 달라졌다.

'살아 있는 생명을 함부로 죽이지 마라!'

이 한마디가 얼마나 가슴을 때리던지……. 계를 받는 순간 낚시 바늘에 코 꿰어 들어 올렸던 무수한 물고기들, 동네 느티나무에 목 매달아 죽여 버린 친구 같았던 개들, 알게 모르게 죽인 수많은 생명들이 주마등처럼 스쳐 지나갔었다. 그 이후 나는 산 생명을 내 손으로 직접 죽이는 일은 하지 않았다. 하다못해 파리도 죽이는 것을 꺼려했다.

그런데 지금 이 쥐를 어떻게 할 것인가? 참으로 난제가 아닐 수 없었다. 수업은 해야겠기에 일단 수업을 마치고 나서 교무실에 들어와서 여러 선생님에게 말해 보았다. 그랬더니 한마디로 여선생님들은 얼굴에 오만가지 상을 하며 싫다는 표정이었고, 용기 있다는 몇몇 남자 선생님들도 난색을 표하기는 마찬가지였다.

붓다라면 이런 상황에서 어떻게 했을까? 나는 고민을 거듭하다가 오후 6교시나 되어서야 결단을 내렸다.

'그래, 쥐도 하나의 생명이다. 오죽 먹이가 없었으면 실내로 들어왔을까? 살려주어야겠다.'

결국 나는 방생하기로 마음먹었다.

2교시에 수업했던 교실로 다시 들어가 쓰레기통을 들여다보았다. 쥐는 아직도 그대로 있었다. 눈만 멀뚱멀뚱 뜨고는 뛰어오르려고도 하지 않았다. 이제는 죽겠다는 표정이었다.

가져간 검정 비닐로 쓰레기통 입구를 덮고는 학교 담장 주변으로 가져갔다. 덤불이 우거진 곳에 그 쥐를 놓아주었다. 나오자마자 조금은 비틀거리다가 금방 생기를 되찾고 덤불을 향하여 달려갔다.

『법구경』에 붓다의 다음과 같은 말씀이 있다.

> 모든 생명은 채찍을 두려워한다. 모든 생명은 죽음을 무서워한다. 자기 생명에 이 일을 견주어 남을 때리거나 죽이지 말라.

그렇다. 어떤 생명이나 본질은 같은 것이 아닐까? 사람 생명이라 하여 귀하고 쥐 생명이라 하여 하찮은 것이 아닐 것이다. 사람이나 쥐나 모든 생명은 갇히면 두렵고 살고 싶어 하는 것이 평범한 진리가 아닌가? 이런 면에서 생명은 절대 평등한 것이다.

아이들에게 쥐를 방생하였다고 하니, 몇 명이 의미심장한 미소를 지었다. 그리고는 한마디 했다.

"맞아요, 생명 사랑을 실천해야지요. 그런데 선생님, 쥐도 사랑해야 하나요?"

교실의 쥐를 살려야 할까?

붓다의 쪽지

옛 수행자들은 성긴 짚신을 신고 다녔다. 왠지 아는가? 길을 걷다 보면 땅위를 기어 다니는 개미나 벌레 등을 자신도 모르게 밟을 수 있기 때문이다. 혹시 밟더라도 성긴 공간을 통하여 빠져나갈 수 있도록 하기 위한 것이다. 또한 숲길을 갈 때는 방울이 달려 있는 지팡이를 짚고 다녔다. 이 역시자신이 지나가다 모르고 생명을 밟을 수 있으니 미리 피하라는 신호였다.

청소년들이여, 쥐라고 하여 고귀한 생명이 아닐 수 없다. 생명은 절대평등한 것이다. 하찮은 생명이라도 함부로 죽여서는 안 된다.

졸리면 자, 집에서

-이제 학교 현장도 바뀔 때가 되었다-

어느 고등학교에 있을 때의 일이다. 아침 1교시 고3 수업 시간에 한참 수업을 하고 있는데 어디서 코를 고는 소리가 새근새근 들려온다. 벌써 몇 명이 쓰러져 단잠에 취해 있는 것이다. 나는 하던 말을 멈추고 고요한 교실을 향해 한마디 던진다.

"자니?"

순간 적막이 깨지면서 고개를 숙이고 있던 아이들이 얼굴을 번쩍 든다. 선생님에게 미안한 듯 몇 명의 학생은 웃음을 지으며 잠을 쫓는 시늉을 한다.

이것은 인문계 고등학교 교실에서 흔히 빚어지는 풍경이다. 수면시간의 부족, 여유를 잃어버린 학교생활, 입시 압박감, 성적 스트레스 등이 뒤범벅이 되어 나타나는 수업 마비 현상이다.

나는 그동안 고등학교에서만 있어왔다. 그 중에 반 정도를 인문계 고등학교에서 보냈는데, 어느 순간 아이들을 바라보는 눈이 바뀌고 말았다. 처음에는 수업하는 중에 이런 일이 발생하면 노발대발 화를 내며 혼을 내준 적이 있다. 그런데 이것은 나에게도 좋지 않고 아이들에게도 결코 좋지 않음을 깨달았다. 나는 아침에 화를 내서 하루 종일 기분이 안 좋고, 아이들은 선생님으로부터 스트레스를 받으니 더 힘들 거란 생각이 들었다.

그 후 나는 자는 아이가 있어도 못 본 척하는 적이 많아졌다. 그러면서 '5분 이상은 자지 마라.'든가, '제발 코는 골지 마라.'등 충고와 유머를 섞어가며 아이들을 다독거리곤 했다.

과연 붓다라면 이런 상황에서 어떻게 할까?

밤 11시까지 자율학습을 마치고 집에 가서 손발 씻고 나면 12시가 될 것이다. 마음이 독한 아이는 여기서 한두 시간 더 공부할지도 모른다. 그리고는 이튿날 학교에 오면 1교시부터 잠이 쏟아지는 것이다. 물론 정신력의 문제이겠지만 내가 생각하기에는 그렇게 치부하기에는 학생들이 너무 안쓰럽다. 아무리 봐도 일부러 자는 것이 아니라, 견디다 못해 자는 모습이 역력하기 때문이다.

여유롭고 느긋한 삶이란 고3학생들에게 그림의 떡이다. 사람에겐 여유가 있어야 자신을 성찰할 수 있고, 뇌가 활성화 되어 공부도 잘 할 수 있는 법이다. 여유가 없으면 마치 통 안에 든 다람쥐가 밖으로 나오려고 헐떡거리는 것처럼 마음이 항상 지치게 마련이다.

매스컴 보도에 의하면, 우리나라 청소년들 3분의 1 이상이 우울

증상을 보이고 있고, 그 중 20퍼센트 정도는 상담 등 정신 치료가 필요한 것으로 나타났다. 이는 아마도 여유를 잃어버린 학교생활이 큰 원인일 것이다.

교사인 나는 아이들에게 늘 이것이 부끄러웠다. 청소년들에게 뭔가 여유롭고 풍요로운 삶을 안겨주지는 못할망정, 학교라는 거대한 틀에 묶어놓고 경쟁이나 부추기고 있으니 말이다. 단지 제자의 앞날을 걱정한다는 그 명분 하나만으로 얼마나 사랑하는 제자들을 어르고 협박했는가 말이다.

나는 언제부터인가 좋은 방법을 하나 생각했다. 바로 잠 깨우기 체조가 그것이다. 머리 백회혈부터 시작하여 뒷목, 어깨, 팔, 손등, 손바닥 등을 힘차게 두드리고, 이어서 두 손을 뒤로 하여 서로 당기기를 몇 번 한 뒤, 마지막으로 호흡을 고르며 잠시 명상을 하는 것으로 잠 깨우기 체조를 끝낸다. 명상을 하는 이유는 체조로 인하여 흥분된 몸의 상태를 살피고 진정시키는 시간을 갖게 하기 위해서다. 아이들은 특히 손바닥을 두드리는 과정에서 매우 즐거워한다. 이때 나는 놓칠세라 한마디 한다.

"아, 손뼉은 힘차게 치세요. 오래 앉아서 생기는 변비가 싹 사라집니다."

그러면 여고생들이라 그런지 낄낄 웃어대며 더 힘차게 박수를 친다. 한바탕 놀이마당이 되는 것이다.

우리의 학교현장! 정말 꼬일 대로 꼬였다. 사상 유례가 없는 수능 부정사건에다가 내신 성적 조작 사건까지 있었다. 교육을 하는 사람으로서 부끄럽기 짝이 없는 노릇이다. 모두가 자기만 아는, 자기 자식만 아는 아만심我慢心에서 빚어진 것들이다. 붓다는 『화엄경』에서 다음과 같이 설한다.

우리의 마음은 갖가지 번뇌 망상으로 물들어 있어 마치 파도치는 물결과 같다. 물결이 출렁일 때는 우리의 얼굴이나 모습도 일렁이고, 왜곡되어 제대로 보이지 않는다. 그러나 물결이 조용해지면 모든 것이 제 모습을 드러낸다. 저 연못이 바람 한 점 없이 고요하고 맑으면 물 밑까지 훤히 보이는 것처럼.

결국 아만심은 파도이다. 파도를 잠재워 우리의 본래 마음을 찾아야 하지 않을까?

어떻게 하면 졸지 않을까?

붓다의 쪽지

배우는 것은 어렵다. 졸리고 짜증이 날 수도 있다. 그러나 지금의 배움이 없다면 미래는 없다. 청소년들이여, 학교 현실이 여러분을 힘들게 할지라도 희망을 가져라. 여러분에게는 무한한 가능성인 불성이 있다. 이 불성은 꺼지지 않는 등불이다. 진리를 깨달을 수 있는 커다란 씨앗이다.

스스로 불성을 일깨워라. 욕심보다는 베푸는 마음을, 성냄보다는 고요한 마음을, 어리석음보다는 지혜로운 마음을 길러라. 그러면 여러분은 미래에 멋진 붓다가 될 것이다.

탁발 나온 꾸러기 스님들

-남을 돕는 탁발은 얼마든지 해도 좋다-

여름 휴가철이 끝나갈 무렵 가족과 함께 기차를 타고 부산에 간 적이 있다. 부산 태종대 여행을 마치고 다시 부산역으로 돌아왔을 때, 광장 한 쪽에서 벌어지고 있는 기이한 현상이 눈에 들어왔다.

바로 모 교회에서 선교하는 장면이었다. '예수천국, 불신지옥'이라고 차량에 써 붙인 채 어깨띠를 두른 사람들이 확성기로 찬송가를 부르는가 하면, 또 몇 사람은 광장 주위를 돌면서 혹은 에스컬레이터를 타고 내려오는 사람들을 향하여 '주 예수를 믿으시오!'라고 외치고 있었다.

기차 시간이 남아 있기에 나는 의자에 앉아 그들의 행동을 우두

커니 바라보았다. 평소 종교에 관심이 많은 나로서는 그냥 지나칠 수 없었다. '도대체 종교가 무엇이기에 저렇게 야단이란 말인가?' 하면서 고민에 빠졌다.

이때였다. 어떤 스님이 여러 명의 동자승들을 데리고 역 광장 한 가운데로 나타나는 것이 아닌가! 순간 나는 가슴이 뜨끔했다. 지금까지 교회의 기이한 행태에 대하여 이러쿵저러쿵 했는데 이제는 스님까지 나서다니 쯧쯧…….

스님은 동자승들을 앞에 세우고 가운데에 파란색의 큰 통을 놓고 염불을 하기 시작했다. 스님이 '관세음보살, 관세음보살' 하니 동자승들이 아주 낭랑한 목소리로 염불을 따라했다. 한참 염불을 따라하더니 몇몇 동자승이 지쳤는지 뒤에 펴 놓은 자리에 앉아 서로 뒹굴며 장난을 치기 시작했다. 나는 숨을 죽이고 이 광경을 바라보았다. 한쪽에서는 '주 예수를 믿으시오.', 다른 한쪽에서는 '관세음보살'이라, 허 이것 참……. 또 다른 한 쪽에서는 '천리교'라는 종교인들이 어깨띠를 두르고 열심히 포교에 열을 올리고 있었다. 가히 부산역 광장은 다양한 종교의 전시장이요 선교장 같았다.

나는 교회의 반응이 보고 싶었다. 스님이 등장했는데 과연 전도사들이 어떤 태도를 취할까? 아니나 다를까, 어깨띠를 두른 한 사람이 스님 곁으로 다가갔다. 그러더니 외치는 것이었다.

"주 예수를 믿으시오! 왜 사탄의 길을 가려 하시오?"

나는 웃음이 나오지 않을 수 없었다. 의자에 앉아 있던 다른 사람들도 어이가 없다는 듯 웃고 있었다. 더 웃긴 것은 이 상황을 말리는 사람이 등장한 것이다. 아주 정색한 목소리로, "여보시오,

전도사 양반. 왜 남의 종교에 와서 참견이오. 썩 물러가지 못하겠소?" 하면서 어깨를 밀쳐댔다. 표정으로 봐서는 한판 붙을 것 같은 광경이 벌어졌다.

이때 저쪽에서 볼 일을 보고 오던 아내가 얼굴에 희색을 띠며 말했다.

"여보, 저 동자승들 봐요. 텔레비전에 나온 스님들이예요. 「KBS 인간극장」 있잖아요."

"뭐라고, 진짜야?"

참 이상한 것이, 역에서 나오는 사람들뿐만 아니라 저쪽 나무 그늘에서 앉아 있던 사람들까지 동자승들 앞으로 가더니 너 나 할 것 없이 그 파란 통에 보시를 하며 합장을 하고 지나갔다. 몇몇 여자분들은 동자승들의 염불하는 모습을 흐뭇한 표정으로 마냥 지켜보고 있었다. 우리 가족도 뭐에 끌렸는지 앞으로 다가가 합장을 하고 보시를 했다. 그러나 내 마음은 개운하지가 않았다. '정말 아내의 말대로 인간극장에 소개된 스님일까, 그렇다면 정식 스님일 텐데 왜 저런 방법으로 탁발을 할까?' 하고 의심을 했다.

보시를 했더니, '전남 장성군 법화도량 해인사'라고 적혀 있는 조그만 달력을 주었다. 달력에는 동자승 사진으로 가득 차 있었다. 집에 와서 인터넷 검색을 해 보았다. 아! 이건 정말이었다. 뉴스에도 많이 나왔고, 실제로 인간극장에 '꾸러기 스님들'이라는 제목으로 5부작으로 방영된 것이 사실이었다. 동영상으로 보니 더 믿음이 갔다. 열반하신 백양사 서옹 큰스님 뵈는 장면, 예불하는 장면, 장난치는 장면 등 한마디로 꾸러기 모습을 적나라하게 보여주었다.

주인공 무학 스님은 이 동자승들을 대동하고 이곳 부산까지 탁발을 나왔나 보다. 부모에게 버림받고 기댈 곳조차 없는 아이들을 하나 둘 거두다 보니 이제는 48명이나 되었단다. 아, 세상에…….

붓다는 『증일아함경』에서 다음과 같이 말씀하신다.

> 이 세상에는 섬기고 공경할 만한 일곱 종류의 사람이 있다. 사랑하는 마음을 가진 사람, 연민하는 마음을 가진 사람, 남을 기쁘게 하는 사람, 남을 보호하고 감싸는 사람, 집착하지 않고 마음을 비운 사람, 부질없는 생각을 하지 않는 사람, 바라는 것이 없는 사람이다.

탁발 나온 무학 스님은 섬기고 공경할 만한 사람이었다. 그 옛날 붓다도 사실 탁발을 했고, 이것은 불교의 오랜 전통이었다. 현대로 오면서 악용되는 사례가 있어 금지하고 있을 뿐이다. 무학 스님처럼 부모 없는 아이들을 거두기 위해 하는 것이라면, 비록 모양새는 좋지 않을지라도 이런 탁발은 얼마든지 허용되어야 한다는 생각이 들었다.

돕는데 특별한 방법이 있을까?

　좋은 일이라면 얼마든지 탁발해도 좋다. 탁발은 쉬운 일이 아니다. 자신의 자존심을 내려놓아야 하기 때문이다. 내가 잘 났다는 생각, 구걸한다는 생각 등을 모두 떨쳐버려야 한다. 그래서 탁발은 수행 중에도 어렵고 힘든 수행인 것이다.

　거리의 구세군 냄비 모금 운동이나 백혈병 어린이 돕기 모금 운동, 텔레비전의 각종 모금 운동 등도 따지고 보면 변형된 탁발 행위이다. 이것 역시 성직자의 탁발 행위만큼이나 훌륭한 복을 짓고 있는 것이다. 어려운 사람이 옆에 있거든 서슴없이 탁발에 나서라. 누구누구 할 것 없이.

대학 수능 앞에서

-진정한 부모는 모든 학생을 위해 기도한다-

"천지신명이시여, 우리 학생들이 그 동안 갈고 닦은 실력을 마음껏 발휘할 수 있도록 힘을 주소서……."

해마다 11월이면 치러지는 대학수학능력시험! 그 해에도 어김없이 3학년 학생들의 수능 고득점을 기원하는 고사가 올려졌다. 이른바 수능 기원제이다. 대강당 한쪽에 제단을 차리고 시루떡과 돼지머리를 올려놓고 제일 먼저 기원문을 낭독했다. 이어서 교장 선생님이 제단을 향해 두 번 절하고, 흰봉투를 웃는 돼지 입에 끼워 넣었다. 그리고 교감 선생님, 3학년 담임선생님, 일반 선생님, 학부모, 학생 대표의 순으로 나와 나름대로 정성을 바치고 절을 했다.

이를 지켜보던 학생들은 너 나 할 것 없이 흰봉투가 돼지 입에 꽂힐 때마다 아낌없는 박수와 환호를 보냈다. 가만히 보니, 뭔가 엄숙하게 기원하는 고사가 아니라 축제 같은 분위기가 되고 있었다. 모두가 돼지 입에 꽂히는 봉투와 제단에 차려진 떡, 그리고 엿과 같은 기원 선물에 더 관심이 가 있는 것 같았다. 순간 나는 속으로 아이들을 향해 말했다.

'그래, 너희들 그동안 얼마나 고생했니? 지금 이 순간이라도 마음껏 웃고 즐겨라.'

수능 고득점이 과연 돼지머리 올려놓고 돈봉투를 꽂고 절을 한다고 성취될 성질의 것인가? 다만 간절히 바라는 마음에서 우리 전통의 고사 문화를 재현시켰을 뿐이다. 붓다의 제자로서 돼지머리 올려놓고 기원하는 것이 영 마음에 걸렸으나, 어느 누구도 이의를 달지 않았다. 모두가 아이들을 위한 순수한 문화 행사로 받아들이는 모양이었다.

수능 시험일이 다가오면 고3 자녀를 둔 학부모는 마음이 조리고 답답해 오기 마련이다. 유난히 교육열이 높은 우리나라에서 대학입시는 학생이나 학부모에게나 일대 사건이 아닐 수 없다. 여전히 일류대학이 존재하고, 대학을 나오지 않으면 뭔가 뒤처진다는 의식이 팽배해 있기 때문이다. 그래서 모두가 입시 경쟁에 매달려 있다.

남보다 좀 우위에 서고 싶고, 남 자식보다 내 자식을 좀 더 출세시키고 싶은 경쟁 심리가 작용하는 것이다. 문제는 이러한 지나친 경쟁이 사람을 피폐하게 만든다는 사실이다. 심지어는 사람을 죽게도 한다. 가끔 매스컴에서 보도되고 있는 청소년 자살 사건은 이와 무관하지 않다. 점수 경쟁에서 상대적 박탈감을 느낀 학생이 막다른 골목에서 선택한 것이 결국 자살인 것이다. 대학수능시험을 앞에 두고 어떤 자세를 취해야 올바른 것일까?

붓다는 우리에게 연기법을 가르쳤다. 우리는 이 가르침에 의지해야 할 것 같다. 앞에서도 언급한 바 있지만, 연기란 인연생기因緣生起의 줄임말로서, 모든 것은 직접적인 원인인 '인'과 간접적인 조건인 '연'이 결합하여 생기고 일어난다는 뜻이다. 우리가 흔히 쓰는 인연이란 말은 여기서 나온 말이다.

『중아함경』'권 47'에 보면, 다음과 같은 연기에 대한 가르침이 나온다.

인연과 인연을 따라 일어나는 것을 보아 진실 그대로 아나니,
곧 이것이 있으면 저것이 있고 이것이 없으면 저것이 없으며, 이것
이 생기므로 저것이 생기고 이것이 없어지면 저것이 없어진다.

세상의 모든 것은 그냥 존재하는 것이 아니라 그럴만한 원인이 있어서 존재하는 것이며, 또한 모든 것은 그냥 얻어지는 것이 아니라, 그럴만한 행위를 해야 얻어진다는 뜻이다. 한마디로 인과법칙을 강조한 것이다.

예를 들어, 한 알의 콩을 심고 가을에 거두어들인다고 하자. 이때 콩을 심는 행위는 열매를 거두어들이기 위한 직접적인 원인(인)이

다. 그러나 많은 열매를 얻기 위해서는 다른 수많은 조건들이 필요하다. 충분한 거름, 햇빛, 물, 공기……. 이들 간접적인 원인(연)을 하나라도 무시해서는 많은 수확을 기대할 수 없다.

대학입시에서 높은 점수를 기대하는 것은 마치 농부가 가을에 큰 수확을 기대하는 것과 같다. 열심히 일(공부)도 해야 하거니와 하늘(주위)의 도움도 있어야 한다. 다 된 마당에 태풍이라도 오면 모든 것이 수포로 돌아가기 때문이다. 학부모들이나 학생들은 이런 면에서 마음을 잘 다스릴 필요가 있다. 무엇보다 건강을 잘 유지하고 지나친 긴장에서 벗어나, 차분히 시험을 치를 수 있도록 평상심을 유지해야 한다. 이것이 실력 발휘의 중요한 조건이다.

그리고 진정한 부모라면 내 자식뿐만 아니라, 모두가 시험을 잘 치르게 해 달라고 기도해야 한다. 이것은 나도 잘되고 남도 잘되는 자리이타의 원력을 실천하는 일이기 때문에 반드시 부처님의 가피가 따른다.

또한 농부가 뿌린 대로 거두는 것처럼 결과에 연연하지 않고, '지금 여기서 최선을 다할 뿐'이라는 방하착放下着(마음을 내려놓음)의 자세가 필요하다. 이것이야말로 마음을 편안하게 하여 고득점이 나오게 하는 훌륭한 비결이 아닐까?

수능 앞에서 어떻게 할까?

　기도는 분명히 효험이 있다. 절대자의 힘에 의지함으로써 마음이 편안해지고 자신도 모르게 자신감이 생기기 때문이다. 그러나 나만 잘되게 해달라고 기도해서는 안 된다. 그건 올바른 기도가 아니다. 내가 가지고 있는 실력을 모두 발휘하는 데 아무런 장애가 없기를 간절히 바라면서, 자신 스스로도 그렇게 하리라 맹세하고 다짐하는 것이 참다운 기도다. 동시에 수능 시험에 동참하는 모든 다른 사람들이 아무런 장애 없이 시험을 무난히 치를 수 있도록 해달라고 발원해야 한다.

　그러한 기도는 반드시 힘이 있다. 거기에 스스로의 노력을 기울인다면 되지 않는 일이 없을 것이다. 한마디로 든든한 기도란 백이 생기기 때문이다.

딱! 먹을 만큼만

-빈그릇 운동은 발우공양의 실천이다-

"애들아, 생선 한 토막이나 미역, 나물, 그리고 쌀 한 톨, 모두가 식탁에 오기까지는 하나의 온전한 생명들이었어. 어떤 것은 바다에서, 어떤 것은 산에서, 어떤 것은 저 들에서, 또 어떤 것은 땅속에서 왔지. 이들은 아낌없이 우리 인간에게 온몸을 다 바쳤어. 아무런 대가도 없이 말이야. 그렇다면 최소한의 도리로서 우리가 그들의 은혜에 보답하는 길이 무엇이겠니? 그렇지. 남김없이 싹 먹어주는 거야."

한해가 저물어가는 12월 중순 어느 점심시간, 재직하던 어느 고등학교 급식소에서 아이들에게 빈그릇 운동에 대하여 열변을 토했다. 음식물 남기지 않기 범국민 실천운동! 나는 이 운동을 언론에서 접하고 환희심이 절로 났다.

한해 음식물 쓰레기 경제적 손실액이 15조 원이고, 한해 음식물 쓰레기 처리비용이 4천억 원이라는 뉴스 보도를 접하고 입이 다물어지질 않았다. 도대체 15조 원이면 얼마나 큰 돈일까? 우리나라 연간 자동차 수출액과 맞먹고, 월드컵 경기장 70개를 지을 수 있는 돈이며, 북한이 30년간 먹고 살 수 있는 돈이란다. 거의 천문학적인 돈이 그냥 버려지는 것이다.

급식소에 가서 지켜보니 나는 아연실색하지 않을 수 없었다. 받아온 음식을 반도 먹지 않고 버리는 학생이 꽤나 많았다. 어떤 학생은 국을 반도 안 먹고 버리는가 하면, 생선이나 나물, 심지어는 하얀 쌀밥을 반도 안 먹고 그대로 버리는 학생이 부지기수였다.

순간, 가난했던 어린 시절이 주마등처럼 스쳐 지나가면서 교육적 고민에 빠지기 시작했다. 도대체 이 문제를 어떻게 해결할 수 있을까? 이렇게도 심각했다는 말인가!

나는 빈그릇 운동을 벌이고 있는 단체에 자료 협조를 얻어 즉시 학교 빈그릇 운동에 들어갔다. 마침 급식 지도 업무가 나의 업무라서 공식적인 내부 기안 결재를 얻어 시행했다. 우선 MBC 9시 뉴스 데스크에서 연속기획으로 보도한 내용이 담긴 비디오를 전교생에게 상영하고는, 이제부터 음식을 남기는 사람은 이웃돕기 성금으로 500원을 돼지 저금통에 넣어야 한다고 공표했다. 그리고 모든 학생들에게 음식을 남기지 않겠다는 서약을 받아냈다. 선생님들에게는 서약과 함께 동참금 1,000원도 받았다.

아니나 다를까. 빈그릇 운동을 전개한 첫날 잔반이 1통 반으로 줄었다. 급식소 영양사에 의하면 이것은 혁명이라고 했다. 평소 잔반이 적을 때는 5통, 많을 때는 7통까지 나왔기 때문이다. 나는 이 엄청난 사실에 감동하여 전교생에게 방송을 통해 칭찬을 아끼지 않았다. 우리도 하면 할 수 있다고, 첫날치고 빈그릇 운동이 대성공했노라고.

실제로 내가 해보니 결코 쉬운 일이 아니었다. 우선 음식의 양을 어떻게 조절할 것이냐가 어렵고, 조절해서 음식을 가져왔어도 그날 컨디션에 따라, 또는 음식의 맛에 따라 남기고 싶은 유혹을 받는다. 학생들도 이것은 마찬가지일 것이다.

나의 빈그릇 지도에 어떤 학생은 눈을 찡그리며 기분 나빠하는가 하면, 다른 학생은 반갑게 인사하며 "선생님, 저 오늘 다 먹었어요." 하며 의기양양해 하고, 또 다른 학생은 오늘 배가 아파서 못 먹었노라고 그 어려움을 실토했다. 오랫동안 쌓인 습관을 하루아침에 바꾼다는 것은 참 어려운 일이다. 그래도 많은 학생이 자신의 식습관을 바꾸려고 노력하는 것 같아 눈물겨웠다.

빈그릇 운동은 음식을 먹을 만큼만 가져와서 남기지 말자는 운동이다. 이로써 환경보호와 자원절약을 실천하고, 그렇게 아낀 자원을 지구촌 어려운 이웃과 나누자는 뜻이 담겨 있다. 음식 쓰레기가 수질 오염의 주범이기 때문에 요즘은 소각을 하는데, 그 과정에서 발암물질인 다이옥신이 배출된다고 한다. 이 얼마나 위험천만한 일인가?

앞에서도 언급했지만, 나는 빈그릇 지도를 하면서 붓다가 몸소 실천한 발우공양鉢盂供養을 떠올렸다. 발우란 '응량기應量器'라 하여 자신의 양에 따라 먹는 그릇을 말한다. 따라서 발우공양이란 수행을 위해 먹을 만큼만 떠서 남김없이 먹는 불가의 전통 식사법이다. 나 자신도 사찰 수련회에서 발우공양을 수차례 경험했지만, 여기에는 제공자의 은혜를 생각하고 오직 수행을 위해 음식을 약으로 대하는 숭고한 정신이 깃들어 있다. 예를 들어, 한 알의 쌀이 내 입에 들어오기까지 무수히 많은 공덕을 생각하는 것이다. 쌀 '미米' 자는 여든 여덟 사람의 손이 간다고 하여 '팔십팔사八十八事'를 의미한다고 한다.

나는 우리 아이들이 빈그릇 실천을 통해 붓다가 가르친 발우공양 정신을 배웠으면 한다.

빈그릇 실천 어떻게 할까?

붓다의 쪽지

세상 무엇 하나도 자신과 관련되지 않은 것은 없다. 발 뿌리에 걸리는 돌 하나도, 저기 서 있는 나무 하나도 나와 관련이 있다. 돌은 미끄러지려고 할 때 디딤돌이 될 수 있으며, 나무는 지치고 힘들 때 그늘을 만들어 준다. 하물며, 자신의 생명을 유지하기 위해 먹는 음식을 말해서 무엇 하겠는가. 그 음식은 모두가 고귀한 생명의 희생으로부터 왔다.

청소년들이여, 생명의 소중함을 알고 음식을 함부로 버리지 마라. 음식이 자신의 입에 오기까지는 수많은 사람의 수고가 깃들어 있다. 그 공덕을 가벼이 여겨서는 안 된다.

통일이여, 어서 오라

-민족통일은 언젠가 이루어진다-

어느 해 여름방학 때 나는 청소년들과 함께 북한 금강산을 다녀온 적이 있다. 파라미타 청소년 전국연합 캠프가 강원도 고성에서 열렸는데 그 중 하루 일정이 금강산 탐방이었다.

새벽 5시에 출발해 남방한계선을 지나 비무장 지대로 들어서자, 나도 모르게 이상야릇한 기분에 휩싸이기 시작했다. 아, 여기가 말로만 듣던 비무장 지대란 말인가? 소초도 없고, 무장 군인도 없고, 철책선도 없었다. 다만 녹슨 채 쭉 뻗어있는 동해선 철도와 무심히 흐르는 강물, 그리고 무성한 풀에 너부러져 있는 돌덩이 등이 아침 안개에 가려 보일 듯 말 듯 스쳐 지나갔다.

드디어 북한 지역에 진입했다. 상황은 180도로 달라졌다. 난생 처음으로 직접 보는 북한 인민군 복장의 초병이 여기저기서 보초를 서고 있고, 넓게 펼쳐진 밭에는 옥수수가 대규모로 심어져 있는가 하면, 밭둑 사이로 북한 주민들이 농기구를 들고 지나가고 있었다.

조금을 더 달렸을까, 우리를 태운 17대의 버스는 편도 1차선 도로에 쭉 서기 시작했다. 바로 북측 출입사무소에 도착한 것이었다.

"바-안갑-습니다. 동포 여러분……."

매우 귀에 익은 북한 가요가 확성기를 통해 울려 퍼지고 있었다. 순간 흥분되었다. 내가 정말 북한에 왔구나 하는 생각 때문이었다. 인민군 복장 차림의 북한 군인들이 바로 내 앞에서 왔다 갔다 하는데 정말 실감이 났다. 군인들의 가슴에는 어김없이 김일성 배지가 부착되어 있었고, 표정은 한결같이 굳어 있었다. 그런데 그런 생각도 잠시, 주위를 둘러보니 금강산 줄기가 펼쳐져 있는데 너무도 경이로워 어떻게 말로 표현할 수가 없었다. 역시 금강산이구나 하는 생각이 절로 들었다.

까다로운 검문검색을 통과하여 우리는 정식으로 북한에 입성했다. 북한 지역으로 점점 더 들어서자 마을이 나오고 북한 사람들도 꽤나 볼 수 있었다. 놀라웠던 것은 밭을 가는데 아직도 소를 이용하고 있었고, 삽이나 괭이가 주요 농기구라는 사실이었다. 우리 같으면 당연히 경운기나 트랙터를 이용했을 텐데 말이다. 그리고 주민들은 못 먹어서 그런지 대부분 몸이 야위어 있었다.

우리가 제일 먼저 들른 곳은 금강산 신계사 터였다. 신계사는 외금강 온정리에서 옥류동으로 들어가는 길목에 있는 사찰로, 519년 ^(법흥왕 6년) 신라의 보운^{普雲} 조사가 창건하였다고 한다. 원래는 11개의 전각을 거느린 큰 절이었으나, 1951년 전쟁 때 모두 불에 타 없어지고 삼층석탑과 터만이 남아 있었다. 그러던 것을 2004년 11월 대한불교조계종과 현대아산(주), 북한측 조선불교도 연맹이 공동으로 대웅전을 복원하였다. 명부전을 비롯한 나머지 11개 전각도 불타기 전의 상태로 복원할 예정이라고 한다.

파라미타 청소년과 지도자 모두는 한마음이 되어 복원된 신계사 대웅전 앞에서 통일 기원법회를 열었다. 그리고 발원문을 낭독했다.

"온누리 어디에나 가득하시고, 언제나 항상 저희 곁에 함께 계시는 부처님! 지극한 마음으로 귀의 예배하옵니다. 온갖 풀꽃들이 피어나는 아름다운 여름날! 오늘 꿈에도 그리던 금강산, 이곳 신계사 비로자나 부처님 도량에 미래의 우리나라 불교를 이끌어가고, 세계 평화를 선도해 나갈 저희 파라미타 청소년들이 한자리에 모였습니다……."

이어 정근 시간에는 북한 어린이를 돕기 위해 준비해 간 학용품을 전달하였다. 석가모니불 정근을 하며 대웅전 앞에 놓인 큰 박스에 자신이 가져온 학용품을 하나하나 넣고 지나갔다. 순간 눈물이 핑 돌았다. 주위에 울창하게 서 있는 노송들이 찬연한 세월의 무게를 뛰어넘어 우리의 이 아름다운 축제에 무언의 메시지를 보내는 듯 바람에 너울거리고 있었다.

신계사 법회를 마치고 나는 학생들과 함께 구룡폭포까지 산행을 했다. 과연 금강산이라더니, 갈수록 점입가경이었다. 도대체 벌어진 입이 다물어지질 않았다. 거장이 빚어낸 돌 조각품인가, 아니면 어디서 본 듯한 진경산수화를 옮겨 놓은 것인가!

계곡물은 너무도 맑고 빛났다. 금강산 물은 떨어지면 폭포요, 흐르면 비단결이요, 고이면 수정이요, 먹으면 감로수라더니, 이 말이 꼭 맞는 것 같았다. 통일이 된다면 얼마나 좋을까? 통일이 되어 마음대로 오갈 수 있다면 얼마나 좋을까? 나도 모르게 목이 메어 울고 싶어졌다. 내려오는 길에 북한 안내원의 말이 가슴을 때렸다.

"동포 여러분, 안녕히 가시라요."

민족통일은 이루어질까?

붓다의 쪽지

모든 것은 하나로 돌아가는 법이다. 원래 왔던 본향인 큰 뿌리로 돌아가는 법이다. 사람은 본래 하나다. 그러기에 지구도 하나요, 우주도 하나다. 어리석은 분별심으로 남북으로, 혹은 동서로 갈라져 서로 싸우고 죽이고 했지만, 여러 강물에 비치는 달이 본래 하나이듯이, 근원으로 돌아가면 다시 하나가 되는 것이다.

청소년들이여, 통일을 위해 노력하라. 우리 민족은 본래 하나였음을 직시하라. 화해하고 용서하며, 보다 높은 차원에서 하나가 되라.

산사에서의 하룻밤

-가끔 집을 나서서 여행을 떠나라-

낙엽이 다 떨어진 초겨울 어느 주말, 나는 청소년들과 함께 템플스테이에 참가한 적이 있다. 산사체험, 즉 템플스테이^{Temple stay}는 요즘 꽤나 유행하는 말이 되었다. 2002 월드컵 때 외국인을 상대로 우리의 불교문화를 알리기 위해 처음 시도된 이후, 지금은 일반인에게까지 폭넓은 호응을 얻고 있다.

내가 사는 지역 인근에서 40명 정도의 청소년들이 국립공원 속리산 법주사를 찾았다. 법주사는 현재 대한불교조계종 제5교구 본사로, 신라 진흥왕 14년^(553년)에 의신 조사가 창건한 천년고찰이다. 법주사^{法住寺}는 '진리가 머무는 절'이란 뜻인데, 이는 의신 조사가 불법을 구하기 위해 멀고 먼 인도로 건너갔다가 그곳에서 경전을 얻어 흰 나귀에 싣고 돌아와 여러 곳을 살피다가, 이곳 속리산에 절을 짓고 불법을 펼쳤다고 하여 생긴 이름이다.

법주사를 품은 속리산俗離山의 이름 또한 범상하다. 말 그대로 '속세를 떠난 산'이란 뜻인데 옛날에는 조선팔경의 하나였다고 하거니와, 신라시대의 문장가인 최치원 선생은 그 절경에 감탄하여 "도는 사람을 멀리하지 않는데 사람이 도를 멀리하려 하고, 산은 세속을 여의지 않는데 세속이 산을 여의려 하는구나."라고 노래했다. 이로 보면 속리산 법주사는 '세속을 여윈 산에 진리가 머무는 절'이란 뜻이 된다.

중1부터 고2까지 남녀가 함께 어우러진 청소년들이 금강문을 지나 절 마당에 들어서자 모두들 눈이 휘둥그레졌다. 왜 그런가했더니, 가람의 규모와 거기에 들어서 있는 전각들, 게다가 33미터의 높이로 우뚝 서 있는 미륵불의 위엄에 무엇보다 놀라는 듯했다. 절 마당 제일 위쪽에 자리 잡은 대웅보전은 2층으로 되어 있어 마치 대궐을 떠올리게 하고, 마당 한가운데에 우뚝 솟은 팔상전은 너무도 아름다워 저절로 감탄을 자아냈다.

특히 팔상전은 5층으로 된 목조탑으로, 우리나라에서 유일하게 현존하는 탑이다. 거기다가 또 하나의 걸작인 33미터 거구의 미륵불상이다. 아이들은 특히 이 거대한 불상에서 눈을 떼지 못했다. 이는 원래 청동으로 주조한 것인데 몇 년 전에 도금을 하여 그 거룩한 빛을 더했다.

"둥-둥-둥……."

드디어 해는 서산에 지고 저녁 예불이 시작되었다. 나는 청소년들을 모두 종각에 모이게 하고는 사물 치는 모습을 보게 했다. 초겨울 산사의 바람이 찬데도 꽤나 진지한 모습들이었다. 저녁 예불 시작되기 전 나는 청소년들에게 사물이 무엇이고 왜 치는지 그 이유를 일러주었다.

"예불이 시작되기 전에 4가지 법구, 즉 사물을 치는데요, 그것이 뭐냐 하면 법고, 범종, 목어, 운판입니다. 자, 우선 법고가 뭘까요? 바로 큰북을 말하지요. 북은 소가죽으로 되어 있어요. 법고는 소와 같이 땅 위에 사는 중생들을 위해 칩니다. 그리고 범종은 저녁에 33번, 새벽에 28번 치는데요, 이는 지옥에서 고통 받고 있는 중생이나 천인天人들을 위해 칩니다. 다음으로 목어는 나무로 만든 물고기란 뜻인데, 이는 물속에 사는 중생들을 위해 치지요. 마지막으로 운판은 구름 모양의 판이란 뜻인데, 이는 허공에 의지하여 사는 새 같은 중생들을 위해 칩니다.

여러분! 사물을 치는 데는 이렇게 깊은 뜻이 담겨 있어요. 지금 부처님께 예불을 드리려고 하는데, 인간인 우리만 드릴 것이 아니라, 모든 생명, 심지어 하늘을 떠도는 영혼이나 지옥에서 고통 받는 생명들까지 모두 이 소리를 듣고 나와 예불에 참여하자는 뜻입니다. 그래서 모두가 참된 진리를 깨달아 고통의 세계에서 벗어나자는 것입니다. 모두 다 같이요!……."

이러한 배경 설명을 들어서인지 저녁 예불을 드리는 모습이 진지했다. 예불을 끝내고 몇 가지 프로그램을 진행한 다음 9시에 취침한다고 했다. 세상에 9시에 취침이라니! 아이들이 도저히 이해가 안 간다는 듯이 야단들이었다. 거기다가 새벽 3시에 일어나야 한다고 하니까, 이건 모두가 졸도하겠다는 인상이다. 어떤 학생은 지금 집에 가면 안 되느냐고 하고, 다른 학생은 자신은 무슨 일이 있어도 새벽 3시에는 못 일어나니 알아서 하시라고 반 협박을 하기도 했다. 이런 저런 난리에 진행자인 나는 웃으며 침묵으로 일관했다.

드디어 새벽 3시가 되었다. 밤하늘은 마치 별 잔치가 벌어진 것처럼 찬란하게 빛나고 있었다. 딱 한 학생, 바로 알아서 하시라던 그 학생만 제외하고 모두 새벽 예불에 참여했다.

산사에서의 하룻밤이지만 이들에게 오묘한 불법의 세계가 전해지지 않았을까?

가끔 집을 떠나는 것은 어떨까?   붓다의 쪽지

때로는 집을 떠나보라. 탁 트인 넓은 들판으로. 기왕이면 훌륭한 스승의 가르침이 있고, 고요하게 명상을 할 수 있는 곳이면 더욱 좋다. 산사는 이런 점에서 좋다. 붓다의 가르침이 있고, 고요하게 자신을 돌아볼 수 있어 좋다.

사람은 본래 혼자인 것이다.
광야에 홀로 던져진 존재이다.
그 던져진 존재와 끊임없는 대화를 나눌 수 있어야 한다.
최고의 목적에 도달하기 위해 노력하고,
마음의 안일을 물리치고 공부에 게으르지 말며,
용맹 정진하여 몸의 힘과 지혜의 힘을 갖추고,
차라리 무소의 뿔처럼 혼자서 가라.
『숫타니파타』

먼 나라, 이웃 나라

-일본의 좋은 것은 배우되 아픈 역사는 잊지 말자-

어느 해 겨울방학 때 청소년들과 함께 일본을 다녀왔다. 파라미타 청소년협회에서 주관한 체험학습 프로그램이었는데, 나는 지도교사 자격으로 같이 가게 되었다.

가깝고도 먼 나라이면서, 한때 '일본은 있다, 없다.' 라는 논쟁을 불러일으킬 만큼 우리에게 초미의 관심사인 일본이 보고 싶었다. 도대체 어떤 나라이기에 툭하면 우리 한반도를 그렇게 못살게 굴고, 급기야는 합병까지 해 버리고서 아직까지도 진심어린 사과 한번 하지 않는 나라인지 내 눈으로 똑똑히 보고 싶었다.

부산항에서 페리 호를 타고 장장 20시간에 걸쳐 항해를 한 후 일본에 도착했다. 이 바닷길이 바로 임진왜란 때 일본군이 조선을 향해 쳐들어온 길이며, 화해한 후에는 조선통신사 일행이 일본으로 건너갔던 길이었다고 하니 만감이 교차되었다.

우리 답사단이 다닌 곳은 오사카, 교토, 나라, 그리고 고베 지역이었다. 오사카는 도쿄에 이은 일본의 제2의 도시로서 1500년의 오랜 역사를 자랑하고 있는 운하의 도시였다. 1583년 풍신수길(도요토미 히데요시)이 전국시대의 일본을 최초로 통일한 후 성을 쌓으면서 급격히 발전했다고 한다.

오사카 성은 그 위용이 대단했다. 많이 축소된 것이라고는 하지만 성 가운데 우뚝 선 8층의 성루인 천수각은 풍신수길의 불타는 야망을 읽기에 충분했다. KBS 대하드라마 「불멸의 이순신」에서 풍신수길이 나올 때면 가끔 이 천수각을 보여주었는데, 실제로 와서 보니 참으로 요새의 성루였다.

'아, 여기서 조선 침략을 획책하고 7년간이나 우리 땅을 유린했다니……'

나는 우리 청소년들에게 똑바로 보라고 했다. 그리고 용서는 하되 잊지는 말자고 힘주어 말했다.

성을 나와 오사카의 가장 번화가라고 하는 도톰보리와 신사이바시로 갔다. 일본 사람들이 얼마나 많은지 발 디딜 틈이 없었다. 기모노 차림으로 바삐 걷는 여인에서부터 추운 겨울에 스타킹도 입지 않은 채 거리를 활보하는 여학생들, 목이 쉬어라 호객을 하는 가게 점원들, 여기저기서 흘러나오는 락과 재즈 음악에 거리는 활기가 넘쳤다. 어느 서점에 들렀더니 과연 한류 열풍을 입증이나 하듯 배용준, 장동건, 보아 등의 사진이 자랑스럽게 걸려있었다. 순간 우쭐한 마음이 들었다.

다음은 교토에 갔다. 교토는 794년부터 1868년 메지지 유신을 단행할 때까지 1100년 동안 일본의 수도였던 곳이다. 한마디로 우리의 경주라고 생각하면 된다. 현재 교토에는 2개의 옛 궁성을 비롯해 2000개가 넘는 절과, 400개에 달하는 신사神社가 있다고 했다.

이어서 방문한 나라는, 710년부터 784년까지 일본의 수도였던 작은 도시로 아스카 문화로 유명한 곳이다. 아스카 문화는 우리에게 잘 알려진 고대 문화로 한반도 문화의 축소판이었다. 왜냐하면 주로 삼국 문화를 받아들였으며, 국가를 뜻하는 순수 우리말인 '나라'가 이곳의 지명이기 때문이다. 마지막으로 고베는 10년 전 대지진으로 유명한 항구도시로 지진의 참상을 엿볼 수 있었다.

나는 청소년들과 일본 답사를 하면서, 특히 일본 불교와 그들의 정신을 곰곰이 되씹어 보았다. 백제의 장인 금강이 지었다는 오사카의 사천왕사, 정토진종 대곡파의 본산인 교토의 동본원사, 고대 한국인이 지었다는 나라의 동대사, 그리고 일본 천황을 신으로 모신 교토의 헤이안 신궁 등에서 나는 일본을 느낄 수 있었다.

한마디로 신도에다 불교를 결합시킨 일본 특유의 신불 정신을 간직하고 있었다. 자신들의 민족 고유 신앙인 신도를 핵으로 하여 불교를 가미한 그들만의 문화를 이어오고 있었다. 우리보다 먼저 서양 기독교를 받아들였으면서도 교회는 거의 찾아 볼 수 없었다. 우리와 너무도 다른 점이었다. 우리는 도시에 교회가 얼마나 많은가? 아무리 보아도 십자가가 잘 보이지 않았다. 아마도 일본은 서양의 종교가 맞지 않았는가 보다. 아니, 자신의 정체성을 지키기 위해 일부로 이질적인 기독교를 돌려보냈을지도 모른다.

나는 한국으로 돌아오면서 청소년들에게 말했다.

"올해는 을사늑약 100주년, 광복 60주년, 한일수교 40주년이 되는 해입니다. 여러분은 일본을 보면서 무엇을 느꼈나요? 일본이 밉나요? 하지만 다른 것은 다 제쳐놓더라도, 발달된 서구 문명을 받아들이면서도 자신의 것은 잃지 않았던 민족적 자존심, 좋은 것은 기꺼이 취하려는 개방정신, 그리고 어느 누구에게도 폐를 끼치지 않으면서 친절이 몸에 밴 태도 등은 참 좋은 거라 생각합니다. 이런 것들은 배워야하지 않을까요?"

스포츠 경기만 보더라도 일본과 붙게 되면 반드시 이겨야 속이 풀린다. 그만큼 일본과는 역사적으로 원한으로 점철되어 있음을 말해준다. 하지만 과거에 얽매여서는 미래로 나아갈 수 없다. 일본의 좋은 것은 배우되 아픈 역사는 잊지 말아야겠다. 역사를 잊은 민족에게 미래는 없기 때문이다.

일본은 우리에게 무엇인가?

붓다의 쪽지

이 세상에서 원한은 원한으로 풀어지지 않는다. 원한을 버릴 때에만 원한이 풀리나니 이것은 변치 않을 영원한 진리이다. 『법구경』

이제는 일본이다 한국이다 하는 분별을 하지 마라. 그 옛날 원한에 대한 집착으로 지금도 서로를 미워하는 것은 어리석은 일이다. 이제는 모든 것을 털어버리고 집착을 놓아버려야 할 때이다. 뼈아픈 역사는 잊지 말되, 무소의 뿔처럼 앞으로 나아가라.

직지야! 어디로 갔었니

-직지는 세계 최초의 금속활자로 찍은 붓다에 관한 책이다-

중학교 2학년 도덕 교과서 후반부에 우리의 전통 문화유산 중에 세계문화유산으로 등록된 문화재를 공부하는 단원이 나온다. 앞으로 나라의 미래를 책임질 청소년으로서 문화적 자긍심과 주체성을 가질 것을 강조하는 학습단원이다.

불국사 석굴암, 해인사 팔만대장경판전, 종묘, 수원 화성 등은 그래도 무엇인지 이해를 하는데, 맨 나중에 나오는 『직지심체요절』이 세계기록문화유산으로 등록되었다고 하니까, 처음 들어본다는 듯 어리둥절해 했다. 순간 놀라지 않을 수 없었다. 세상에 그 유명한 『직지심체요절』을 모르다니! 요즘은 『직지심체요절』을 줄여서 『직지』라고 부르고 있다.

교과서에는 사진까지 소개하며 '세계 최초의 금속 활자로 인쇄된 책'이라고 설명되어 있다. 교과서를 보라고 하면서, 이 책이 바로 독일의 구텐베르크보다 70여 년이나 앞서서 발명한 금속활자로 찍은 책이라고 하니까, 몇 명의 학생이 어디서 들어본 것 같다고 맞장구를 쳤다. 하지만 이 책을 지은 사람은 누구이고, 언제 찍은 책이며, 그 책의 내용은 대충 어떤 것이냐고 물었더니, 대부분이 교실 천장만 바라보았다.

교사로서 일말의 책임감을 느꼈다. 유네스코에서 세계기록유산으로 등록한 것이 2001년도이고, 그 이후 대대적으로 홍보했음에도 불구하고 우리 청소년이 처음 들어본다는 듯『직지』를 모른다는 것은 교육을 담당하는 교사의 잘못이 크다 싶었다. 혹시 어른들조차도『직지』가 세계에서 가장 오래된 금속 활자본이라는 것은 아는데, 이것이 붓다의 가르침을 엮은 책이라는 사실을 모르는 것은 아닌지 의구심이 들었다. 나는 학생들에게 설명하기 시작했다.

"고려 말에 백운 선사라는 스님이 계셨습니다. 이 분은 당시 원나라에 가서 불교를 공부하고 돌아오셨는데, 말년에 그동안 배운 지식을 하나의 책으로 엮어냅니다. 바로 그것이『직지』입니다. 원래 이름은『백운화상초록불조白雲和尙抄錄佛祖 직지심체요절直指心體要節』입니다. 되게 길지요? 이 말을 풀이하면, '백운이라는 스님이 붓다와 그 제자들의 가르침 중에 요긴한 것들을 간추려서, 마음을 꿰뚫어 그 요체를 깨닫도록 하기 위한 책'이란 뜻입니다. 책의 내용을 한 마디로 말하면, 자신의 마음을 볼 줄 알면 곧 붓다가 될 수 있다는 것입니다.

이 책은 말이죠, 청주에 있던 흥덕사라는 절에서 인쇄되었다는 겁니다. 백운 선사에게는 많은 제자들이 있었는데, 스승의 책이 너무 좋으니까 이것을 좀 많이 찍을 수 없을까 고민하다가 금속활자를 만들었다는 거예요. 학자들에 의하면 그 당시 청주 근교에는 철이 많이 나왔다고 합니다. 이 철로 아마도 수없이 많은 시행착오 끝에 활자를 주조해냈지요. 처음이라서 그랬는지는 몰라도, 인쇄된 글자를 보면 활자가 좀 조잡했음을 알 수 있습니다. 그래서 많이 찍어내지를 못했다는 겁니다.

이때가 고려 우왕 3년, 서기로 1377년이거든요. 독일에서 구텐베르크가 『42행 성서』를 금속활자로 찍어낸 것이 1455년이니까 적어도 우리는 이보다 70년 이상 앞서서 금속활자를 발명한 것입니다. 우리 민족 대단하지요? 이것이 1977년 프랑스 파리에서 열린 '세계 도서의 해' 기념 전시회에 처음 알려지기 시작하여, 2001년 드디어 유네스코 지정 세계기록문화유산이 된 겁니다. 모두가 이제는 최초의 금속활자는 우리 민족이 발명했음을 인정한 거지요. 그런데 안타깝게도 이 책은 프랑스에 가 있습니다."

이쯤 설명하자, 한 학생이 손을 번쩍 들며 질문을 했다. 도대체 왜 프랑스에 가 있느냐는 것이었다. 그 경위는 한말로 거슬러 올라간다. 1887년 프랑스의 대리공사로 와 있던 꼴랭 드 쁠랑시^{Colin de Plancy}가 다른 장서와 함께 한국에서 수집한 이 책을 본국으로 가지고 갔다. 그 후 파리의 골동품 수집가인 앙리 베베르^{Henri Vever}에게 넘어갔다. 그가 죽자, 그의 유언에 따라 1950년 프랑스 국립도서관에 기증했다. 이것이 『직지』가 프랑스에 가 있는 이유이다.

현재 상·하 권 중에 하권만 남아 있는데 그나마 첫 장은 찢어져 없어져버렸고, 불행 중 다행으로 하권 마지막 부분에 이 책의 간기가 적혀 있었다. 간기란 책의 저자, 발행인, 발간 연도, 그리고 장소 등을 명기한 것을 말한다. 이것이 이 책의 가치를 증명한 것이다.

무엇보다 주목해야 할 것은, 이 책 역시 우리 불교가 꽃피운 세계문화유산이라는 점이다. 불국사 석굴암, 팔만대장경판전 등과 함께 말이다.

직지가 무엇일까?

붓다의 쪽지

자신의 마음을 직접 가리키는 것이 '직지' 이다. 이 마음이란 무엇인가.

마음이란 모든 것의 근본이므로 모든 현상은 오직 마음에서 일어난 것이다. 그러므로 마음을 깨달으면 만 가지 행을 다 갖추는 것이다. 이를테면 여기 큰 나무가 있다고 하자. 그 나무의 가지나 잎이나 열매는 모두 뿌리가 근본이다. 나무를 가꾸는 사람은 뿌리를 북돋울 것이고, 나무를 베고자 하는 사람도 뿌리를 베어야 할 것이다. 수행하는 사람도 그와 같아서, 마음을 알고 도를 닦으면 많은 공을 들이지 않고도 쉽게 이룰 것이다
달마대사, 『관심론』

탄생의 인연

-사람으로 태어날 확률은 눈먼 거북이 나무토막을 만나는 것과 같다-

충주에서 38번 국도를 따라 제천을 향해 달리다 보면 다릿재 터널이 나오고, 이어서 박달재 터널이 나온다. 이 터널을 빠져나와 조금 더 달리다 보면 고가도로가 등장한다. 이 고가도로를 앞에 두고 좌회전하다 보면 조그만 시골 읍내가 나온다.

읍내로 들어가 철도 건널목을 건너 비탈길을 백 미터 정도 거침 없이 오르면, 언덕 위에 운동장이 펼쳐지고 아담한 학교가 하나 나온다. 나는 정기인사에 의해 처음으로 이 시골 중학교로 발령을 받아 근무한 적이 있다. 그때 당시의 이야기를 하고자 한다.

교문에 들어서니 운동장엔 아직 눈이 그대로 쌓여 있어 마치 설원을 연상하게 하고, 학교 담장 안쪽으로는 오래된 은행나무가 나목裸木이 된 채 3월의 꽃샘바람을 맞고 있었다. 내가 드디어 시골 중학교에 부임하다니! 나는 그동안 도시의 고등학교에서만 있어왔다. 그래서 늘 마음 한곳에는 소규모의 시골 학교에 한번 근무했으면 하는 바람이 자리하고 있었다.

전교생이 모두 120여 명, 전체 6학급의 조그만 농촌 학교였다. 무엇보다 처음 아이들을 만났을 때 그 순박함과 인사성에 놀랐다. 아직 부임인사도 하지 않았는데 나를 보고 인사를 했다. 그도 그럴 것이, 전체 선생님이 12명인데 누가 학교를 떠났고, 그 대신 누가 왔는지 단박에 알아보는 눈치였다. 바로 전에 근무했던 30학급 규모의 1,000명이 넘는 도시 학교에서는 상상할 수도 없는 일이 벌어지고 있었다.

큰 학교에서는 어떤 선생님이 학교를 떠났고, 또 어떤 선생님이 부임해 왔는지 학생들에게는 큰 관심거리가 아니다. 그저 그렇구나 할 정도이다. 또 큰 학교의 학생들은 자신을 가르치는 선생님이 아니면 복도에서 서로 마주쳐도 인사하지 않는 것이 다반사이다.

첫 수업시간이었다. 아이들의 눈이 초롱초롱 빛나고 있었다. 이 아이들에게 무슨 말을 먼저 꺼낼까? 무슨 이야기를 해 주어야 첫 만남이 아름다울 수 있을까? 나는 고심하지 않을 수 없었다. 우선 이름을 하나하나 부르며 동시에 5초 정도 눈맞춤을 했다. 이름을 부르며 눈맞춤을 하는 것은 아이들과 처음 만날 때 행했던 나만의 특별한 의식이다.

우선 간단히 내 소개를 한 후, 『잡아함경』에 나오는 '눈먼 거북이'(맹구우목 盲龜遇木) 이야기를 꺼냈다.

"여러분, 바다 깊은 곳에 눈먼 거북이가 살고 있습니다. 이 눈먼 거북이는 100년에 한번 숨을 쉬기 위해 바다 위로 떠오릅니다. 마침 바다 위에는 구멍 뚫린 널빤지 하나가 떠다니고 있습니다. 거북이는 이 널빤지를 만나야 합니다. 왜냐하면 넘실대는 파도를 뚫고 바다 위로 머리를 내밀기 위해서는, 널빤지 구멍 속으로 목이 쏙 들어가야 하기 때문이지요. 과연 눈먼 거북이가 떠다니는 널빤지를 만나 그 구멍 속으로 들어가 숨을 쉴 수 있는 확률은 얼마나 될까요?"

칠판 위에 그림을 그리며 설명을 하니 아이들의 눈이 더욱 빛났다. 여기저기서 대답이 들렸다. 그것은 불가능하다고 하는 학생, 백만분의 1이라고 하는 학생 등 각양각색이었다. 나는 잠시 침묵하다가 말을 이어갔다.

"사람으로 태어날 확률이 이와 같다고 합니다. 이 세상에 존재하는 수많은 생명 중에 사람으로 태어나는 것은, 마치 눈먼 거북이가 망망대해에 떠다니는 구멍 뚫린 널빤지를 만나 숨을 쉬는 것과 같다는 겁니다. 그만큼 사람 몸을 받아 태어나기가 어렵다는 것이지요. 그런데 사람으로 태어나도 신체가 건강한 사람으로 태어나기 어렵고, 좋은 곳에 태어나기 어렵고, 좋은 부모를 만나기가 어렵답니다.

자, 옆의 친구를 한번 보세요. 사람으로 태어나기도 어려운데 이렇게 한 학교 한 교실에서 친구로 만났으니 얼마나 소중한 만남입니까?

여러분, 만남이라는 것은 그냥 이루어지지 않습니다. 두 가지

조건이 동시에 충족되어야 합니다. 바로 시간적·공간적인 조건입니다. 만남이 이루어지기 위해서는 시기와 장소가 동시에 같아야 합니다. 여러분은 같은 시기에 입학했고, 같은 학교에 들어왔기 때문에 만난 것입니다.

이런 것을 '인연'이라고 합니다. 붓다는 시장 길에서 옷깃만 스쳐도 인연이라고 했는데, 이렇게 선생님과 제자로 만났으니 이 얼마나 큰 인연입니까? 우리의 만남은 참 좋은 인연입니다."

아이들과의 첫 만남은 이렇게 인연 이야기로 시작되었다. 앞으로 이 아이들과 어떤 일들이 펼쳐질까? 생각만 해도 즐거웠다.

사람으로 태어나기가 쉬울까?

붓다의 쪽지

산다는 것은 만남의 연속이다. 그런데 만남은 그냥 이루어지지 않는다. 반드시 인연이 있어야 만나는 것이다. 시장 길에서 옷깃만 스쳐도 인연인 것이다. 시간과 공간이 정확히 맞아떨어졌기에 시장 길에서 옷깃이 스치는 것이다. 인이 직접적인 원인이라면, 연은 이를 도와주는 조건으로 간접적인 원인이다. 이 두 원인이 결합하여 '만남'이라는 결과가 생기는 것이다.

마치 눈먼 거북이 구멍 뚫린 널빤지를 만나 숨을 쉬는 것처럼 사람으로 태어나기 어렵고, 좋은 사람을 만나기는 더 어렵다. 좋은 사람을 만나기 위해 좋은 복을 지어라. 복을 지은 만큼 좋은 인연이 따른다.

산적의 눈물

-참회란 진심으로 부끄러워하며 허물을 드러내는 일이다-

"천등산 박달재를 울고 넘는 우리 님아. 물항라 저고리가 굿은비에 젖는 구려…….”

해발 453미터, 하늘을 오른다는 천등산 박달재! 산 높고 골 깊은 이 고개는 '울고 넘는 박달재' 라는 노래로 더 유명하다. 수년 전 나는 매일 이 박달재를 뚫은, 1960미터의 긴 터널을 아침저녁으로 지나다닌 적이 있다.

이 박달재 아래에 자연 휴양림이 조성되어 있다. 나는 학생들과 여기서 1박 2일 간부수련회를 함께 했었다. 조그만 시골 중학교이다 보니, 누구를 간부라고 할 것도 없지만 수련회에 참여하는 자부심은 대단했다. 내가 담당이라서 수련 프로그램을 짜고 지도를 했다.

참으로 놀라운 것이, 우리나라 절이 대부분 그렇지만 절경에는 어김없이 명찰이 들어서 있다. 여기도 예외가 아니라서, 조그만 절이 하나 있다. 바로 경은사라는 아름다운 절이다. 사전 답사를 했을 때, 학생들에게 이 절을 소개하고 내친김에 문화체험도 하도록 해야겠다는 생각이 들었다. 그래서 여기저기 둘러보며 절의 내력과 전각들을 살펴보았다. 그런데 이 절 이름이 옛날에는 '도덕암'이었다고 한다. 수많은 이름 중에 왜 하필이면 도덕암이라 했을까? 흔하지 않은 이름이다.

의문은 바로 풀렸다. 휴양림 입구에서 계곡을 따라 조금 올라가면 왼쪽으로 절 가는 길이 나오고, 그 길을 따라 쭉 올라가면 모퉁이에 커다란 바위가 우뚝 솟아있는데 그 모습이 참으로 신령스럽다. 이 바위를 도덕암道德岩 또는 도둑바위라 부르고 있었다. 절의 이름이 여기서 나온 것은 당연했다.

나는 절 둘러보기 시간에 이 도덕암에 얽힌 이야기를 갖은 양념을 섞어가며 풀어냈다.

"여러분, 이 절 이름이 옛날에는 도덕암이라고 했는데 왜 그렇게 했을까요?"

"도덕암요? 선생님이 도덕 선생님이잖아요. 그래서 그렇게 부르지 않았을까요?"

"에이, 그럴 리가 있나요? 도덕암은 도둑바위에서 나왔다고 합니다. 바로 저기 높게 솟아있는 바위를 보세요."

아이들의 눈이 동그래졌다. 역시 중학생들이다. 질풍노도의 시기라서 그런지 변화가 무쌍하고 지적 호기심 또한 대단했다.

"자, 지금부터 말해주겠습니다. 조선시대 태조 때의 일입니다. 제천에 현감이 새로 부임하게 되었어요. 현감 일행이 청주를 출발하여 충주를 지나 박달재를 넘어가고 있을 때였다고 해요. 현감의 행차에는 당연히 가족들도 따라왔는데 현감 부인의 배가 만삭이었답니다. 그래서 그만 뒤에 처졌어요. 앞서 가던 현감은 이미 박달재를 넘어가고, 뒤처진 현감 부인 일행이 드디어 박달재에 들어섰는데, 갑자기 도둑떼들이 덤벼드는 거였습니다. 겁에 질린 하인들은 모두 줄행랑을 치고, 현감 부인만 덜렁 남은 거예요.

현감 부인은 얼른 가마에서 내려 산비탈을 따라 아래로 도망쳤습니다. 한참을 내려가니, 어느 큰 바위 위에까지 오게 되었어요. 바위 밑에 자갈이 깔리고 물이 흐르고 있어 더 이상 도망갈 길이 없었습니다. 현감 부인은 도둑에게 잡혀 욕을 보느니, 차라리 개울로 뛰어 내려야겠다고 생각하고 몸을 날리려는데, 순간 진통이 일어나며 그 자리에서 사내아이를 낳았다는 겁니다.

뒤쫓아 오던 도둑은 이 광경을 보고 그 자리에 선 채 어찌할 바를 몰랐습니다. 왜냐하면, 아이를 낳은 현감 부인이 이미 숨을 거두었기 때문이지요. 도둑은 아기를 안아 들며 자신의 소행을 뉘우치기 시작했다고 합니다. 도둑은 아기를 안은 채 어디론가 가버렸고, 자신의 죄를 속죄하며 그 아기를 자식삼아 잘 길렀다고 합니다. 사람들은 이 바위 위에서 아기를 낳아 결국 도둑의 마음이 선한 본성으로 돌아갔다고 하여, 바위 이름을 처음에는 도둑바위라고 했다가, 나중에는 '도덕암道德岩' 이라고 불렀다고 합니다. 도둑에게

도덕을 가르쳐주었다는 이야기지요."

아이들은 나의 설명에 일제히 고개를 끄덕였다. 물론 절 이름의 도덕암은 암이라는 한자가 바위 암^巖자가 아니라, 작은 절이라는 뜻의 암^庵자라는 설명도 곁들였다.

지금은 경은사로 개칭되어 있지만, 오랜 세월 동안 도덕암이었다니 그 뜻이 새삼스러웠다. 절에서 바라보니, 그 바위 꼭대기에는 아담한 탑이 조성되어 있었다. 아마도 그때 도둑떼에 몰려 아기를 낳다가 죽은 현감 부인의 혼을 달래주려고 절에서 세웠나보다.

워낙 바위가 높아서 휴양림에 오는 사람이면 누구나 볼 수 있도록 해 놓았다. 이 탑을 보고 모두 도덕^{道德}을 길러 좋은 마음을 가지면 좋겠다.

참회란 무엇인가?

붓다의 쪽지

허물이 있거든 곧 참회하고, 그릇된 일이 있으면 부끄러워할 줄 알아라. 이런 사람에는 대장부의 기상이 있다.

허물을 고쳐 스스로 새롭게 되면 그 죄업도 참회하는 마음을 따라 사라질 것이다. 참회란 지은 허물을 뉘우쳐 다시는 범하지 않겠다고 맹세하는 일이다. 부끄러워함은 안으로 자신을 꾸짖고, 밖으로 허물을 드러내는 일이다. 사실 마음이란, 본래 비어 고요한 것이므로 죄업이 깃들 곳이 없다.

서산대사, 『선가귀감』

요가를 해 보세요

-요가는 우주와 자신이 하나가 되는 것이다-

학교에서 특기적성 시간에 요가를 지도한 적이 있다. 조그만 시골 중학교이지만 21명이 지원을 해서 한 반이 만들어진 것이다.

나는 이 아이들에게 요가를 잘 가르쳐보겠다고 다짐하면서 중학생 수준에 맞는 수련 프로그램을 만들었다. 사실 나는 전문 요가 단체에서 수련을 받은 적은 없다. 여러 가지 교재를 탐독했고, 다양한 수련회에 참여했으며, TV에서 요가를 하면 녹화를 해 두었다가 이를 보고 반복 수련을 하면서 나름대로 연구를 해 온 정도다. 어느 고등학교에 있을 때 선생님들을 대상으로 요가 프로그램을 적용해 본 적이 있고, 파라미타 수련회 때 강사로 초빙되어 학생들을 지도한 적도 있다. 그 당시에는 요가라고 하지 않고 명상수련 또는 선체조라고 불렀었다.

　1학기 내내 모두 20시간이나 학생을 대상으로 요가를 지도해 본다는 것은 신명나는 일이었다. 자신이 공부하고 연구해온 것을 배우고자 하는 학생들에게 가르치는 것만큼 교사로서 환희심이 나는 일이 어디 있겠는가?

　처음에 아이들은 힘들어했다. 프로그램은 모두 6단계로 이루어져 있는데, 1단계가 다리 풀며 숨 토해내기(토고납신), 2단계가 바른 자세로 앉아 두 손 모으기(정좌와 결인), 3단계가 명상에 들기(좌선), 4단계가 명상에서 나오기(출정), 5단계가 몸 풀기(아사나 운동법), 6단계가 명상 음악으로 몸과 마음 씻어내기(휴식 명상)이다. 모두 90분으로 짜여져 있는데 가장 힘들어하는 부분이 좌선 시간이다. 다행이 강당이 나무 마루라서 앉는데 지장은 없었으나, 대다수의 학생들이 다리 통증을 견디지 못해 5분도 안 돼 얼굴을 찡그리고 있었다.

　나는 웃음이 나왔다. 세상에 5분도 못 견디다니. 한편으로는 이해도 되었다. 평소 의자에 앉아서 생활하던 아이들이 갑자기 가부좌를 틀고 앉아 있는 것이 얼마나 어렵겠는가? 하지만 몇 번 이렇게 하자, 많은 학생들이 이제는 어엿하게 앉아서 마치 붓다처럼 근엄하게 좌선을 하기 시작했다. 얼굴에서 평화로운 기운이 돌고 나름대로 선정에 드는 것 같았다. 나는 좌선 시간을 점점 늘려 20분까지 하기도 했다.

　아이들이 좋아하는 시간은 아사나, 즉 운동법을 하는 시간이다. 나는 운동법으로 앉거나 누워서 하는 운동법 15가지 동작, 서서 하는 운동법으로 15가지 동작을 선별하여 지도했다. 요가 하면, 비틀고 당기고 젖히고 하는 운동법만을 생각하는데 사실은 그렇지 않다. 요가에서 정말 중요한 것은 명상과 호흡이다. 운동법은 사실 좌선으로 굳어진 몸을 풀어주는 방편에 불과하다. 운동법을 하더라도 명상의 고요함과 호흡의 중요성을 잊어서는 안 된다. 요즘 시중에서 요가를 하면 살을 뺄 수 있다, 예뻐질 수 있다, 키가 클 수 있다고 광고하는 것을 보는데, 분명 요가를 하면 부수적으로 그런 효과를 볼 수는 있으나, 그것이 본질이 아님을 알아야 한다.

마지막으로 요가 프로그램의 피날레는 휴식 명상 시간이다. 아이들은 이 시간을 제일 좋아한다. 왜냐하면 운동법을 하느라 힘들었던 육체를 마룻바닥에 앉아 완전히 휴식할 수 있는 시간이기 때문이다. 아이들은 혹은 대자로, 혹은 둘이 서로 다리를 베고 누워서 편안히 휴식을 취한다. 나는 이때 잔잔한 명상 음악을 틀어준다. 시중에는 좋은 명상 음악이 참 많이 나와 있다. 한 10분 정도를 틀어주는데 아이들은 나름대로 피안의 세계에 들어간 듯한 분위기다.

요가 yoga 란 자세와 호흡을 가다듬어 정신을 통일하여 순화시키고, 다양한 운동법으로 몸의 기와 혈을 풀어줌으로써 건강을 증진시키고, 궁극적으로는 우주와 자신이 하나가 되게 하는 수련법이다. 요가는 인도에서 나왔는데 그 기원은 지금으로부터 6천 년에서 7천 년 전의 인더스 문명으로 거슬러 올라간다. 요가의 어원을 보면, 명사로는 '결합, 통일, 조화, 균형'의 뜻을, 동사로는 유즈 yuj 로 '얽어매다, 묶다'의 뜻을 갖고 있다.

요가와 명상은 특히 요즘 청소년들에게 필요한 것 같다. 청소년기는 질풍노도와 같이 감정의 기복이 심하고, 어른도 아니고 그렇다고 아이도 아닌 주변인이라서, 자기 정체성을 확립하지 못하고 방황할 수 있는 시기이기 때문이다. 또한 요즘 청소년들은 감각적인 정보 매체에 노출되어 있어 유혹을 쉽게 뿌리칠 수 없는 환경에 살고 있다.

이런 청소년들에게 요가는 명상을 함으로써 참된 나를 찾는 시간이 되고, 운동법을 함으로써 육체와 정신이 조화롭게 성장할 수 있는 좋은 수련임에 틀림없다. 청소년 요가, 이제부터 시작이다.

왜 요가를 할까?

붓다의 쪽지

요가를 해 보라. 요가는 명상이 기본이다. 바른 자세로 앉아 바른 호흡을 하며, 자신의 몸과 마음을 살펴보아라. 그리고 자신에 맞는 운동법으로 몸의 기와 혈을 풀어주며, 긴장과 이완을 해보라. 이는 틀림없이 마음의 평화와 건강을 안겨다 줄 것이다.

낙태, 어떻게 보아야 하나

-어머니의 태에 의지하면 이미 생명이기에 낙태는 살생과 같다-

나는 언젠가 모 대학에서 연수를 받은 적이 있다. 교사로서의 능력을 향상할 수 있는 좋은 기회였다. 여러 강좌 중에 생명 윤리 문제, 즉 생명의 가치라든가 낙태, 안락사, 장기기증, 생명복제 등의 담론을 다루는 것이 마음에 끌렸다.

생명 윤리 문제는 이 시대의 화두임에 틀림없다. '과연 생명을 어떻게 볼 것인가? 만일 생명을 존중한다면 그 범위를 어디까지로 할 것인가?' 하는 문제는 현대 사회의 커다란 논란거리이기 때문이다. 이를테면, 낙태는 태어나기 전에 생명을 없애버리는 것이고, 안락사는 죽기 전에 인위적으로 생명을 끊어버리는 것이다.

이는 생명을 어떻게 보느냐에 따라 태도가 확 달라진다. 엄마 뱃속에 있는 아기를 하나의 생명체로 본다면 낙태는 살인에 해당할 것이고, 그렇지 않다면 엄마의 재량권에 속할 것이다. 마찬가지로, 안락사를 살아있는 생명을 강제로 정지시키는 것으로 본다면 살인에 해당할 것이고, 그렇지 않다면 합법적인 죽음으로 인정될 것이다.

강좌에서는 발표할 수 있는 기회가 주어졌는데, 나의 주제는 '생명의 가치와 생명 중심'이었다. 순간 다짐하기를 이에 대한 답을 붓다의 가르침에서 찾아보기로 했다. 30명의 현직 선생님과 대학 교수 앞에서 내가 그동안 공부해 온 것을 발표했다. 그랬더니 여기저기서 질문이 쏟아졌다.

"불교에서는 생명을 어떻게 봅니까? 불교에서는 왜 개고기를 먹지 말라고 하는 겁니까? 불교에서는 모든 생명을 죽이지 말라고 하는데 그게 가능한 일입니까? 생명 있는 것은 다른 생명을 먹이로 삼음으로써 생존할 수 있는 거 아닙니까?"

이렇게 많이 질문이 쏟아질지 몰랐다. 어떤 분은 붓다의 가르침에 대하여 꽤나 불만을 가지고 있다는 듯이 따져 묻기도 했다.

첫 번째 질문인 붓다의 생명관에 대하여 어떻게 말할 수 있을까? 붓다는 살아있는 모든 존재는 윤회한다고 보았다. 이미 앞에서도 언급했지만, 붓다에 의하면 윤회하는 삶은 생유生有·본유本有·사유死有·중유中有의 네 사이클로 나뉜다. 먼저 생유는 어머니의 태에 잉태되는 순간을 말한다. 어머니의 태에 의지하였을 때 이미 생명이 시작된 것으로 본다. 본유는 어머니의 태내에서 있다가 세상으로 나와서 일정한 세월을 사는 기간을 가리킨다. 사유는 일정 기간을 살

다가 생을 마치는 순간, 즉 죽는 찰나를 말한다. 마지막으로 중유
는 죽고 나서 다음 생을 받기 전까지의 기간을 말한다. 그렇다면
붓다의 생명관은 '탁태설'이라고 보아야 한다. 즉 정자와 난자가
수정되어 어머니의 태에 의지했으면 이때부터 하나의 생명이라고
보는 것이다.

두 번째 질문인 왜 개고기를 먹지 말라고 하는가에 대하여, 나는
『목련경』에 나오는 목건련 이야기를 해주었다. 붓다의 십대 제자
중에 목건련이라는 제자가 있었는데, 이 분은 신통력이 탁월해 돌
아가신 어머니가 지옥에 있다는 것을 알게 되었다. 여러 가지 방편
을 활용해 어머니를 구해 새 삶을 받게 했는데 그게 바로 개였다.
개로 태어난 어머니가 또 가여워 기도를 하고 두루 보시를 했더니,
끝내는 천상에 태어나게 되었다는 이야기를 해 주었다. 그래서 불
교에서는 개를 사람의 환생으로 보기도 한다고 말해주었다. 또한
개는 어리석지만 절대 주인을 배반하는 일이 없어 사람이 고기로
먹는 것은 심한 것이 아니냐면서 뼈있는 말도 했다.

마지막으로, 살생의 문제인데 참으로 어려운 문제 중 하나다.
불교의 제1계율이 불살생이지만 여전히 나는 고기를 먹고 있지 않
는가? 나는 『범망경』에 나오는 붓다의 말씀으로 답을 했다.

"생명이 있는 것을 스스로 죽이거나 남을 시켜 죽이거나, 수단
을 써서 죽이거나 죽이라고 부추기거나, 죽이는 것을 보고 기뻐하
거나 주문을 외워 죽여서도 안 된다. 이것은 큰 죄가 된다."

강한 자가 약한 자를 먹는 것이 생태계의 엄연한 법칙인데 생명
을 죽이면 안 된다니, 붓다의 본뜻은 과연 어디에 있을까? 나름대

로 나는 업이라든지 연기론, 방생 같은 생명 윤리를 제시하면서 설명했지만 시원하지는 않았다.

요즘 환경의 위기를 겪으면서 생명윤리, 더 나아가서는 생태윤리가 중요한 화두가 되고 있다. 인간 이외의 존재는 모두 인간을 위해 존재하는 것이라는 서양의 인간 중심적 사고방식에 비하면, 동양은 지극히 생명 중심적이다. 특히 붓다의 가르침은 한마디로 생태윤리의 교과서이다. 이것이 해결의 열쇠가 아닐까?

낙태를 해도 되는가?

붓다의 쪽지

청소년들이여, 생명보다 더 소중한 것은 없다. 낙태를 해서는 안 된다. 아버지의 정령이 어머니의 태에 의지했으면 이미 그것은 생명의 시작이기 때문이다. 생명 그 자체를 공경하고 두려워해야 한다.

사람을 둘러싼 모든 생명에게 연민의 마음을 가져라. 왜냐하면 그들도 나름대로 업에 따라 태어난 존재들이기 때문이다. 이 세상은 함께 살아가는 생명 공동체라고 보아야 한다.

배움은 줄탁동시로

-병아리는 안에서 톡톡, 어미닭은 밖에서 탁탁 쳐준다-

언젠가 5월 15일은 스승의 날이기도 했지만 석가탄신일이기도 했다. 이렇게 기념일이 겹치기가 참 어려운 일인데 나에게는 뭔가 큰 의미로 다가왔었다. 왜냐하면 붓다는 무엇보다 인류의 큰 스승이기 때문이다.

스승의 날 하루 전 학교로 꽃바구니가 도착했다. 5년 전에 가르쳤던 제자가 보낸 것이었다. 꽃바구니에는 활짝 핀 장미꽃과 정성이 가득 담긴 엽서가 꽂혀 있었다. 엽서에는 다음과 같은 내용이 씌어져 있었다.

"선생님, 죄송해요. 옷깃만 스쳐도 인연이라는데 선생님과 스승과 제자로 인연을 맺고도 그동안 전화 한번 못 드렸어요."

지금은 사회에 진출해 있을 이 여학생 제자는, 당시 내가 지도하는 청소년단체인 파라미타에 가입해 열심히 활동했었다. 뭔가 궁금한 것을 물으면 나는 언제나 친절히 대답해 주곤 했었다.

스승의 날이 며칠 지난 후 이번에는 전화가 걸려 왔다. 바로 7년 전 어느 고등학교에 있을 때 내가 담임했던 여학생이었다.

"선생님, 저예요. 칠공주파……. 잘 계셨어요?"

"아, 그래. 칠공주파! 잊지 않고 또 전화했구나, 고마워."

이 제자는 그 당시 칠공주파의 짱쯤 되는 아이였다. 칠공주와의 인연은 참 특이했다. 이 애들은 학교 다닐 때 어지간히 몰려다니며 담임 속을 썩었는데, 나는 매를 대는 대신에 좀 색다른 방법으로 이들을 지도했다. 언젠가 이들을 차에 태우고 인근 절로 데려간 적이 있었다. 나는 다짜고짜 없이 절하는 방법을 일러주고는 108배를 하자고 했다. 처음에는 어리둥절하더니 담임이 하니 어쩔 수 없이 따라했다. 108배를 다 마치고 나는 좀 미친 척하고 이 애들을 향해 마지막 절을 했다. 순간 모두 놀라 당황하는 모습이 역력했다. 이 일이 있은 후 칠공주파는 눈에 띄게 변했다.

또 며칠 후, 이제는 교직 초창기 전문계 고등학교에서 1학년 담임을 했던 제자로부터 전화가 왔다. 육군 특전사로 군복무를 마치고 사회에 복귀하여 첫 스승의 날을 맞이하여 선생님이 생각났다고 했다. 이 제자는 선생님이 아니었으면 고등학교를 졸업하지 못했을 것이라고 말했다.

그랬다. 이 아이는 고등학교 때 가출을 했고, 내가 얼마나 그 일로 노심초사했는지 모른다. 당시 나는 이 아이를 어떻게 해서든지 학교를 다니게 하기 위해 별의별 수를 다 썼었다. 가장 기억에 남는 것이, 내가 특별활동으로 맡고 있던 『명상반』에 반강제적으로 들어오게 한 것이었다. 이 아이는 참 다행히도 명상을 열심히 했다. 명상을 같이 하면서 자신이 누구인지 알아보라고 했다. 자신이 어디서 왔고, 지금 어디에 있으며, 어디로 갈 것인지 스스로 질문해 보라고 했다. 명상의 효과인지는 몰라도 이 아이는 2학년부터 학교에 잘 적응했다.

앞에서도 언급한 바 있지만, 중국 선종의 대표적인 저서인 『벽암록』 '제16칙'에 '줄탁동시(啐啄同時)'라는 스승과 제자의 이야기가 나온다. '줄탁'이란 말은 '톡톡 탁탁'이라는 뜻으로, 병아리가 껍질을 깨고 나올 때의 모습을 이렇게 표현한 것이다. 병아리가 바깥으로 나오고자 하면 먼저 안에서 톡톡 쪼아야 한다. 그러면 어미닭이 때를 알고 밖에서 탁탁 쪼아서 마침내 부화한다.

줄탁동시는 수행자가 열심히 공부하여 깨달음을 얻는 것을 이렇게 비유한 것이다. 병아리는 제자이고, 어미닭은 스승이다. 배우고 가르치는 것도 병아리와 어미닭이 안과 바깥에서 조응하듯이 제자와 스승이 하나가 되어야 한다는 가르침이다.

어떻게 해야 좋은 스승이 될 수 있을까? 무엇보다 스승은 줄탁동시를 잘해야 한다. 제자가 안에서 톡톡하면, 밖에서 탁탁하고 쳐 주는 것 말이다. 스승의 날 나를 찾은 세 명의 제자들은 분명 스승이나 탓하는 멍청한 제자들이 아니었다. 그들은 안에서 치열하게 고민했고, 나는 교사로서 그들의 고민을 어루만져 주며 밖에서 조금

'탁탁' 하고 쳐 준 것이 지금까지 나를 잊지 못하는 이유가 아닐까?

어떻게 배워야 하는가?

붓다의 쪽지

하는 일에서 스스로 즐겁기를 구하지 아니하고, 항상 중생들의
안락을 구하며, 다른 이의 허물을 보고도 단점을 말하지 않고,
입으로 선한 말만 하는 사람을 선지식善知識이라고 한다.

『대반열반경』

선지식은 모든 이가 따라야 할 훌륭한 스승이다.

청소년들이여, 아무리 선지식을 만났다 하더라도 본인이 노력하지 않으
면 안 된다. 스승이 아무리 잘 가르쳐 주려고 해도 학생이 배우려 하지 않는
다면 아무 소용이 없다. 마치 마부가 말을 물가에 데리고 갈 수는 있어도 물
을 먹일 수 없는 것과 같은 이치이다. 그러니 배움의 자세를 확실히 견지하
고 스승을 대하라.

다이어트를 원하면 절을 하라

-절은 몸을 건강하게 하고 마음을 맑게 한다-

언젠가 어느 사찰에서 '환경오염 물질로부터 청소년 건강 지킴이 운동'이라는 프로그램을 진행했다. 프로그램은 황토염색체험, 자연식 식사, 사찰음식과 건강, 참선체험, 청소년 건강과 흡연, 아침 등산, 박물관 및 영화관람 등으로 짜여 있었다.

프로그램이 너무 좋아 나는 학교 학생들에게 알리고 참여할 것을 독려했다. 처음에는 8명이 참가를 하겠다고 난리를 치더니 결국은 4명만이 참가하게 되었다. 사찰과 멀리 떨어진 시골에 사는 아이들이 대부분이라서 교통이 가장 큰 문제였다.

하는 수 없이 4명을 내 승용차에 태우고 사찰에 갔다. 조그만 도량에 중학생들로 보이는 청소년들의 목소리가 왁자지껄했다. 대충 세어보니, 40명 정도가 온 것 같다. 나는 이 프로그램에서 사찰 예절을 맡기로 했다. 강의시간에 아이들에게 '로마에 가면 로마의 법을 따라야지요.' 하고 운을 떼면서, 절에서 해야 하는 합장부터 시작하여 절하는 방법, 의미, 기본적인 불교교리 등을 자세히 일러주었다. 아이들 중에는 그 동안 파라미타 활동을 해 와서 그런지, 몇 명은 절을 해 본 경험이 있지만 대부분은 처음인 것 같았다. 불교에 대하여 간단히 설명하는 중에 '기도'라는 말이 나왔는데, 한 학생이 손을 번쩍 들며 질문했다. 절에서도 기도를 하냐고 말이다. 이 학생은 틀림없이 교회에 다니는 학생이다. 몇 번 접해보았지만 교회에 다니는 학생들은 절에서 기도를 한다면 의아해 한다. 아마도 그만큼 불교에 대하여 모르기 때문이다.

사찰 예절에 대한 강의를 끝내고 절 마당으로 나와 휴식을 취하고 있는 중이었다. 한 학생이 조심스럽게 물었다.

"선생님, 밤에 절을 해보고 싶은데 해도 돼요?"

"그럼, 당연하지. 그런데 몇 번이나 할 건데?"

"아주 많이요……. 한 삼천 번요."

"뭐라고, 삼천 번이라고?"

한마디로 황당했다. 나도 1080배는 해 보았지만 3000배는 아직 못해 보았다. 그런데 그렇게 쉽게 말하다니. 어쨌든 표정으로 보아 장난으로 말하는 것 같지는 않았다. 나는 사찰에 양해를 구해 밤에 법당 문을 열어주었다. 청소년 프로그램을 사찰에서 하니 자연스럽게 그런 마음이 들었나 보다. 아니, 그 전부터 그런 마음을 품어왔는지도 모른다.

저녁 프로그램이 다 끝나고 절을 하겠다고 하는 아이들이 법당으로 몰려들었다. 나는 정말 감동 먹었다. 한 명이 아니라, 언뜻 세어도 열 명은 되는 것 같았다. 남학생 여학생이 반반이었다. 어떤 아이는 장난하다 양말이 젖었노라고 하면서 맨발이었다. 나는 순간 흥분되어 나도 절을 하겠다고 선언했다. 그러면서 절의 의미를 다시 새겨 주었다.

"절은 기본적으로 세 번 합니다. 하지만 많이 하면 할수록 좋은 겁니다. 우선 말이지요, 다이어트에 좋습니다. 여학생은 뱃살이 들어가고요, 남학생은 허리 힘이 좋아집니다. 과연 건강에만 좋냐, 절대 그렇지 않지요. 정말 중요한 것은 마음이 맑아진다는 겁니다. 절을 한다는 것은 부처님을 공경하면서 닮겠다는 맹세이기도 하구요, 자신을 낮추고 참회하는 일이기도 하기 때문이지요."

대부분이 기본적으로 108배는 한 것 같고, 몇 명은 300배, 처음에 절을 하겠다고 말한 그 학생은 솔직히 3000배는 못하고 1080배는 확실히 했다고 의기양양해 했다. 그 날 밤 나는 기분이 좋아 잠을 이루지 못했다. 중학생이 프로그램에도 없는 1080배를 한 것이 정말 놀라웠기 때문이다.

절을 하면 무엇이 좋은가?

절이란 자신을 한없이 낮추는 행위이다. 교만한 마음이 일어날 때, 남을 시기 · 질투하고 싶은 마음이 일어날 때, 남에게 화가 나서 폭력을 휘두르고 싶을 때 차라리 절을 해 보아라. 그 대상과 그 사람을 향하여.

절은 또한 복을 짓는 일이다. 왜냐하면 절에는 참회가 따르기 때문이다. 참회는 자신의 지나온 죄업을 씻어내고, 그 자리에 좋은 종자를 심는 일이니, 복이 스스로 찾아오게 마련이다. 청소년들이여, 지치고 힘들 땐 아무 때나 어디서나 절을 해 보아라.

부록

위대한 스승의 발자취

붓다 이야기

성자의 탄생

붓다는 기원전 624년에 지금의 인도 북부 네팔의 타라이 지방인 카필라의 왕자로 태어났다. 카필라는 히말라야 남쪽 기슭의 초목 지대에 자리한 조그만 왕국으로, 쌀을 주식으로 하는 농업 국가였다. 이 나라는 정반왕과 그의 부인 마야 왕비가 다스리고 있었는데, 붓다는 바로 이 정반왕과 마야 왕비 사이에서 탄생했다. 정반왕은 석가족의 후예로, 용감하고 지혜로운 왕이었다. 석가족은 명예를 소중히 여기고 지혜롭고 자존심이 강한 종족이었다. 붓다는 깨달음을 얻은 후 석가모니^{釋迦牟尼}, Sakyamuni라고도 불렸는데, 이는 '석가족 출신의 성자'란 뜻이다.

붓다는 정반왕의 나이 마흔에 얻은 아들이다. 마야 부인은 아이를 낳을 날이 다가오자 당시의 풍습에 따라 친정인 코올리성을 향해 길을 떠났다. 룸비니 동산에 이르자 산기가 느껴졌고, 어쩔 수 없이 동산 나무 아래에 산실을 차리고 아기를 낳으니 바로 이 아기가 훗날 붓다가 된다.

붓다란 인도 언어인 산스크리트로 '진리를 깨달은 분'이란 뜻이고, 이 말이 중국으로 전해지면서 한자로 '불타佛陀'라고 표기되었으며, 그것이 다시 우리말로 '부처'가 된 것이다.

인도 사람들은 붓다의 위대한 탄생을 종교 문학으로 승화시켜 하나의 독특한 신화를 만들어냈다. 다음은 불전佛傳에 나오는 붓다의 탄생 신화이다.

갓 태어난 어린 왕자는 자리에서 일어나 일곱 걸음을 걷고 사방을 둘러보며 이렇게 외쳤다.

"하늘 위나 하늘 아래에 나 홀로 존귀하도다!(천상천하 유아독존 天上天下 唯我獨尊)"

이어서 다시 어린 왕자는 외쳤다.

"온 세상이 고통 속에 묻혔구나. 내가 마땅히 모두를 편안하게 하리라!(삼계개고 아당안지 三界皆苦 我當安之)"

왕자가 태어나자 당시 유명한 수도자였던 아시타 선인仙人이 소식을 듣고 찾아왔다. 백 살이 넘은 아시타 선인은 백발에 하얀 수염을 한 신선의 모습이었고, 그의 눈은 지혜와 영혼이 깃들여 빛나고 있었다. 아시타 선인은 어린 왕자의 얼굴을 살펴보고 난 후 눈물을 흘렸다. 이를 본 왕이 물었다.

"선인은 어찌하여 한 마디 말씀도 하지 않고 눈물만 흘리시오?"

"왕이시여, 왕자님은 보통 사람으로서는 가질 수 없는 훌륭한 상호相好(얼굴 모양)로 태어났습니다. 왕자님은 훗날 성장하여 전 인도를 통일하여 덕으로 다스리는 이상적인 제왕인 전륜성왕이 될 것입니다. 또한 만약 출가하여 수행자의 길을 가게 되면, 인간이 태어나고, 늙고, 병들고, 죽는 과정에서 생기는 모든 고통의 문제를 해결해 줄 수 있는 부처님이 될 것입니다. 그런데 이 몸은 늙어서 왕자님의 그런 거룩한 모습을 보지 못하고 죽을 것입니다. 그것이 서러워서 눈물을 흘리는 것입니다."

이 신화는 많은 상징적 의미를 지니고 있다. 우선 '천상천하 유아독존'이라는 말은 당시 하늘과 신에게 제사지내는 신본주의神本主義에 대항하여 하늘과 땅 위에서 인간이 가장 위대하다고 한 최초의 선언이었다. 다시 말하면 인간 존엄성에 대한 붓다의 선언을 상징적으로 표현한 것이다.

다음으로 '삼계개고 아당안지'는 다분히 종교적이지만, 여기에는 무한한 자비와 사랑이 넘쳐흐른다. 붓다는 온 세상이 고통 속에 싸여 있음을 갈파하고 자비의 손길을 뻗쳐 그들을 고통 속에서 구제하겠다고 약속한 것이다. 다시 말해 이는 인류를 향한 메시아적 선언이요, 한없는 자비의 실천을 천명한 것이다.

정반왕은 왕자의 이름을 '싯다르타悉達多 Siddhartha'라고 지었다. 이는 모든 일이 뜻대로 이루어졌다는 뜻이다. 왕자의 앞날이 마음먹은 대로 만사형통 하라는 축원이 깃들어 있는 이름이었다.

◀◀◀ 부귀를 버리다

싯다르타 왕자가 태어난지 이레 만에 마야 왕비가 세상을 떠났다. 이것은 커다란 충격이 아닐 수 없었다. 당시 인도의 풍습에는 시집간 언니가 죽으면 그 아래 여동생이 형부와 혼인을 할 수 있었다. 그래서 싯다르타 왕자는 그의 이모인 마하프라자파티의 사랑을 받으며 건강하게 무럭무럭 성장하였다.

정반왕은 왕자에게 학문과 무예를 두루 익히게 하였는데, 그러면서도 항상 마음에 걸리는 것이 하나 있었다. 그 옛날 아시타 선인의 예언, 즉 출가하여 부처님이 될 것이라는 말이 항상 머리를 떠나지 않았던 것이다. 그래서 항상 왕자가 즐겁고 호화롭게 생활하도록 보살펴서 출가의 길을 미연에 막으려고 노력하였다. 삼시전三時殿이라 하여 세 철에 맞는 궁전까지 지어 주었다.

그럼에도 불구하고 왕자는 어려서부터 명상하기를 좋아했다. 다음의 이야기는 붓다가 얼마나 철학적이었고 총명하였는지를 보여 준다.

싯다르타 왕자가 일곱 살 되던 해 봄, 부왕인 정반왕은 많은 신하를 거느리고 들에 나가 '농민의 날' 행사를 참관하게 되었다. 농업국인 카필라에서는 왕이 그 해 봄에 첫 삽을 뜨는 것으로 밭갈이가 시작되었다. 어린 태자 싯다르타도 그 행사를 보기 위해 부왕을 따라 농촌 마을로 갔다. 왕궁 밖의 전원 풍경은 그지없이 신선하고 아름다웠다. 그러나 농부들이 땀을 흘리며 일하는 것을 보자 그들의 처지가 자기와는 다르다는 것을 알았다. 뜨거운 햇볕 아래서 고된 일을 하고 있는 농부들을 본 싯다르타의 마음은 어두워졌다.

이렇게 조용히 지켜보고 있으려니까 쟁기 끝에 파헤쳐진 흙에서 벌레가 꿈틀거리고 있었다. 바로 이때 난데없이 새 한 마리가 날아들더니 그 벌레를 물고 공중으로 날아갔다. 그리고 그 새는 공중에서 독수리의 공격을 받아 잡아먹히었다. 이 같은 광경을 보게 된 어린 싯다르타는 마음에 심한 충격을 받았다. 그는 그곳에 더 머물러 있을 수가 없었다. 방금 눈앞에서 일어난 일을 생각하면서 일행을 떠나 숲으로 걸음을 옮겼다. 그리고는 숲속 깊숙이 들어가 큰 나무 아래 앉았다. 어린 왕자의 가슴에는 형언할 수 없는 여러 갈래의 문제가 한꺼번에 뒤얽혔다.

'도대체 무엇이란 말인가? 먹고살기 위해 뙤약볕 아래서 땀을 흘리며 일하는 농부들, 흙에서 나와 꿈틀거리던 벌레, 그 벌레를 물고 사라진 새, 그 새를 공격한 독수리⋯⋯.'

생각이 꼬리에 꼬리를 물었다.

'어째서 살아 있는 것들은 서로 먹고 먹히며 괴로운 삶을 이어가야만 할까? 무슨 이유로 그렇게 살아가야 하는 것일까?'

그의 눈에는 모든 것이 괴로움으로 비쳤다. 산다는 것 자체가 괴로움인 것만 같았다. 무슨 일이든 한번 의문을 품기 시작하면 끝까지 파고드는 것이 소년 싯다르타의 성미였다. 그는 깊은 생각에 잠긴 채 다른 일은 모두 잊어버렸다.

행사가 끝나 왕을 모시고 궁중으로 돌아가려던 신하들은 그때서야 어린 왕자의 모습이 보이지 않는 것을 알고 깜짝 놀랐다. 왕과 신하들은 사방으로 흩어져 여기저기 찾아 헤매던 끝에, 큰 나무 아래에 앉아 깊은 명상에 잠겨 있는 왕자를 보았다. 그런데 그 모습이 너무 거룩하고 평화로워서 왕은 차마 불러서 일으킬 수가 없었다.

이 이야기는 싯다르타가 훗날 붓다가 되는 씨앗이 된다. 농민의 날 행사에 우연히 목격하게 된 존재의 실상을 보고 폭발적인 의문을 품게 된 것이다. '왜 서로 먹고 먹히는가? 왜 약한 자는 강한 자에게 먹힐 수밖에 없는가? 무엇이 우주의 질서인가?' 끊임없는 질문을 자신에게 던졌던 것이다.

이렇게 자라던 싯다르타에게 더 없는 충격으로 다가온 것이 있었다. 바로 '사문유관', 즉 네 개의 문을 통하여 바깥세상을 바라본 사건이다. 여기서 싯다르타는 생로병사의 실상을 보게 된다. 불전에 전하는 이야기는 다음과 같다.

오랫동안 궁전 속에서만 있던 싯다르타는 어느 날 문득 궁전 밖에 나가 바람을 쐬고 싶어졌다. 그 뜻을 부왕에게 말씀드리자 왕은 기꺼이 허락해 주었다. 왕은 곧 화려한 수레를 마련하게 하고, 신하들에게 분부하여 태자가 이르는 곳마다 값진 향을 뿌리고, 아름다운 꽃으로 장식하여 태자의 마음을 기쁘게 해주도록 일렀다.

싯다르타를 태운 수레가 동쪽 성문을 막 벗어날 때였다. 머리는 마른 풀처럼 빛이 바래고, 몸은 야위어 바짝 마른 노인이 숨을 헐떡거리면서 저쪽에서 오고 있었다. 화려한 궁중에서만 자란 태자는 일찍이 그런 참혹한 노인의 모습을 본 적이 없었다. 그는 시종에게 물었다.

"저 사람은 누구냐?"

"노인입니다."

"노인이라고?"

"예, 사람이 늙으면 저렇게 됩니다. 나이를 먹으면 점점 기운이 빠지고, 숨이 차 헐떡거리게 되고, 눈이 나빠져 앞을 잘 못 보게 되며, 이가 빠져 딱딱한 것은 먹을 수도 없게 됩니다."

"나도 언젠가는 저렇게 되는 것이냐?"

"네, 그렇습니다. 왕자님."

시종의 말을 듣고 난 태자는 한동안 멍하니 먼 하늘을 바라보다가 힘없이 말했다.

"왕궁으로 돌아가자."

모처럼의 소풍 길에서 되돌아온 왕자는 깊은 생각에 잠겼다.

또 어느 날 태자는 남쪽 성문으로 나가 보았다. 얼마쯤 가다 보니, 길가에 누더기를 뒤집어쓴 채 신음하는 사람이 있었다. 얼굴은 파리하고 팔다리는 뼈만 앙상했다. 싯다르타는 수레를 멈추게 하고 시종에게 물었다.

"저 사람은 누구냐?"

"병자입니다."

"병자라고?"

"예, 육신을 가진 사람은 평생 동안 전혀 병들지 않고 지낼 수는 없습니다. 병든다는 것은 몹시 괴로운 일입니다. 저 사람은 지금 아픔을 못 이겨 신음하고 있는 것입니다."

"나도 언젠가는 저렇게 되는 것이냐?"

"네, 그렇습니다. 왕자님."

왕자는 그 자리에서 깊은 생각에 잠겼다.

'사람은 왜 병에 걸려 고통을 받아야만 할까? 늙음의 고통이나 질병의 고통은 왜 생기는 걸까? 그러한 고통에서 벗어나는 길은 없을까?'

또 어느 날 싯다르타는 서쪽 성문으로 나가 보았다. 왕자의 수레가 들길을 지나 인적이 드문 고요한 숲에 이르렀다. 바로 그때, 시체를 앞세우고 슬피 울며 지나가는 장례행렬과 마주치게 되었다. 깜짝 놀란 싯다르타는 시종에게 물었다.

"저것은 무엇이냐?"

시체인 줄 뻔히 알고 있는 시종은 태자의 반응이 두려워 입을 열지 못했다. 태자가 성급하게 다시 물었다.

"도대체 무엇이기에 대답을 주저하느냐?"

"죽은 자입니다."

"죽은 자라고? 죽음이 무엇이냐?"

"죽음이란 생명이 끊어지고 영혼이 육체에서 떠나가는 것입니다. 죽음은 영원한 이별을 가져다주는 가장 슬픈 일입니다."

"나도 언젠가는 저렇게 되는 것이냐?"

"예, 그렇습니다. 왕자님."

"아! 죽는다는 말이냐? 도대체 왜 죽는다는 말이냐?"

싯다르타의 얼굴은 자기 자신의 죽음을 본 것처럼 초췌해졌다. 지금 자기는 살고 있는 것이 아니라 순간순간 죽음을 향해 걷고 있다는 사실을 비로소 깨달은 것이다. 이날부터 왕자는 혼자 있는 시간이 더욱 잦게 되었다.

며칠 뒤 싯다르타는 북쪽 문으로 나갔다. 북쪽 성문을 나서자 우람한 수목들이 숲을 이루고 있었다. 숲속으로 난 오솔길로 텁수룩한 머리에, 다 해진 누더기를 걸친 사람이 걸어오고 있었다. 옷은 비록 남루했지만 걸음걸이는 의젓했고, 얼굴에는 거룩한 기품이 감돌았으며, 눈빛이 빛났다. 그런데 그 모습이 너무도 의젓했기에 싯다르타는 자신도 모르게 수레에서 내려 그에게 머리를 숙였다.

"당신은 어떤 분입니까?"

"나는 출가 사문입니다."

"출가 사문이라, 출가 사문에게는 어떤 이익이 있습니까?"

"나는 일찍이 세상에서 늙음과 질병과 죽음의 고통을 나 자신과 이웃을 통해 맛보았소. 그리고 모든 것이 덧없다는 것을 알았소. 그래서 부모 형제를 이별하고 집을 떠나 고요한 곳에서 이 고통으로부터 벗어나기 위해 수도를 했소. 내가 가는 길은 세속에 물들지 않은 평안의 길이오. 나는 이제 그 길에 이르러 영원한 평안을 얻었소."

이 말을 들은 싯다르타의 눈에는 감격의 눈물이 맺혔다. 멀어져 가는 사문의 뒷모습을 바라보는 왕자는 마음속으로 무엇인가 굳은 결심을 하였다.

정말 흥미로운 이야기이다. 생로병사의 장면을 자연스럽게 전개하면서 마지막으로 싯다르타가 출가의 결심을 하지 않을 수 없었던 단초를 마련한다. 바로 출가 사문과의 만남이다. 여기서 출가 사문이란 그 당시 집을 떠나 고요한 숲속에서 고행을 한다거나 선정에 들기를 좋아했던 바라문교의 승려들을 말한다.

네 개의 문을 통하여 세상을 구경하고 궁궐로 돌아온 싯다르타는 어둠 속에서 한줄기 서광을 찾은 듯 가슴이 설레었다. 그는 출가하여 사문이 되는 길을 생각하였다.

그러자 정반왕은 싯다르타 왕자의 출가를 막기 위하여 이웃나라 코올리성의 아름다운 여인인 야쇼다라 공주와 결혼을 시켰다. 그리하여 아들을 낳았고, 아들 이름을 '라훌라'라고 지었다. 이는 장애라는 뜻이다. 이제 진리를 찾아 막 출가하려고 하는데 방해가 된다는 의미에서 그렇게 지은 것이다.

◖◖◖ 진리를 찾아서

결국 싯다르타 왕자는 나이 29세 되던 해 마부를 데리고 한밤중에 몰래 성을 빠져 나와 출가의 길에 올랐다. 왕궁이 멀어지자 왕자는 말과 마부를 성으로 돌려보내고, 스스로 머리를 깎고, 지나가는 사냥꾼의 낡은 옷과 자기 옷을 바꾸어 입었다. 그리고 그는 외롭고 힘든 수행자의 길로 나섰다.

싯다르타 왕자는 출가한 후에는 수행자 '고타마Gotama'라고 불리었다. 고타마는 왕자의 성씨로 '가장 훌륭한 소'라는 뜻이다. 싯다르타는 어릴 때 편하게 부른 이름이었고 이제 출가를 했으니 성만을 부르게 된 것이다. 고타마는 당시 유명한 고행주의자들을 찾아가 가르침을 구했다. 이들은 하늘나라에 태어나기 위해서 혹독하게 고행하는 사람들이었다.

어떤 사람은 나무뿌리와 풀만 먹고, 어떤 사람은 하루에 한 끼, 이틀에 한 끼, 사흘에 한 끼만을 먹고, 어떤 사람은 소똥을 밥으로 먹었다. 어떤 사람은 삼이나 풀로 옷을 지어 입거나 사슴 가죽을 몸에 걸치고 있었다. 어떤 사람은 땅바닥에 그냥 누워 있었고, 어떤 사람은 알몸으로 날카로운 가시 위에 누워 있었다. 가시가 살 속으로 파고들어 피가 흐르고 있었다. 어떤 사람은 왕개미 집 속에 웅크리고 앉아 있었다. 어떤 사람은 머리에 빗질도 안 한 채 머리털과 수염을 잡아 뽑고 있었다. 또 어떤 사람은 뜨거운 불가에 있어서 몸이 벌겋게 달아 있었다. 그들은 남이 흉내 낼 수 없는 고행을 하고 있었다. 당시 혹독한 고행을 하는 사람일수록 존경을 받고 있었다.

영혼과 육신으로 이루어진 인간에게 있어서 그 해탈을 방해하는 것은 바로 육신 때문이라고 고행자들은 생각했다. 그래서 육신을 괴롭힘으로써 육신의 결박에서 영혼이 해방될 때, 인간은 해탈할 수 있다고 그들은 생각했다. 고타마도 처음에는 이들의 가르침을 믿고 그들을 스승으로 삼아 고행을 했다. 하지만 별 소득을 얻지 못한 채 고행의 쓴맛만을 보아야만 했다.

고타마는 이들 곁을 떠나 정신 통일 즉 명상을 통하여 해탈을 얻으려고 수행하는 선정주의자禪定主義者를 찾아갔다. 알라라 칼라마와 웃타가 라마풋타라는 두 선인이 바로 그런 사람들이었다. 이들은 나무숲에 고요히 앉아 자신의 내면을 살피는 수행자들이었다. 고타마는 이 두 분을 스승으로 삼아 명상하는 법을 배웠다. 이들 덕분에 한 차원 높은 마음의 경지를 얻었다.

그러나 고타마는 선정주의 수행 방법으로도 모든 괴로움에서 벗어나 영원한 행복과 평화의 길을 찾을 수 없다는 것을 깨달았다. 결국 이제까지 모시던 모든 스승을 떠나 스스로를 스승으로 삼아 해탈의 길을 찾아야겠다고 결심했다.

고타마는 인근의 마가다국의 우르벨라라는 마을에 있는 조용한 숲속으로 들어가 수도를 했다. 아름다운 숲속에는 네란자라 강이 흐르고, 온갖 꽃과 과일이 풍성했으며, 강 건너로는 여기저기 농가가 흩어져 있었다.

고타마는 이제 어떤 스승의 가르침에도 의지하지 않고 자신이 생각한 대로 수행하기로 했다. 그는 남이 권하는 음식은 일체 거절하면서 처음 얼마 동안은 하루에 쌀 한 톨, 물 한 모금으로 견디었다. 그러다가 차츰 이틀에 한 끼를 먹고, 사흘에 한 끼를 먹고, 일주일에 한 끼를 먹었으며, 이윽고 보름에 한 끼를 먹었다. 오직 채소만 먹었으며, 때로는 풀잎이나 나무뿌리, 열매를 먹기도 하였으나 열매는 저절로 떨어진 것만을 주워 먹었다. 그의 몸은 야위어 뼈가 앙상하게 드러났고 살가죽은 주름지고 때가 이끼처럼 끼었다.

이렇게 먹고 자는 것도 잊은 채 무서운 용맹 정진을 한 결과 몸이 쇠약해져 죽음 직전의 상태에 이르렀다. 고타마는 정신을 차리며 생각했다.

'나는 육체를 잊고 정신만으로 살고자 하였다. 그러나 육체를 떠난 정신이 무슨 소용이 있겠는가? 그것은 죽음에 불과하다. 정신에만 치우친 나의 수행은 잘못 된 것이다. 치우친 생각으로는 깨달음을 이룰 수 없다!'

이렇게 생각하고는 간신히 자리에서 일어나 네란자라 강가로 내려갔다. 강에 들어가 더러운 몸을 씻었다. 고타마는 지칠 대로 지쳐 간신히 몸을 씻고는 강가에 앉았다. 움푹 들어간 눈, 피골이 상접한 몸통, 가누기조차 힘든 야윈 팔다리, 어느 누가 보아도 금방 죽을 것 같았지만 눈만은 영롱히 빛났다.

이때 마침, 마을에서 우유를 짜서 팔아 생계를 유지하는 수자타라는 소녀가 그 곳을 지나가고 있었다. 그녀는 범상한 고타마의 모습을 보고는 그 자리에서 멈추어 섰다. 그리고는 자기도 모르게 우유로 죽을 만들어 바쳤다. 고타마는 이를 정중히 받아먹었다.

그때 고타마의 이런 모습을 지켜본 동료 수행자들이 있었다. 바로 교진여 등 다섯 명의 수행자들이었다. 이들은 고타마의 스승이기도 한 웃타카 라마풋타의 제자들이었는데 고타마의 비범한 모습을 보고 따라온 수행자들이었다. 그런데 이들은 고타마가 우유죽을 받아먹는 모습을 보고 타락했다며 손가락질을 했다. 왜냐하면 수행자가 수행하는 중에 아무리 배고파도 그렇지, 어떻게 여자가 주는 우유죽을 받아먹을 수 있느냐는 것이었다. 이들은 고타마와 더 이상 같이 수행할 수 없다며 녹야원^(사슴동산)으로 떠나버렸다.

고타마는 다시 심기일전하여 수행하기로 마음을 먹었다. 보리수 아래에 풀잎을 깔고 명상에 들어갔다. 이번에 진리를 깨치지 못하면 차라리 죽음을 택하리라고 비장한 각오를 했다. 명상이 깊어지자 고타마의 마음속에서 마귀들이 온갖 방법으로 방해하고 유혹하기 시작했다. 마왕이 말했다.

"고타마여, 일어나라. 당신이 지금 고행을 중지하지 않으면 살아나지 못할 것이다. 카필라로 돌아가라. 부왕을 비롯하여 아름다운 여인들이 그대를 기다리고 있다. 진리란 살아 있는 사람들에게 필요한 것이니, 이렇게 죽어 버린다면 진리를 깨달은들 무슨 소용이 있겠는가?"

마음속에서 마왕이 이렇게 유혹을 해오자 고타마는 외쳤다.

"마왕이여, 너의 정체는 욕망이요 공포다. 또한 비겁함이요 의심이다. 나는 너처럼 허망한 무리들을 두려워하지 않는다. 이미 나에게는 욕망이 끊어졌다. 나에게는 죽음도 두려움도 없다. 오직 진리만이 있을 뿐이다."

어느덧 며칠이 지나고 다시 새벽이 찾아왔다. 하늘에는 샛별들이 빛나고 있었다. 고타마의 눈빛이 샛별과 마주치자 오랜 세월 갈구해 왔던 깨달음의 세계가 확연히 열렸다.

그는 인간들이 괴로워하는 원인과 그 해결 방법이 무엇인지 깨달았다. 그토록 애써 찾았던, 인생의 생로병사의 괴로움에서 벗어날 수 있는 진리를 깨달았던 것이다. 드디어 수행자 고타마는 깨달은 자, 붓다buddha가 되었다. 나이 35세 되던 해, 섣달 초여드레 일이었다. 석가족의 위대한 성자, 석가모니 부처님이 출현한 것이다.

◀◀◀ 최초의 가르침

고타마는 이제 붓다가 되었다. 모든 진리를 깨달은 부처님이 된 것이다. 이제는 싯다르타도 아니요, 수행자 고타마도 아니요, 카 필라의 왕자는 더더욱 아니었다. 모든 사람을 고통에서 구해낼 수 있는 능력의 소유자인 붓다가 된 것이다.

붓다는 자신이 깨달은 진리를 널리 펴야겠다고 마음먹고 보리수 아래에서 일어나 바라나시의 녹야원으로 향했다. 녹야원에는 붓다 가 수자타 소녀에게서 우유죽을 받아먹을 때, 타락한 수행자라고 손가락질하며 붓다 곁을 떠났던 교진여 등 다섯 명의 수행자가 여 전히 명상을 하고 있었다. 붓다가 앞으로 다가오자 다섯 명의 수행 자는 자신도 모르게 붓다의 위엄에 압도되어 무릎을 꿇고 두 손을 모아 인사를 드렸다. 붓다는 이들에게 말하였다.

"수행자여, 나는 이제 우주를 지배하는 진리와 인간이 살고 있 는 현상 세계의 모든 법칙을 깨달은 각자^{覺者}가 되었다."

다섯 명의 수행자는 붓다의 모습만 보고도 옛날의 고타마가 아 닌 성스러운 사람임을 알 수 있었다. 붓다는 이들에게 최초의 가르 침을 폈다. 이를 초전법륜이라 하는데, 최초로 깨달음의 세계, 즉 진리의 세계를 사람들에게 펼쳤다는 뜻이다. 붓다는 다섯 명의 수 행자에게 중도^{中道}의 진리를 가르쳤다.

"수행자여, 이 세상 사람들은 두 가지의 잘못된 길을 가고 있다. 잘못된 길이란 어느 한쪽에 지나치게 치우치는 것을 말한다. 그 하 나는 육체가 바라는 대로 쾌락에 빠져 있는 것이요, 다른 하나는 육체를 너무 괴롭히는 고행을 하는 것이다. 수행자는 이 두 극단을 버리고, 어느 한쪽으로도 치우침이 없는 올바른 길인 중도를 배워야 한다. 나는 중도를 깨달았고, 그 길에 의하여 생로병사의 온갖 괴로움을 벗어 버리고 평화로운 해탈의 기쁨을 얻었다."

붓다의 이 중도의 가르침은 붓다 스스로 체험하여 얻은 진리이다. 즉 붓다는 어린 시절 왕자로서 부왕이 삼시전을 지어주고 온갖 아름다운 여인들로 하여금 한시도 시름을 하지 않도록 하였을 정도로 최상의 쾌락을 맛보았다. 붓다는 이를 하나의 극단으로 본 것이다. 이를 통해서는 그 어떤 것도 얻을 수 없었음을 천명한 것이다.

출가한 후 붓다는 고행과 선정을 하는 수행자들을 찾아가서 가르침을 구했다. 그런데 그들은 지독한 고행 내지는 선정만을 고집했다. 붓다 자신도 그들을 따라 해보았지만 궁극적인 진리를 얻는 데는 역부족이었다. 그것 역시 또 하나의 극단임을 그는 깨달았던 것이다.

그래서 붓다는 자기만의 수행 방법을 선택했다. 두 극단 즉 극단의 쾌락과 극단의 고행을 버리고 현재 서 있는 자리에서 가장 올바르고 가장 알맞은 방법을 취했던 것이다. 이것이 중도의 법이다. 중도는 붓다를 깨달음에 이르게 한 최선의 방법이었으며, 동시에 붓다가 깨우친 최초의 진리이다.

중도의 진리 외에도 붓다는 우주 자연을 지배하는 존재의 법칙인 연기법緣起法, 현상 세계에 있는 만물의 속성을 세 가지 근본 원리로 나타낸 삼법인三法印, 인간의 생로병사를 원인과 결과로 진단하고 처방하여 해탈의 길로 나아가도록 한 네 가지 성스러운 진리 사성제四聖諦를 설하였다.

다섯 명의 수행자는 이러한 붓다의 가르침을 받고 생사의 괴로움으로부터 벗어나 깨달음을 얻었다. 이들은 최초의 제자로서 비구比丘의 시초가 되는데, 비구란 출가한 남자 수행자를 말한다.

녹야원에서 처음으로 설법을 하고 얼마 안 되었을 때, 한 장자(그 지방의 영향력 있는 인물)의 아들인 야사라는 청년이 출가하여 붓다를 따랐다. 또 그 아들을 찾으러 붓다에게 왔던 야사의 부모도 설법을 듣고 붓다에게 귀의하였다. 야사의 부모는 출가하지 않은 제자로서 재가 신도의 시초가 되었다. 여기서 재가 신도란 집에서 생업에 종사하며 붓다의 가르침을 믿고 따르는 사람을 가리킨다.

이로써 붓다는 하나의 교단을 만들어 냈다. 즉 교주가 탄생했고, 교리가 생겼으며, 이를 따르는 신도가 형성된 것이다. 불교에서는 이를 세 가지의 보배라 하여 '삼보三寶'라고 한다. 즉 교주인 붓다를 불보佛寶, 교리인 붓다의 가르침을 법보法寶, 붓다를 따르는 수행 공동체를 승보僧寶라 부른 것이다.

◀◀◀ 붓다의 제자들

녹야원에서 진리의 가르침을 펴기 시작한지 얼마 되지 않아 많은 사람들이 붓다의 뒤를 따랐다. 녹야원에서만 줄잡아 60명의 수행자들이 제자가 되고자 하였고, 이들을 가르쳐 깨달음을 얻게 하였다. 붓다는 여기서 이른바 '전도 선언'을 한다. 말 그대로 깨달은 진리를 많은 사람들에게 알리되, 몇 가지 원칙을 천명한 것이다.

> 제자들이여, 그대들은 이미 깨달음을 얻어 모든 얽매임에서 벗어났다. 그러므로 많은 사람들의 이익을 위하여, 많은 사람들의 행복을 위하여, 그리고 세상의 불쌍한 이들을 위하여 그대들은 전법의 길을 떠나라. 한 길을 두 사람이 가지 마라. 처음도 좋고, 중간도 좋고, 끝도 좋은, 완전하고도 깨끗한 진리를 전하여라. 이 진리를 알아듣는 사람이 있을 것이다. 그들을 위해 가르침을 전하라.

이리하여 붓다의 가르침은 그 제자들에 의하여 서서히 인도 전역으로 퍼져 나가기 시작했다.

붓다는 한 나라의 왕을 제자로 받아들이기도 했다. 바로 마가다국의 빔비사라 왕이 그 분이다. 이 분은 평소 수행자 고타마를 존경해 온 사람으로서 깨달음을 이루면 제일 먼저 자신을 제도해 달라고 간청한 사람이었다. 붓다는 빔비사라 왕의 간청을 기억하고 마가다국의 서울인 왕사성으로 갔다. 빔비사라 왕은 신하들과 함께 붓다 일행을 영접하며 그 가르침을 청해 듣고는 큰 감명을 받았다. 곧바로 신하들과 함께 붓다의 제자가 되었다. 그 인연으로 빔비사라 왕은 붓다와 그를 따르는 수행자들을 위하여 절을 지어 바쳤다. 이것이 불교 역사상 최초의 절인 죽림정사竹林精舍이다.

붓다를 따르는 제자는 이제 수천 명에 달했다. 그 중에 가장 뛰어난 제자를 '십대 제자'라고 한다. 이들은 수행의 경지가 높았으며, 항상 붓다를 따라다녔다.

첫째는 마하가섭이다. 그는 붓다의 제자 중 가장 뛰어난 제자라 하여 앞에 '가장 큰'이란 뜻의 '마하'가 붙은 사람이다. 그는 붓다가 세상을 뜬 후 붓다의 말씀을 경전으로 엮어내는데 가장 큰 공헌을 한 사람이다. 마하가섭은 '분소의糞掃衣', 즉 묘지에 걸려 있는 죽은 사람의 옷으로 만든, 넝마와 같은 옷을 입고 걸식(밥을 얻어먹음)을 하였다. 그리고 검소한 생활과 겸손, 인욕(욕됨을 참음)을 잘 닦아서 수행을 제일 잘 한 제자로 꼽힌다.

둘째는 아난이다. 그는 붓다의 사촌 동생으로, 25년 간 붓다의 시중을 들며 가장 가까이서 모셨던 제자이다. 그는 붓다의 설법을 가장 많이 들었으며, 특히 기억력이 뛰어난 사람이었다. 그래서 훗날 붓다가 돌아가신 후 말씀을 경전으로 편찬할 때 붓다의 가르침을 가장 잘 암송하여 많은 이들을 놀라게 했다.

마하가섭과 아난에게는 다음과 같은 재미있는 일화가 있다.

어느 날 붓다가 제자 아난, 가섭과 함께 걸식을 마친 후 둘러앉아 공양(음식을 먹는 일)을 하게 되었다.

그런데 아난과 가섭의 공양물이 자못 대조적이었다. 아난은 하얀 쌀밥에 반찬도 좋았지만, 가섭은 시커먼 밥에 반찬도 형편없었다. 그래서 붓다가 조용히 물었다.

"아난, 그대는 어떻게 걸식을 하고 있는가?"

"예, 저는 부잣집만 찾아서 걸식을 합니다. 가난한 집은 양식도 부족한데 제가 탁발까지 해 가면 그 집에 먹을 것이 없어질 것이고, 먹을 것이 부족하다고 하여 제게 나눠주지 않으면 그 사람이 나쁜 업을 짓게 될 것입니다. 그래서 이왕이면 양식이 넉넉한 집에 가서 음식을 얻습니다."

잠자코 듣던 붓다는 가섭을 향해 같은 질문을 던졌다. 가섭은 이렇게 대답했다.

"저는 가난한 집만 골라서 걸식을 합니다. 그들은 현생에 가난하니 저희에게 시주라도 하여 복을 지어야 다음 생에 복을 받을 수 있지 않겠습니까? 그래서 저는 가난한 집만 골라 다닙니다."

두 사람의 답변이 모두 맞는 것이었다. 붓다는 두 사람을 함께 칭찬하며 말했다.

"과연 나의 훌륭한 제자들이다. 하지만 이후로는 차별을 두지 마라. 어떤 집이든지 시작한 집에서 일곱 번 째 집까지만 밥을 빌도록 하라. 모름지기 수행자는 이렇다 저렇다 분별하는 그 마음을 없애야 한다."

그 당시 붓다의 제자들은 탁발, 즉 마을을 돌아다니며 음식을 얻어서 먹었는데 가섭과 아난은 그 생각하는 방식이 달랐다. 가난한 사람을 대하는데 있어 가섭은 가난한 사람일수록 수행자에게 공양을 하도록 만들어 복을 짓게 한 데 반해, 아난은 차마 가난한 사람들에게는 음식을 빌 수 없다고 생각했다.

둘 모두 가난한 사람을 자비로 대하는 마음이 넘쳐흐르는 것은 분명하다. 그런데 이것은 수행자에게 좋지 않은 태도라고 붓다는 깨우쳐 준다. 왜냐하면 수행자란 마음을 잘 닦아 많은 사람을 고통에서 구제해야 할 사람인데, 이것저것 분별하는 마음을 지니면 누구에게나 똑같이 진리를 가르칠 수 없다고 보았기 때문이다.

다시 십대 제자의 소개를 계속하자면, 셋째로 사리불이 있다. 그는 목건련과 함께 당시 다른 종교의 지도자이었던 산자야의 제자였는데, 도를 성취하지 못하는 것에 불만을 가지고 있었다. 이들은 여러 곳을 두루 돌아다니다가 지쳐서 자신들의 고향인 왕사성으로 다시 돌아왔다. 이때 거리에서 탁발을 하는 붓다의 제자 '마승'을 만났다. 마승은 붓다의 최초의 제자 다섯 비구 중의 한 사람이었는데 그 모습이 너무도 거룩했다.

사리불과 목건련이 마승을 만나 불교에 귀의하게 된 이야기는 다음과 같다.

"거룩한 사람이여, 당신의 스승은 누구입니까? 나는 진리에 목말라 하고 있습니다. 진리를 알고 있다면 가르쳐주십시오."

이에 마승은 걸음을 멈추고 사리불에게 말했다.

"나의 스승은 붓다요, 그 분은 이렇게 말씀하십니다. '모든 것은 원인이 있어 생긴다. 그러기에 원인을 없애면 그 어느 것도 생기지 않는다.' 위대한 수행자는 이같이 가르치십니다."

이 말을 듣고 사리불은 목건련과 함께 마승을 따라 붓다에게 달려갔다. 사리불과 목건련은 붓다의 거룩한 모습을 보고 그 자리에서 제자가 되었다. 붓다는 이들에게 말했다.

"이 세상에 존재하는 모든 것은 서로 관련되어 있다. 인연 따라 모이고, 인연 따라 흩어진다. 따라서 홀로 존재하는 것은 그 어느 것도 없다."

이를 듣고 사리불은 진리를 깨쳐 지혜가 가장 뛰어난 제자가 되었다.

넷째는 목건련이다. 위에서도 언급했지만 목건련은 사리불과 함께 붓다의 제자가 되었다. 그는 신통력이 뛰어나 다른 사람들이 감히 할 수 없는 일들을 해 내는 재주를 가졌다. 또한 효성이 지극하여 지옥에서 고통 받고 있는 어머니를 구해낸 것으로 유명하다. 목건련에 대하여 쓴 경전 『목련경』에 다음과 같은 이야기가 있다.

목건련이 어느 날 신통력으로 가만히 보니 돌아가신 어머니가 아비지옥에서 거꾸로 매달려 갖은 고통을 겪고 있었다. 어머니 청제부인은 아들인 목건련이 출가를 했음에도, 아들의 스승인 붓다를 비방하고 짐승을 마구 살생하는 등 무거운 죄를 지어 아비지옥에 떨어졌던 것이다.

이를 본 순간 목건련은 어머니가 너무 애처롭게 보여 지옥 속으로 뛰어들어 지옥문을 열려고 했으나, 자물쇠로 굳게 닫힌 문은 열리지 않았다.

목건련은 붓다를 찾아가 어머니를 구할 방도를 여쭈니, 붓다는 효성이 지극한 것을 보고 열두 고리가 달린 지팡이를 주며 말했다.

"지옥에 가서 지팡이를 세 번 힘차게 흔들면 문이 열리고, 자물쇠는 절로 떨어질 것이며, 옥중의 죄인들도 잠시나마 휴식을 얻을 것이다."

이 말씀을 듣고 목건련은 아비지옥으로 들어가 문을 열고 어머니를 만났으나, 자신의 힘으로는 어머니를 구할 수가 없었다. 이에 목건련은 붓다에게 다시 가서 간청하니 붓다는 신통력으로 지옥을 깨뜨렸다. 그러자 지옥의 대왕 염라대왕이 붓다에게 예배드리고 죄인을 풀어주니, 목건련의 어머니는 아비지옥보다 좀 나은 소흑암 지옥으로 갔다.

소흑암 지옥에서는 먹은 음식이 모두 불덩이로 변해 입은 온통 데고 항상 배가 고프니 고통스럽기는 마찬가지였다. 목건련은 이를 보고 다시 붓다에게 간청하여 어머니를 개로 환생하도록 했다.

목건련은 개의 몸을 받은 어머니 곁에서 지낼 수는 있었으나, 어머니가 축생의 상태로 있는 것이 무척 마음 아팠다. 그래서 다시 붓다에게 무릎을 꿇고 간절히 여쭈니, 붓다는 제자의 효성에 감복하여 그 방도를 일러 주었다.

"목건련아, 지옥에서 시달리는 중생들을 구제하는 방법은 바로 우란분재를 베푸는 것이다. 단 우란분재를 마련하는 날은 칠월 보름, 많은 수행자들이 오랫동안의 청정한 공부를 마치는 하안거(여름철에 한 곳에 머무르며 수행에 정진하는 것) 해제일이어야 할 것이다.

너는 그날 많은 대중들을 위해 정갈한 음식과 과일, 깨끗하고 향기로운 기름, 등과 촛불 등을 갖추어 공양해 올려라. 그러면 너의 어머니는 개의 몸을 버리고 하늘나라인 화락천궁에 태어날 수 있을 것이다. 그리고 너뿐 아니라, 효성이 지극한 사람들이 이렇게 우란분재를 베풀면 살아있는 부모는 물론이요, 위로 7대 조상들이 그 공덕으로 천상에 태어나며, 그 자손들도 번창할 것이다."

이 말씀을 듣고 목건련은 칠월 보름 음식과 과일 등 많은 공양물을 준비해서 공부를 마친 대중 수행자들에게 우란분재를 베풀었다. 그랬더니 어머니는 개의 몸을 벗어나 기쁨만이 넘치는 천상 세계인 화락천궁에 태어나는 큰 복을 받기에 이르렀고, 지옥에서 고통 받던 중생들도 죄업이 감해지면서 천상으로 올라갈 수 있었다.

이 이야기는 목건련의 효심이 얼마나 지극했는지를 말해준다. 불가에서는 이것을 기념하여 음력으로 7월 15일을 '우란분절'로 정하고, 조상들께 정갈하게 제를 올리는 날로 삼았다.

다섯째는 우파리이다. 그는 천민 계급인 수드라 출신으로 직업은 이발사였다. 붓다는 제자를 받아들일 때 신분의 귀천이나 고하를 따지지 않았다. 이 점에서는 공자나 예수와 다를 바가 없다. 공자는 자신의 도를 알려고 하는 자에게는 신분을 따지지 않고 가르치기를 좋아했으며, 예수 또한 열두 명의 제자 가운데 대부분이 당시 소외된 사람일 정도였다.

우파리는 붓다의 제자가 된 후에 불교 교단의 행동 규범이며 윤리인 계율을 잘 기억하고 지킨 것으로 유명하다. 그래서 붓다가 돌아가신 후에는 계율 부분을 다룬 율장律藏을 암송하여 편찬하였다.

여섯째는 부루나이다. 그는 총명하고 영특하여 붓다의 말씀을 쉽고 재미있게 전하는 재주가 있었다. 뿐만 아니라 붓다의 가르침을 비방하고, 성품이 거칠며, 멀리 떨어진 곳에 위치한 수로나국까지 가서 수많은 절을 세우고 스승의 가르침을 널리 펴는 업적을 남겼다. 부루나에게도 아주 유명한 일화가 전해진다.

부루나는 설법을 잘했다. 그가 어느 날 인도 서쪽의 야만스런 나라로 악명 높은 수로나국에 전도하러 가겠다며 붓다의 허락을 청했다.

그러자 붓다는 말했다.

"부루나여! 그 나라 사람들은 사납고 흉악하여 남에게 몹쓸 짓을 예사로 한다고 들었다. 만약 그 나라 사람들이 너를 욕하고 창피를 준다면 너는 어떻게 하겠느냐?"

부루나는 대답했다.

"스승이시여, 비록 그들이 저를 욕하고 창피를 준다 해도 한 구석에 착한 마음과 지혜가 있어 손이나 돌로 저를 치지 않는 것을 기쁘게 생각할 것입니다."

"그렇다면 만약 그들이 손이나 돌로 너를 치면 어떻게 하겠느냐?"

"스승이시여, 설령 그들이 손이나 돌로 저를 친다 해도 칼까지는 쓰지 않는 것을 기쁘게 생각할 것입니다."

"만일 칼로 너를 해치려 한다면 어떻게 하겠느냐?"

"스승이시여, 비록 칼로 저를 해한다 해도 그들에게 착한 마음과 지혜가 있어 저를 죽이지 않는 것을 다행으로 생각할 것입니다."

"그러나 부루나야, 그들이 만약 네 목숨까지 뺏는다면 어찌하려 하느냐?"

"스승이시여! 그럴 경우 저는 이렇게 생각할 것입니다. 도를 닦는 부처님의 제자 중에는 고통스러운 육체가 싫어진 나머지 스스로 목숨을 끊은 사람도 있는데, 착하고 지혜로운 이 나라 사람들이 내 썩어빠진 육신을 죽임으로써 나를 이 세상 모든 고통으로부터 해방시켜 주는 것이라고 생각할 것입니다."

그 말에 붓다는 몹시 기뻐하며 이렇게 말했다.

"부루나야, 너는 도를 착실히 닦더니 어느 틈에 걸림 없는 마음
을 체득했구나. 그러한 마음이라면 서쪽 수로나국에서 능히 지낼
수 있겠구나. 어서 가서 그들에게 전도해라."

그 후 수로나국에 간 부루나는 5백 명의 신자를 얻고 절을 지음
으로써 전도의 목적을 훌륭히 달성했다.

이 지구상에 수많은 훌륭한 가르침이 있지만 그 중에서 세계적
인 가르침을 보면 모두 제자들의 전법이나 전도에 그 성패가 있었
다. 유교의 경우 공자의 제자 안회나 자로, 공자가 죽은 지 100년
정도 지난 뒤에 태어난 맹자 등이 그랬고, 기독교의 경우 예수의
제자 사도 바울과 베드로 등이 그랬다.

붓다의 경우 여러 제자들이 있었지만 부루나만큼 설법을 잘하고
스승의 가르침을 널리 전하기 위해 목숨까지 내놓는, 강철 같은 의
지의 소유자도 없었다. 붓다의 가르침인 불교는 이렇게 하여 세계
적인 종교가 된 것이다.

일곱째는 수보리이다. 그는 집착하는 마음이 없어서 항상 마음
이 자유롭고 걸림이 없었다. 특히 온갖 법이 공空하다는 것을 제일
먼저 깨우쳤다. 여기서 공이란 단순히 비어 있다는 뜻이 아니라,
세상 모든 것은 변하기 때문에 실체가 없고 따라서 집착할 것이 없
다는 것을 말한다.

여덟째는 가전연이다. 그는 붓다의 말씀을 공부하면서 함께 토

의하고 논의하는데 탁월한 재능을 보여 널리 칭송을 받았다.

아홉째는 아나율이다. 그는 붓다의 사촌 동생으로, 붓다가 카필라에 갔을 때 그곳에서 가르침을 받았다. 하루는 붓다가 설법을 하는 동안 그가 졸았다. 붓다는 아나율을 엄히 꾸짖었다. 그래서 그는 앞으로는 다시는 졸지 않고 열심히 수행하겠다는 결심을 하고 잠을 자지 않았다. 결국 두 눈이 멀게 되었으나, 그의 강한 정신력으로 마음의 눈을 얻어 세상의 모든 것을 볼 수 있는 천안天眼을 얻게 되었다.

붓다의 십대 제자 중 마지막은 라훌라이다. 그는 붓다의 아들로, 붓다가 생로병사를 목격하고 막 출가를 결심한 무렵 왕자비인 야쇼다라가 낳았다. 붓다는 아들의 이름을 라훌라, 즉 장애라고 지었다. 자신의 출가에 방해가 되었기 때문이다.

라훌라는 아버지를 따라 결국 출가하였고, 주로 사리불에게 가르침을 받았다. 아버지인 붓다의 곁에서 열심히 수도를 했으며, 다른 사람들이 보지 않는 곳에서 착한 선행을 많이 베풀었다.

◀◀◀ 영원히 우리 곁에 남은 스승

붓다는 보리수 아래에서 진리를 깨친 후 거기서 멀지 않은 사슴동산, 즉 녹야원으로 가 60여 명의 제자를 얻은 다음, 이들로 하여금 자신의 가르침을 만방에 전하도록 하였다. 이로써 붓다의 가르침은 인도 전역으로 퍼지기 시작했으며, 불교라는 하나의 교단이

성립되었다.

이제 붓다의 나이 80이 가까웠다. 여러 곳을 돌아다니다 왕사성의 죽림정사로 온지 얼마 안 되어서였다. 가장 아끼는 십대 제자 중에 목건련과 사리불이 스승 앞에 나와 아뢰었다.

"스승이시여, 저희들은 스승님께서 먼저 돌아가시는 것을 차마 볼 수가 없습니다. 스승님보다 먼저 저희들이 세상을 뜨겠습니다."

목건련은 이렇게 말하고는 붓다가 머물고 있는 죽림정사로부터 멀리 떨어지지 않은 산 속으로 들어가 명상에 잠겨 있다가 이교도의 사주를 받은 부랑자들의 돌에 맞아죽었다. 그는 돌에 맞으면서도 몸 하나 꿈쩍하지 않고 그대로 죽었다. 붓다는 목건련이 돌에 맞아 죽었다는 소식을 듣고 매우 애통해 하면서 다음과 같이 말하였다.

"육체는 무상한 것이다. 목건련과 같이 깨달은 자에게 육체는 아무런 보람이 없다. 돌에 맞아 처참한 모습을 하고 죽어도 그는 침착함을 잃지 않는다. 그에게 있어서 생사는 중대한 문제가 아니다."

사리불은 목건련이 죽은지 얼마 되지 않아 역시 붓다에게 하직인사를 하고 자신의 고향 마을로 돌아가 조용히 세상을 하직했다. 사리불의 사리가 죽림정사로 돌아오자 붓다는 매우 애통해 하며 장례를 장엄하게 치러주었다. 그리고는 붓다도 죽림정사를 떠났다.

매우 아끼는 제자인 목건련과 사리불이 죽자 붓다는 점점 노쇠해졌다. 80 노구에도 불구하고 붓다는 자신의 가르침을 펴는 데 소홀하지 않았다. 누구든 진리를 물어오는 사람이 있으면 있는 힘을 다해 가르쳐 주었다. 마지막까지 붓다를 항상 옆에서 지킨 제자는 붓다의 사촌 동생인 아난이었다. 아난은 정성으로 스승을 보살폈다. 그러나 붓다는 자신의 죽음을 예견하고 쿠시나가라로 향했다.

붓다 일행은 쿠시나가라 사라나무 숲으로 들어갔다. 큰 스승이 곧 열반(죽음)에 든다는 소식이 전해지자 여기저기서 많은 사람들이 숲으로 몰려들었다. 스승의 죽음이 점점 눈앞에 닥쳐오자 제자들은 하나둘 흐느끼기 시작했다. 그 중 옆에서 항상 지키고 있었던 아난은 더욱 슬피 울었다. 아난은 붓다에게 물었다.

"스승이시여, 지금 스승께서는 저희들과 함께 계십니다. 그리고 여러 곳에서 장로들과 비구(출가한 수행자)들이 모여와 있습니다. 지금은 스승으로부터 여러 가지 가르침을 받을 수 있습니다. 그러나 스승께서 열반하신 다음에는 여기 모인 장로와 비구는 오지 않을 것입니다. 가르침을 원해도 가르침을 받을 곳이 없게 될 것입니다. 그때는 어찌하면 좋습니까?"

이 말을 듣고 붓다는 제자들에게 최후의 설법을 했다.

"자기 자신을 등불로 삼고, 자기 자신에 의지하라. 내가 너희를 위하여 45년 동안 설했던 진리에 의지하고, 진리를 스승으로 삼아라. 진리는 영원히 꺼지지 않는 등불이 될 것이다. 이 밖의 다른 것에 의지해서는 안 된다. 세상의 모든 현상은 변한다. 부지런히 정진하여 고통의 속박에서 벗어나라."

이것이 바로 유명한 붓다의 유언이다. 이렇게 마지막 설법을 하고는 옆으로 누어 열반에 들었다. 이때 나이 80세이다. 19세에 결혼을 하고, 29세에 왕위를 버리고 출가했으며, 6년 동안 히말라야 기슭에서 고행과 명상을 한 후, 35세에 모든 진리를 깨쳤고, 45년 동안 중생들을 교화하고 제자들을 가르치다가, 80세를 일기로 육신의 옷을 벗고 열반에 든 것이다.

어릴 때는 싯다르타로 불렸고, 출가한 후에는 고타마로 불렸다. 청년 시절 인간의 본질적인 문제에 물음을 던졌고, 이를 해결하기 위해 출가라는 '위대한 포기'를 했다. 온갖 고행과 명상을 한 끝에 중도의 진리를 깨쳤고, 이를 기초로 하여 제자들을 가르쳤으며, 제자들로 하여금 여러 곳을 돌아다니며 진리의 말씀을 펴고, 고통 받는 사람들을 구제하도록 했다.

아끼는 제자가 먼저 죽는 설움을 맛보면서도 끝까지 고통 받는 사람들을 향한 자비심을 잃지 않았으며, 자신이 직접 죽어 보임으로써 육신이 있는 것은 언젠가는 없어지고 만다는 것을 스스로 일깨워주었다. 이로써 인류의 큰 스승이 탄생하고 우리 곁에 영원이 남게 된 것이다.

우리 곁에 남은 붓다

◀◀◀ 붓다의 메시지

붓다는 불교를 탄생시킨 종교의 창시자이다. 그러나 나는 붓다를 종교 창시자라기보다는 인류에게 큰 가르침을 베풀고, 그 가르침을 몸소 실천한 위대한 교육자로 본다.

이 글을 쓴 이유도 여기에 있다. 붓다는 교육자의 전형을 보여주었고, 오늘날 우리에게 너무도 많은 교육적 시사점을 던져주고 있기 때문이다. 붓다는 말 그대로 진리를 깨친 자이면서, 동시에 진리를 사랑하고 이를 온 인류에게 전하고자 했던 위대한 교육 실천가였다.

교육이란 인간을 바람직한 방향으로 변화시키는 것이다. 동시에, 인간이 가지고 있는 무한한 잠재 가능성을 최대한 발현하도록 도와주는 것이다. 붓다는 인간이면 누구나 가지고 있는 무한한 가능성을 불성佛性이라고 보았고, 이 불성을 최대한 발현한 상태가 바로 완전한 인격체인 '붓다'라고 했다.

붓다는 누구나 자신처럼 붓다가 될 수 있다고 선언했다. 이는 교육적으로 매우 중요한 부분이다. 즉, 누구나 자신을 닦는 공부를 열심히 하면 자아를 실현할 수 있음을 말해 주는 것이다. 말 그대로 교육에 대한 붓다의 메시지이다.

◀◀◀ 붓다가 꽃피운 세계적인 문화유산

붓다가 탄생함으로써 우리 인류는 획기적인 변화가 일어났다. 가장 큰 변화는 인도에서 일어났지만 거기서 그치지 않고 동남아시아로, 중국 대륙으로 붓다의 메아리는 퍼져 나갔다. 우리의 경우 중국을 통해 붓다의 가르침을 받아들였지만, 우리만의 독특한 불교문화를 꽃피웠다. 유네스코는 최근까지 우리나라 문화유산 중 15점을 세계 문화유산으로 등재하였는데 이중 5점이 불교 관련 문화유산이다.

1995년에 경주의 석굴암·불국사, 서울의 종묘, 경남 합천 해인사의 팔만대장경 판전이 세계 문화유산으로 등재되었고, 1997년에는 서울의 창덕궁, 수원의 화성, 훈민정음, 조선왕조실록이 등재되었으며, 2000년에는 경주 남산 역사유적 지구와 고창·화순·강화의 고인돌 유적이, 2001년에는 최초의 금속활자본인 직지심체요절, 조선시대의 승정원 일기가 등재되었다. 2009년에는 조선시대 왕릉 40기가 등재되었고, 2010년에는 안동 하회마을과 경주 양동마을이 공동으로 등재되었다. 2014년에는 남한산성이, 2015년에는 백제역사유적지구가 등재되었다.

이 중 경주 석굴암·불국사, 해인사 팔만대장경 판전, 경주 역사유적 지구, 직지심체요절 등은 한국 불교가 낳은 세계 문화유산이다. 이들 문화유산에서는 붓다의 가르침이 물씬 풍긴다.

우선, 경주 석굴암은 극동 불교 예술의 진수로서 8세기 신라시대 경주 토함산 중턱에 건립되었는데, 내부 본존불인 석가여래상 등의 조각 예술은 많은 사람들의 탄성을 자아내기에 모자람이 없다.

해인사 팔만대장경 판전은 고려시대 몽고의 침입을 부처님의 위신력을 빌어 물리치고자 붓다의 말씀을 목판에 하나하나 새긴 경판을 보관한 시설로, 세계에서 가장 오래된 과학적 보관 시설이다.

경주 역사유적 지구는 신라시대 천년의 문화적 업적과 불교 및 세속 건축의 발전 현황을 보여주는 유적이다. 그 중 남산의 불교 유적은 저절로 감탄이 나온다. 암벽마다 새겨진 불상 조각의 장엄함이며 그 섬세한 복장과 부드러운 선, 그 자태에서 풍기는 자비로운 미소 등이 세계 문화유산에 당당히 자리하게 한다.

직지심체요절은 줄여서 '직지'라고도 한다. 이는 고려 시대 말 (1377년) 청주 흥덕사에 머물고 있던 백운 선사가 붓다의 가르침을 널리 알리고자 엮은 책을 제자들이 널리 보급하기 위해 최초로 금속활자를 만들어 대량으로 인쇄한 것이다.

이는 세계에서 가장 오래된 금속활자본으로서 독일의 구텐베르

크의 금속활자본 성서보다도 70년이나 앞선 것이다. 그러나 아쉽게도 현재 우리나라에는 필사본만 남아 있고, 그 진본 중 하권이 프랑스 국립도서관에 소장되어 있을 뿐이다.

◀◀◀ 붓다를 따르는 푸른 눈의 제자들

20세기 들어 붓다의 말씀은 서구에도 본격적으로 전해졌고, 많은 사람들이 붓다의 가르침을 공부했다. 이름만 들어도 알 수 있는 오스트리아의 정신분석학자 프로이드, 유태인 출신의 미국 물리학자 아인슈타인, 근세 실존주의 철학자 쇼펜하우어, 대문호인 헤르만 헤세 등이 불교에 관심을 보였고, 영국의 역사학자 아놀드 토인비는 미국 하버드대 강연에서 20세기의 가장 획기적인 사건은 불교가 서구에 전해진 것이라고 공언했을 정도이다.

이제는 미국에 불자가 6백만 명이 넘어섰고(2011년 인구총조사 기준), 불교를 가르치는 센터와 불교를 가르치는 대학이 무려 수천여 곳이나 된다고 한다. 또한 유럽에도 불교가 확산되는 추세이다. 영국의 경우 1924년 유럽 최초의 불교 단체인 불교협회를 비롯하여 티베트 불교 명상센터, 런던 불교센터, 중관 불교센터를 중심으로 불교활동을 펼치고 있다. 이들 단체는 영국 내 또는 해외에 수백여 개의 센터를 설치할 정도로 왕성한 활동력을 보이고 있다.

프랑스에서도 새벽에 가부좌를 하고 명상에 잠기는 광경은 더 이상 신기한 일이 아니라고 한다. 프랑스 종교 현황 자료에 의하면, 2015년 현재 불교 인구는 45만여 명으로 되어 있다. 이는 1994년 수만 명에서 기하급수적인 늘어난 수치라고 한다. 불교나 명상에 관심 있는 사람까지 합치면 이보다 훨씬 더 많을 것으로 보인다. 프랑스 언론들은 불교의 확산을 "20세기 후반 프랑스 사회에 가장 놀랄 만한 현상"이라고 묘사하고 있다. 이와 같은 현상은 독일이나 헝가리 등에서도 비슷한 현상을 보이고 있다.

붓다의 가르침을 따르는 사람들이 늘어남에 따라 불자 스타들이 탄생했다. 할리우드의 불교 영화 「쿤둔」의 감독 스콜세지라든가, 인기 영화배우 리처드 기어와 레오나르도 디카프리오 등이 그러하며, 미국 프로 농구팀 시카고 불스의 코치 필 잭슨, 영화 「베어」의 감독 장 자크 아노 등이 또한 붓다의 열렬한 팬이다.

언제부터인가 서구인들이 우리의 불교를 배우겠다고 이역만리에서 우리나라를 찾아오기 시작했다. 서울 삼각산 화계사에는 눈 푸른 서양 스님들이 수행에 전념하고 있는 것을 쉽게 볼 수 있다. 전남 승주 송광사에는 국제선원에도 많은 서양 스님들이 좌선에 몰두하고 있다.

미국에서 오랫동안 한국 불교를 알린 숭산 선사에 의해 아예 머리를 깎고 한국의 수도승이 된 미국 사람도 있다. KBS 일요스페셜 「만행」 출연과 오래 전 『만행·하버드에서 화계사까지』라는 베스트셀러를 낸 현각 스님이 바로 그 분이다. 이 분의 본명은 폴 뮌젠으로, 미국 명문가 출신이다. 아버지는 사업가이고, 어머니는 화학박사이다. 그는 미국 예일대학에서 철학과 문학을 전공했고, 독일 프라이부르크 대학과 하버드 대학원에서 종교철학을 공부했다.

언젠가 TV에 나와서 많은 사람들 앞에서 강연하는 것을 본 적이
있는데, 너무도 당당하게 붓다의 가르침을 이야기했다. 그는 한국
으로 출가한 것이 너무도 행복하다고 했다. 저서에서 현각 스님은
다음과 같이 밝히고 있다.

독실한 카톨릭 집안에서 태어나 오직 진리를 찾고 싶다는 마음
하나로 성당과 교회를 오갔다. 대학에 입학하면서부터는 소크라테
스, 아리스토텔레스, 플라톤, 니체, 하이데거 등의 위대한 철학자
의 말과 생애를 공부했다. 아예 독일철학을 본격적으로 공부하겠
다는 생각에 독일의 프라이부르크 대학에서 1년 동안 독일어를 배
우면서 쇼펜하우어를 탐독하기도 했다.
하지만 그 어느 것도 궁극적인 나의 고민에 해답을 제시하지는
못했다. 늘 밤길을 혼자 걷는 나그네처럼 외로웠고 힘겨웠다. "진
리가 너희를 자유케 하리라."라는 예수님의 말씀을 신념처럼 껴안
고 살아온 날들. 그렇다면 진리란 무엇인가. 과연 있기나 하는 건
가. 나는 누구인가. 왜 사는가. 한국에서 온 숭산 큰스님. 한국 불
교는 도대체 어떤 것일까.(만행·하버드에서 화계사까지, 16~17
쪽에서 발췌)

현각 스님은 위에서 밝힌 대로 진리를 찾아온 것이다. 붓다의 말
씀에서 진리의 향기를 느낀 것이다. 말씀을 그대로 행하면서 스스
로 진리를 터득하고자 물질적 풍요를 버리고, 가족의 만류도 과감
히 뿌리친 것이다.

현각 스님은 17년 동안의 한국 생활을 마치고, 현재 유럽에서 자신의 스승인 숭산 스님의 가르침을 널리 펴는데 매진하고 있는 것으로 알려져 있다.

초판인쇄	2018년 04월 01일
초판발행	2018년 04월 13일
지은이	최시선
펴낸이	박찬후
편집인	김대원
디자인	이지민
인쇄 제본	현주프린텍
펴낸곳	북허브
등록일	2008. 9. 1.
주소	서울시 구로구 구로중앙로 27다길 16
전화	02-3281-2778
팩스	02-3281-2768
이메일	book_herb@naver.com

ISBN 978-89-94938-47-9 (03190)
값 14,000 원